······中国基础教育国家级教学成果

U0579930

移动学堂改变课堂

王　瑞　著

北京师范大学出版集团
BEIJING NORMAL UNIVERSITY PUBLISHING GROUP
北京师范大学出版社

图书在版编目(CIP)数据

移动学堂改变课堂 / 王瑞著 . —北京：北京师范大学出版
社，2019.1
　(中国基础教育国家级教学成果文库)
　ISBN 978-7-303-23937-5

　Ⅰ.①移…　Ⅱ.①王…　Ⅲ.①课堂教学－多媒体教学－教
学研究－中学　Ⅳ.①G632.421

　中国版本图书馆 CIP 数据核字（2018）第 160334 号

营 销 中 心 电 话　010-58802181　58805532
北师大出版社职业教育与教师教育分社网　http://zjfs.bnup.com
电 子 信 箱　zhijiao@bnupg.com

出版发行：北京师范大学出版社　http://www.bnup.com
　　　　　北京市海淀区新街口外大街 19 号
　　　　　邮政编码：100875
印　　刷：三河市兴达印务有限公司
经　　销：全国新华书店
开　　本：710 mm×1000 mm　1/16
印　　张：17
字　　数：263 千字
版　　次：2019 年 1 月第 1 版
印　　次：2019 年 1 月第 1 次印刷
定　　价：45.00 元

策划编辑：路　娜　郭　翔　　责任编辑：董洪伟　孟　浩
美术编辑：焦　丽　　　　　　　装帧设计：焦　丽
责任校对：李云虎　　　　　　　责任印制：陈　涛

总　序

教育兴则国家兴，教育强则国家强。中共中央、国务院高度重视教育事业，始终将教育事业摆在优先发展的位置上。在中共十九大报告中，习近平总书记明确指出："优先发展教育事业。建设教育强国是中华民族伟大复兴的基础工程，必须把教育事业放在优先位置，深化教育改革，加快教育现代化，办好人民满意的教育。要全面贯彻党的教育方针，落实立德树人根本任务，发展素质教育，推进教育公平，培养德智体美全面发展的社会主义建设者和接班人。"2018年9月10日，全国教育大会在北京召开，习近平总书记强调：在党的坚强领导下，全面贯彻党的教育方针，坚持马克思主义指导地位，坚持中国特色社会主义教育发展道路，坚持社会主义办学方向，立足基本国情，遵循教育规律，坚持改革创新，以凝聚人心、完善人格、开发人力、培育人才、造福人民为工作目标，培养德智体美劳全面发展的社会主义建设者和接班人，加快推进教育现代化、建设教育强国、办好人民满意的教育。

"两个一百年"奋斗目标的实现、中华民族伟大复兴中国梦的实现，归根到底靠教育，而基础教育则是实现伟大复兴中国梦、提高民族素质、促进人的全面发展的奠基工程。为此，要鼓励校长和教师创新教育思想、教育模式和教育方法，在实践中办出特色，教出风格。

近些年，基础教育领域教育教学成果斐然，涌现出了一大批有特色的学校、有个性的校长、有风格的教师。在此背景下，2014年，教育部委托中国教育学会组织评选了首届"基础教育国家级教学成果奖"，共有417项成果获奖。这些获奖成果是改革开放以来我国基础教育改革创新的缩影，凝聚着几代教育工作者的智慧和心血。获奖者中有的是历史悠久、文化积淀深厚，至今仍然在实践中勃发着育人风采的名校；有的是建校时间短，在校长和教师的勠力同心、共同耕耘下创出佳绩的新学校；有

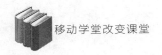

的是办学理念先进、管理经验丰富、充满活力的校长；有的是师德高尚、业务精湛、热爱学生的教师。总结和推广他们的经验，是推动我国基础教育改革、提高基础教育质量、实现基础教育内涵式发展的重要动力，也是写好教育"奋进之笔"、实现教育现代化的重要保证。

为了宣传首届"基础教育国家级教学成果奖"的获奖成果，充分发挥优秀教学成果的示范、引领和借鉴作用，有效促进基础教育的教学改革与质量提升，教育部委托中国教育学会与北京师范大学出版社共同组织编写了"中国基础教育国家级教学成果文库"（以下简称"文库"）。"文库"围绕首届"基础教育国家级教学成果奖"中的特等奖、一等奖及部分二等奖进行组稿，将每一项教学成果转化为一部著作，深入挖掘优秀成果的创新教育理念与教育思想，系统展示教育教学模式和教育方法，着力呈现对教育突出热点问题和难点问题的工作思路、解决措施和实际效果。这套"文库"将成为宣传优秀教学成果、交流成功教改经验、促进基础教育教学质量提升的综合服务平台。

新时代呼唤更好的教育，人民群众期盼更好的教育。只有扎根中国大地，努力挖掘民族文化底蕴，不断吸收优秀文明成果，始终坚定本土教育自信，持续创生本土教育智慧，才能创造富有中国特色的教育理论和教育文明，推进教育教学改革实践探索；才能切实回应人民群众最现实的教育关切，增强人民群众的教育获得感；才能真正办好人民满意的教育，满足人民对美好生活的向往。人民满意的教育既是我们奋斗的目标，也是我们前进的动力。

2018 年 9 月

前　言

我于 2010 年担任郑州市第二中学(以下简称郑州二中)校长,在"开放办学"教育思想的统领下,学校确立了"信息化、国际化、自主化"的发展战略,围绕"培养全面而有个性的创新人才"的培养目标,开始了信息技术与教学深度融合的教学改革实验。

学校在高中设立 16 个创新班,人手 1 台平板电脑,自主研发学习平台,搭建泛在学习环境,建立微视频、教学设计、课件等资源库,学生主动学习,学习平台记录学习轨迹,教师依据生成的数据对学生进行评价,建立创新人才培养模型和四课型渐进式自主学堂教学模型,构建移动自主学堂,开展创客教育、生涯教育。

郑州二中全面实施以创新教育的实验和探索为特色的素质教育,坚持自主发展与快乐成长并重,创新精神与人文素养共存,提高学业成绩与发展综合素质并举,提升学生的创新素养和人文素养,为学生的终身发展奠定扎实的基础。

移动自主学堂项目实施 5 年多来取得了显著成效,学生学习质量得到提升,创新能力得到增强,教师专业化水平得到显著发展,在全国产生了广泛影响。2014 年项目成果"构建数字化学习环境下的移动自主学堂"荣获"基础教育国家级教学成果奖"二等奖、河南省基础教育教学成果一等奖。

2016 年 9 月,中国教育学会和北京师范大学联合规划出版一套反映全国基础教育阶段教育教学改革最新成果的丛书,主要内容是 2014 年荣获"基础教育国家级教学成果奖"特等奖、一等奖及部分二等奖的成果项目,计划每个项目一本书。我主持的项目成果"构建数字化学习环境下的移动自主学堂"荣幸地被丛书编委会确定为入选项目。

本书的主要内容是全方位展现教育信息化在郑州二中的校本化策略

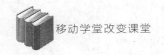
实施情况，从校长、主管校长、中层管理团队、研发团队、实验教师、学生等不同层面反映项目从理论基础设计到模型构建，从项目实施到效果呈现的丰富内容。

我将本书的读者人群定位在热心于教育信息化的中小学校长、教师、教育管理者、研究者，以及高等学校教育技术专业的教师、学生，希望能够给予这些读者启发和借鉴，为全国中小学教育信息化工作尽我们的一点绵薄之力。

教学领导力被认为是校长领导力的核心。进入信息化时代，越来越多的研究关注校长信息化领导力，教学领导力与信息化领导力在信息技术与教学的深度融合阶段具有了新的内涵。校长信息化教学领导力就是学校校长影响和引导教师有效地开展信息化教学，持续实现信息化时代学校教学发展目标，实现学校愿景，促进学生发展。我期望能有更多的中小学校长在阅读了本书之后，能够对校长信息化教学领导力有一个全新的认识，能够有效促进信息化教学工作在全国的普遍开展，让"经常用、普遍用、课堂用"成为全国中小学课堂教学的一种常态。

本书具有一定的学术价值和社会价值。在学术价值方面，它为教育信息化在中小学的校本化实践，提出了新理论、新方法，如创新人才培养理论、数字化学习理论，创新人才培养模型、生成课堂模型、四课型渐进式自主学堂教学模型等。在社会价值方面，它满足了广大中小学信息化教学实践策略方面的需求，通过对一所全国首批信息化教学试点学校自主制定并实施信息化教学整体解决方案，以及整体推进教育信息化工作的研究与实践的系统案例的分析与解读，对于推进学校教育信息化工作和区域教育信息化工作具有启发和借鉴意义。

王　瑞

2017 年 1 月

目　　录

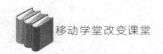

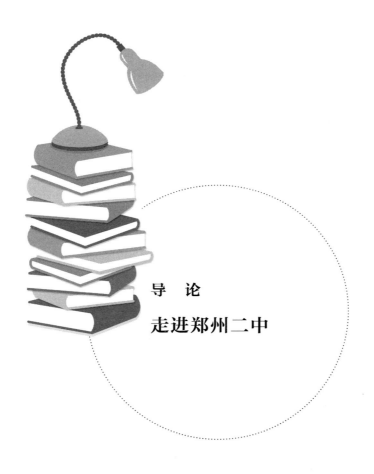

导　论

走进郑州二中

一、 战火中诞生的学校

郑州二中是在战火纷飞的抗日战争中诞生的，具有光荣的革命传统。

学校成立于 1941 年 9 月，当时正值抗日战争的艰苦时期，河南大部分地区先后沦陷，为解决流亡少年的就学问题，当时的教育部决定在国立中学之外，在河南设立三所战区中学，经费由教育部拨给河南，学校由河南省教育厅代管。因此，这三所学校实际上是部属学校。河南省战区第二中学就是郑州二中的前身，最初的校址在洛阳南面的嵩县寺庄。学校设初中部、高中部，学制都是三年。当时学校有"千人大校"的美名。当时的校歌是《义勇军进行曲》，校训是"礼、义、廉、耻"。

光阴荏苒，岁月如梭，郑州二中已经走过了 77 年的光辉历程。77 年沧桑巨变，77 年薪火相传，二中人在探索与奋斗中发展，在继承与开拓中提升，走过了一段艰辛而自豪的岁月。

天地之中，黄河之滨，这所历史名校，以其丰厚的文化底蕴、博大的人文精神哺育出一代又一代的杰出英才。有党政军的领导干部，也有实业界的精英人士，有科学文化上的巨匠学者，也有教育界的达人专家等。这些成绩的取得使郑州二中成为郑州市乃至中原地区闻名遐迩的历史名校、文化名校、特色名校。

二、 在关注中成长

郑州二中是在党和国家各级政府的大力支持、关心帮助下逐步发展和成长起来的，学校取得的每一个成绩都凝聚着各级领导的扶持与呵护。

1996 年，国家教育委员会（现教育部）副主任柳斌到郑州二中视察，并为学校题词"走全面发展道路，写教育改革篇章"。

2002 年 5 月，国务院副总理李岚清到郑州二中视察工作。

2004 年 6 月，河南省副省长贾连朝到郑州二中视察工作。

2009 年 11 月，郑州市人大常委会主任白红战为郑州二中南校区改造项目开工奠基仪式剪裁。

2012 年 9 月，学校创新班代表河南省参加全国中小学信息技术教学

应用展演，在深圳展演现场，教育部副部长刘利民、中央电教馆馆长王珠珠与学校展演师生亲切交谈。

2013年6月，教育部副部长杜占元在省、市领导的陪同下到郑州二中调研信息化创新班实验情况。

2013年9月24日，学校作为全国高中的唯一代表参加了全国信息化教学应用现场观摩活动，并在大会上做经验交流。教育部副部长刘利民给予学校高度评价。

2013年12月26日，王瑞校长参加河南省基础教育信息化工作会议并做经验交流。河南省教育厅领导充分肯定学校的成绩。

2014年3月19日，教育部在官方网站通报表扬郑州二中移动自主学堂。3月20日，《中国教育报》发表长篇新闻报道移动自主学堂。

2015年5月15日，教育部官网发文表扬郑州二中。

2015年5月22—25日，郑州二中代表河南省到青岛参加全国教育信息化应用展览大会。教育部副部长刘利民、杜占元听取学校介绍，高度评价学校教育信息化工作。

2015年9月1日，郑州市人大常委会调研组到郑州二中调研信息化教学情况。

2015年11月，学校机器人代表队在世界青少年机器人大赛中荣获国内第二名、世界第四名。国务院副总理刘延东亲临比赛现场。

2015年12月，首届河南省中小学校长国际智慧教育研讨会在郑州二中举行，中国教育学会名誉会长顾明远、河南省教育厅巡视员李功勋、郑州市教育局局长李陶然参加大会，并在大会上赞扬郑州二中。

2015年12月，学校参加中国国际智慧教育展览会，中国教育学会会长钟秉林到学校展馆交流，看望展演师生。

2016年12月16日，《光明日报》刊登《郑州二中开放办学这六年》。

2016年12月28日，《人民日报》刊登《数字化课堂走红中学校园——郑州二中多形态推进教育信息化》。

2017年2月19日，《光明日报》刊登《让学生学习更自主——郑州二中教育信息化的探索》。

2017 年 7 月 22 日，《人民日报》报道郑州二中创客教育情况，刊登《小创客连接中外》。

2017 年 10 月 1 日，央视播出喜迎十九大特别节目《还看今朝·河南篇》，郑州二中科技创新社团——TAI 科技社成为唯一亮相的河南学生科技社团，充分展示了郑州二中在创新人才培养方面的广泛影响力。

2017 年 11 月 17 日，中国网刊登《郑州二中入选河南省科技活动特色学校》。

三、 在开放办学中提升

开放是胸怀，也是战略。中国教育的发展史，是从封闭走向开放的漫长历程。坚持开放办学，既体现了一所学校高瞻远瞩的视野、兼容并蓄的气度、海纳百川的胸襟，也代表了现代学校激发办学活力、拓展发展空间、实现育人目标的战略选择。开放办学是教育变革的需要。一所学校可以看成一个"系统"，系统以外的事物是该系统的"环境"。系统可以划分为两大类：封闭的和开放的。开放系统的特点是系统与环境之间有信息、能量和物质的交流；封闭系统则不然，它与环境之间没有沟通。系统理论指出，封闭系统是逐渐衰退、消亡的系统，而开放系统可以成为向上的、发展的系统。实行开放办学，就是要把学校办成开放的系统，使他们与各自的环境之间不断地进行相互作用、相互渗透、相互交流。

"教育"的英文单词 education 是苏格拉底发明出来的，是三个词根的拼写。"e"指向外，"duce"指引导，"tion"是指引导出来。所谓教育，就是把一个人的内心真正引导出来，帮助他成长为自己的样子。

因此，教育的本质实际上就是引导学生从封闭走向开放，从认识自我到认识他人，再到认识自然和世界。与其说实施开放办学是一种教育的创新，不如说实施开放办学是一种教育的回归。

开放办学是郑州二中探索实施的完善学校内部治理结构的研究实践项目。学校基于立德树人的根本任务，从管理体制和机制入手，调整学校教育生产关系，解放教育生产力，通过更加民主、更好服务主体的办学机制，最大限度地促进学生全面而有个性的发展。

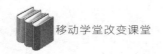

开放办学的主要做法为：以推进教育现代化为目标，以建立现代学校制度为路径，探索信息时代人才培养、教育服务、学校治理新模式。构建家庭、社会、学校教育共同体，开展协同教育；构建创新人才培养模型，优化育人模式；推进课堂和课程改革，构建移动自主学堂，开展生涯教育和创客教育；为学生发展搭建多元的活动平台，构建基于学生自主发展的德育工作体系；实施国际化战略，推进国际交流；推进教育信息化。

开放办学的主要内容为：从理论建构、教育理念、管理形态、教学结构、德育体系、发展平台、协同教育、时空环境等方面构建开放的学校治理结构；形成了天天开放日、教育信息化、创客教育、校园足球、平安校园、质量管理等特色项目。

郑州二中从 2010 年开始实施开放办学活动，到现在已经走过了 8 个年头。郑州二中对开放办学的认识逐渐深化：从最初的"天天开放日"活动到"走出去，引进来"，再到"互联网＋教育"的"数字化学习"；从开放式管理到开放式教育，再到开放的时空环境。这些认识的深化使学校对培养全面而有个性的创新人才的育人目标更加清晰和坚定，对做有未来的教育的追求更加执着和具体。

8 年来，在开放办学教育理念的引领下，郑州二中在教育教学方面得到了长足的进步：2012 年，王瑞校长代表学校在教育部组织的全国信息化教学大会上做经验交流；2014 年，学校申报的成果"构建数字化学习环境下的移动自主学堂研究与实践"荣获国家基础教育教学成果二等奖，《中国教育报》《人民日报》《光明日报》等主流媒体专题报道郑州二中；2017 年，学校被河南省教育厅确定为首批河南省普通高中多样化发展示范校。学生的创新精神和实践能力显著增强：在第十七届河南省青少年机器人竞赛暨第二届河南省青少年创客嘉年华活动中，学校组建的三支队伍包揽 VEX 机器人工程挑战赛高中组冠、亚、季军。

四、 学科建设的校本化实施

学校于 2013 年开始进行国家课程校本化实施活动，其活动形式是利用暑假进行教师全员培训。教师全员培训的内容是细化解读课程标准，编写课程纲要、教学设计、作业设计，进行课程整合，编写出版涵盖全学科、全学段的郑州二中校本指导书和练习册。

学校于 2014 年开始进行大规模的基于备课组的学科建设活动。为此，学校制定并印发了《郑州二中学科建设纲要》《郑州二中学科建设评价标准》《郑州市第二中学教学管理规程》等文件，于 2014 年暑假通过全员培训的形式进行宣传发动、培训学习，随后在全校全面展开，取得显著成效。

但是，这个阶段基于备课组的学科建设而忽略了教研组在学校行政运行中的作用和地位，导致学校行政运行和学科建设之间的关系交错纠缠，远未达到预期的效果，限制了学科建设的高度和深度。基于备课组的学科建设，强化了行政管理，弱化了学科建设；强化了近期目标，弱化了长远规划；强化了教学管理，弱化了课程研究；强化了教师使用，弱化了专业培育。

建设现代高中需要坚持两条腿走路：一条是行政运行，另一条是学科建设。怎样才能够让我们的两条腿和谐摆动、协调运行、快速奔跑，的确是当前需要深入思考的一个问题，也是一个带有全局性的普遍问题。

在两难的境遇中，我们选择了基于教研组的学科建设实践策略进行研究与实践，期望能够找到既适合学校实际情况，又具有推广价值的实践策略。从 2015 年起，学校开展了基于教研组的学科建设活动。

学科建设活动的主要内容包括四个方面：一是制定并实施学科三年发展规划；二是以学校的"勤文化"为引领，探索培育教师专业精神的路径和方法；三是探索在回归到基于教研组的学科建设策略下，如何进行行政运行，包括教师办公场所的安排、备课组在教研组和年级组双重管理下的运行机制等；四是探索国家课程校本化实施的路径和方法。

研究与实践表明，我们在高中阶段开展基于教研组的学科建设，对于实现学校面向未来的价值追求和教育哲学具有显著而重要的作用。基于教研组的学科建设，应以制定并实施学科三年发展规划为主线，确定规划的内容、格式、评价标准、实施办法、督导办法，并且扎扎实实地

推进和实施；培育教师专业精神的主要途径是最大限度地调动教师的工作积极性，激发教师热爱教育、热爱学校、热爱学生的教育情怀和专业精神，以及通过各种校本专业教研活动提升教师的专业精神和专业水平，其中的核心要素是校长的人格魅力和学校的体制机制；破解学校行政运行和学科建设协调发展难题的关键是理顺管理机制，兼顾年级管理和教研组管理、短期目标和长远目标，以教研组建设为抓手，调整教师办公室结构，强化教研组考核和评价；国家课程校本化实施是学科建设最核心的内容，应从细化解读课程标准、编写课程纲要入手，努力探索基于标准的教学设计和作业设计，探索基于学生自主学习和基于标准的学习的新型课堂形态，真正实现课堂的转型与变革。

五、 多样化发展的办学特色

近年来，郑州二中的教育教学质量稳步提升。在全面提升教育教学质量、办人民满意的学校的同时，我们注重全面发展、特色发展、内涵发展，确立了"信息化、国际化、自主化"的发展战略。在"自主发展，快乐成长"办学理念的引领下，我们着眼于"培养全面而有个性的创新人才"的育人目标，开设了丰富的校本课程，搭建了多样的发展平台，形成了许多优势项目、品牌项目。

郑州二中是河南省文明单位、全国首批教育信息化优秀试点单位、首批河南省普通高中多样化发展示范校、河南省生涯教育试点学校、河南省知识产权教育试点学校、河南省体育传统项目学校、全国青少年校园足球特色学校。

教育信息化是郑州二中创建未来学校、建设现代学校的标志性项目，其基本特征是学生人手 1 台平板电脑，在数字化学习环境下，构建移动自主学堂，转变教与学的方式，培养创新人才。2011 年至今，学校已坚守 7 年。

郑州二中中美国际班是经河南省教育厅批准，报教育部备案，面向河南省招生的中外合作项目。郑州二中自主办学，组建了专业的国际部管理和教育团队，保证了学生高品质升学和回国学历认证。学校将美国高中教育课程体系和教学理念引入课堂，使学生不出国门就能体验和接受先进的教育理念和教学方法；在培养学生家国情怀的同时，也拓展了学生的国际视野。

足球和跆拳道是郑州二中体育领域的品牌项目，达到国家级水平。近年来，足球队每年都代表河南省参加全国中学生、青少年足球赛，成绩大多在前六名。2016 年郑州二中两位足球队员以中国中学生 U15 国家队队员身份，与其他 18 位队员一起赴马来西亚参加 2016 年亚洲 U15 中学生足球锦标赛。2016 年，全国中学生跆拳道总决赛在沈阳举行，郑州二中跆拳道队获得了高水平组三个第一名、两个第二名、四个第三名，以及高水平初中组团体总分第三名等多项奖牌。三位获得第一名的队员，顺利挺进在南京举行的 2016 年全国青年跆拳道锦标赛乙组竞赛。

郑州二中管乐团成立于 2011 年 9 月，现已成为河南省规模最大、编制最全、业绩最突出的学生管乐团。学校长期聘请国内外专业指挥家、省交响乐团著名演奏家为乐团的专职教师，为学生艺术素养的提升和快乐成长提供了重要的支撑。管乐团在各类大型交流展示演出活动中影响力日盛。2013 年 8 月、2014 年 6 月和 2015 年 8 月，学校相继代表河南省中学生乐团在悉尼歌剧院、俄罗斯格涅辛音乐学院和维也纳金色大厅进行文化交流演出。2015 年"五一"期间，学校在上海参加上海之春国际音乐节管乐艺术节暨"中华杯"第九届非职业优秀管乐团队展演，获得了金奖和"中国金钟之星"管乐团称号。2015 年 10 月，学校参加河南省首届管乐节比赛，荣获中学组第一名。

"TED 大会"是郑州二中为培养创新人才而搭建的一个开放性平台，每半年举办一次。学生自主申报，层层评选，最终确定参加演讲的学生名单，分享他们在科学、技术、教育、文化等方面的看法。同时，学校邀请社会名流参加演讲。2013—2017 年，郑州二中已经连续举办 5 场演讲。2013 年，TED 官方将郑州二中举办的活动级别批准为 TEDx 郑州二中；2016 年 3 月，TED 官方将郑州二中举办的活动级别升格为 TEDx 郑州，成为区域演讲大会。TEDx 郑州将助力郑州二中学生成长、发展、创新，推动学校的课程建设、创客教育以及国际化进程，将成为郑州二中

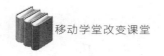

学生自主发展、快乐成长的高品质平台，也将成为郑州对外交流的多样化平台。

六、 培育创新人才的价值追求

郑州二中育人目标的确立有一个发展过程。在 2012—2015 年三年规划中，我们将培养目标确定为：培养继往开来、自主发展的现代合格公民。在教育实践过程中，我们觉得这样的目标不够严谨，特别是随着中央和教育部的"立德树人"与"核心素养"观点的提出，我们认为要修改学校的育人目标，修改的依据就是党和国家的教育方针和学生成才的内在规律。经过反复研讨，我们决定将郑州二中的育人目标确定为：培养全面而有个性的创新人才。

"全面"发展是指个体在德、智、体等方面都得到发展。"个性"发展是指个体在需求、生活习惯、性格、能力、兴趣、价值观念等方面形成稳定的心理特征。全面发展不是全才发展，不影响个性发展。全面发展与个性发展在逻辑和哲学上不是对立关系，而是辩证统一的关系：全面发展是个性发展的基础与前提，个性发展是在全面发展基础上的选择性发展。创新人才是在全面发展基础上的个性发展的结晶。

我们对创新人才也进行了界定：仅有创新意识和创新能力不能算是创新人才，创新人才首先是全面发展的人才；个性的自由独立发展是创新人才成长与发展的前提，作为工具的人、模式化的人和被套以种种条条框框的人不可能成为创新人才；当代社会的创新人才，是立足于现实而又面向未来的创新人才。

2014 年，教育部印发的《关于全面深化课程改革 落实立德树人根本任务的意见》指出："教育部将组织研究提出各学段学生发展核心素养体系，明确学生应具备的适应终身发展和社会发展需要的必备品格和关键能力，突出强调个人修养、社会关爱、家国情怀，更加注重自主发展、合作参与、创新实践。"

根据教育部文件的精神，从学校的实际出发，育人目标从"全面而有个性的创新人才"落地为"健康、博爱、有为"三个核心要素，形成了郑州二中特有的育人目标。

"健康"不仅仅是身体健康，还包括心理健康、道德健康等。健康一词的内涵是非常丰富的，是我们一生的主题。

世界卫生组织提出："健康不仅是躯体没有疾病，还要具备心理健康、社会适应良好和有道德。"现代人的健康内容包括：躯体健康、心理健康、心灵健康、智力健康、道德健康、环境健康等。健康是人的基本权利，是人生的第一财富。

博爱是人要有博大的胸怀，要能容得下大千世界。博爱要求每个人都能明确自己的社会责任、道义责任。博爱是奉献，要求每个人战胜自私、小集团主义，把道德范围向自然界扩展，不向环境透支，不向后代举债，面向未来，这是教育的内容，也是教育的目标。总之，博爱是一种崇高的爱。

从人类的发展来看，博爱的思想，是人类成熟的表现，是人类智慧的结晶，是人类可持续发展的基石。因此，博爱理所应当地要成为教育的，特别是基础教育的指导思想和育人目标。

中国文化的基本思想已经形成了包括诸多要素在内的统一体系，而这个体系的总则是"有为"的思想。"有为"的思想是处理各种关系的总原则。刚健有为、自强不息，是实现自我价值的起始和前提，是中国人积极人生态度较为集中的理论概括和价值提炼，也是人类在认识自我之后首先要建立的立命之说。"有为"思想包含自强不息、积极入世、主动进取的精神，担当道义、不屈不挠的社会责任，以及正直充盈的独立人格和主动创造精神等。

2016年9月13日，北京师范大学举行了中国学生发展核心素养研究成果发布会。这项历时三年的权威研究成果，对学生发展核心素养的内涵、表现、落实途径等做了详细阐释。

中国学生发展核心素养，以科学性、时代性和民族性为基本原则，以培养"全面发展的人"为核心，分为文化基础、自主发展、社会参与三个方面。它综合表现为人文底蕴、科学精神、学会学习、健康生活、责任担当、实践创新六大素养，具体细化为人文积淀、人文情怀、审美情

趣，理性思维、批判质疑、勇于探究，乐学善学、勤于反思、信息意识、珍爱生命、健全人格、自我管理，社会责任、国家认同、国际理解，劳动意识、问题解决、技术应用18个基本要点。根据这一总体框架，我们可以针对学生的年龄特点进一步提出各学段学生的具体表现要求。

中国学生发展核心素养是对素质教育内涵的具体阐述，可以使新时期素质教育的目标更加清晰、内涵更加丰富，也更加具有指导性和可操作性。尽管素质教育已深入人心并取得了显著成效，但我国长期存在的以考试成绩为主要评价标准的问题，影响了素质教育的实效。这意味着，在未来相当长的一段时期内，我国基础教育的改革和发展，将紧紧围绕学生发展的核心素养体系展开。

中国学生发展核心素养发布后，我们将"健康、博爱、有为"与核心素养体系进行了关联，形成了郑州二中基于育人目标的核心素养及课程体系，如图0-1所示。

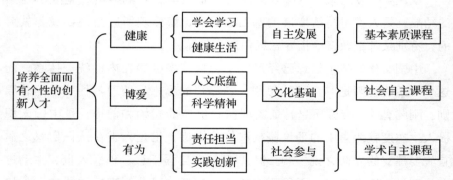

图 0-1　郑州二中基于育人目标的核心素养及课程体系

七、 开放自主的文化取向

（一）开放文化

海纳百川、有容乃大。教育是一个至大兼容的开放系统。"开放"强调以开放的思想、开放的视角、开放的举措，来谋划和开展学校教育教学工作。只有怀着海纳百川的开放态度，一所学校的内心才能真正强大起来，才能拥有独特的个性价值和创造精神，才能实现自身的和谐发展与进步。

郑州二中的开放办学活动开始于 2010 年，之后成为全天候、常态化的开放活动。开放办学的内涵不断丰富，从最初的恭纳雅声的"天天开放日"活动，到"走出去，请进来"的开放交流举措，再到现在的开放式管理、开放式教育等，内容不断丰富，研究逐步深入。

开放式管理借鉴了企业管理的原理和模式，形成了学校的开放式管理模式。

开放式系统模型认为，组织不仅受环境的影响，而且依赖于环境。管理的任务就是在开放的环境下有效地将一定的投入高效率地转化为产出。最全面和最有用的方法是运用计划、组织、领导和控制这四种管理职能作为集成管理的框架。

郑州二中围绕计划、组织、领导、控制这四个要素，在开放的环境下将投入转化为高效率的产出，实现了开放管理、创新管理、科学管理、高效管理的有机融合。具体体现如下。

一是计划。在学校三年发展规划和年度、学年计划中制定目标及目标实施途径(做什么及怎么做)。确保人人都能理解学校的使命以及实现使命的目标和方法。

二是组织。实现学校资源和活动的最佳配置(通过什么来做)。明确谁去做什么，谁要对什么结果负责，消除分工不清造成的工作障碍，创建决策与沟通网络。

三是领导。激励全体教师努力完成学校目标(如何做得更好)。进行顶层设计，引入激励机制，促进沟通交流，做好服务保障，创建文化氛围，使教师和学校结成命运共同体。

四是控制。强化过程管理，衡量实际工作，实施发展性评价，矫正工作偏差(到底做得怎么样)。

开放式管理与"天天开放日""走出去，请进来"的开放校园活动紧密结合，促进了社会资源的广泛利用以及与学校内部资源的深度融合，给学校发展带来了生机与活力。

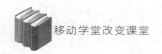

　　开放式教育是学校开放办学系统中最核心的内容，直接体现了学校的教育理念和教学形式。开放式教育体现了尊重学生个别差异，注重学习环境创设，提供多样化教育资源，激发学生主动探索学习，并使其获得全面发展的教育理念。开放式教育在一定程度上是相对于封闭的、格式化的、文本化的教育而言的。它旨在充分重视人性，尊重个性，给予学生更多自由，让他们在变化的空间和拥有丰富资源的学习情境中自主探索寻求知识。

　　开放式教育主要表现为：开放的教育观念、开放的教育课程、开放的教育时空结构、开放的学习方式、开放的教师心态、诊断式成绩评定、多维度教育评价等。

　　开放式教育的基本特征是以学生为中心，采用各种教与学的方法手段，取消和突破种种学习的限制和障碍，实施个性化、个别化教学，以教与学的方式的转变促进学校育人目标的实现。

　　开放办学取得了显著成效，带动了学校教育教学工作水平的全面提升。

（二）自主文化

　　郑州二中"自主发展、快乐成长"的办学理念以学生的发展和成长为最终价值追求，以"自主"为成长和发展的主要途径，以"快乐"为学生发展和成长的生存状态，这种办学理念实际上是培养学生核心素养的教育思想的校本化呈现，体现了"立德树人"的基本思想以及高度的社会责任感和使命感。

　　"自主发展、快乐成长"的办学理念体现的是教育的人文精神和科学精神以及快乐理念和发展目标的统一。快乐有多种多样，但最终还是要和学校的发展目标统一起来，使师生在实现各自发展目标的过程中充满快乐，而不是为快乐而快乐。

　　教育是为了促进人的发展，教育工作者的主要责任就在于挖掘、激发和调动每一个受教育个体的能动性，使他们能够成为自主发展的人。

　　我们提出教育的价值追求是致力于每一位学生的发展，让每一位学生成为他自己。具体来说，就是培养学生自我认知的观念、自我控制的习惯、自强不息的志向，让学生树立自主精神；使学生具备"学会做人、学会生存、学会学习"的自主能力，掌握合作学习、探究学习、研究性学习等自主学习方法；使学生学会自主选择，追求自主发展；帮助学生形成自主人格和创新精神，为自我实现打下基础。

学校坚持的基本理念为：最好的学校是自主发展的学校，最好的学生是自主发展的学生，最好的教师是自主发展的教师。

学校的基本做法包括六个方面：一是培养学生自主学习的意识和能力，通过构建移动自主学堂，让学生懂得自主学习的意义和方法，规范学生的学习流程，学会基于任务的学习、基于问题的学习、基于项目的学习等深度学习的方法；二是让学生学会时间管理，科学运用时间，把正式学习和非正式学习有机结合起来；三是多给学生一些时间和空间，让学生在自主实践中，去尝试、体验、探究、感悟，为创新人才脱颖而出创造适合的土壤和温度；四是培养学生的信息化素养，让学生学会数字化学习环境下的自主学习，在利用网络自主探究、个性化学习的过程中提升综合素养；五是为学生开设丰富的校本课程，让学生在选课学习过程中得到个性发展；六是为学生搭建多样化的体验和展示平台，如社团活动、创客空间、"TED 大会"、微电影节、艺术节、科技节等，让学生在展示和体验中自主发展、快乐成长。

八、 "信息化、 国际化、 自主化" 的发展战略

"信息化、国际化、自主化"的发展战略，是根据邓小平"三个面向"的教育理论而提出的。"信息化"对应的是"面向现代化"，"国际化"对应的是"面向世界"，"自主化"对应的是"面向未来"。三个面向就是学校追求的未来教育的发展方向。

教育信息化是指在教育领域(教育管理、教育教学和教育科研)全面深入地运用现代信息技术来促进教育改革与发展的过程。其技术特点是数字化、网络化、智能化和多媒体化，基本特征是开放、共享、交互、协作。以教育信息化促进教育现代化，用信息技术改变传统教育模式。

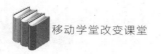

教育信息化的发展，带来了教育形式和学习方式的重大变革，促进了教育改革，对传统的教育思想、观念、模式、内容和方法产生了巨大冲击。教育信息化是国家信息化的重要组成部分，对于转变教育思想和观念、深化教育改革、提高教育质量和效益、培养创新人才具有深远意义，是实现教育跨越式发展的必然选择。我们把"信息化"放在首位，就是要通过教育信息化来带动教育的现代化。我们构建了数字化学习环境下的移动自主学堂，形成了四课型渐进式自主学堂的有效教学形态，转变了教师的教学方式和学生的学习方式，实现了课堂教学的变革；我们的网络学习空间人人通工程实现了学生正式学习与非正式学习、拓展学习与深度学习的常态化进行；我们建设了未来教室、智慧广场等数字化环境的新型教室；我们开展了创客教育、生涯教育，提升了学生的创新精神和实践能力。

"国际化"就是要"面向世界"。"教育要面向世界"，阐明了立足中国和学习借鉴世界现代教育优秀成果之间的辩证关系，强调了中国教育的改革和发展不仅要立足于中国，而且必须置于世界发展的大潮之中去推行，揭示了教育事业的开放性特点和本质，指明了更新中国现代教育理念和构建中国现代教育体系的路径——必须走向世界改革开放发展之路。

"国际化"从目标上来讲是要培养具有国际视野的现代公民，从方式和途径上来讲是要加强国际交流与合作。我们不断拓宽国际化发展道路，丰富国际交流的内容和形式。美国连续五年排名公立高中第一的托马斯·杰斐逊科技高中，在众多欲与之合作的中国知名中学中选择了具有现代教育理念和创新意识的郑州二中。2012年秋季，托马斯·杰斐逊科技高中校长埃文·格莱泽(Evan Glazer)到校访问，与郑州二中签订了合作协议，两所学校成为姊妹学校。今后两校将在学生、教师和学校层面展开更多、更广泛的合作与交流。

"自主化"有两层含义：一是学校要坚持独立自主的办学思想；二是在教育教学中要培养学生的主体意识，重视学生的终身发展和主体地位，进行学生自主学习的课堂教学转型探索。

学校管理需要行政的力量，但教育管理行政化是教育管理的最大弊端。教育行政化在很大程度上偏离了教育的理性方向，成为简单化、片面化的教育。教育管理去行政化是一个必然方向，去行政化的重要举措就是增强学校办学的自主性。学校自主发展在学术界有着"学校本位经营"的提法，在全球化的教育改革大潮中，"学校本位经营"的理念和实践，已经成为各国共同的教育策略选择。校本管理意味着学校成员都有比较大的自主权和责任来使用学校资源，做出决定、解决问题及推行有效的教育活动，更好地满足学校当前发展的需要。而课程的校本化趋势必然带来学校教学与研究的校本化转变。学校在变革中产生的具体问题只能靠教师自己解决，这就要求在学校场域中寻求促进变革的现实力量，进而要求教师成为主动的研究者和反思的实践者。教师作为教学研究的主体，其研究动力和兴趣不是经由强制来实现的，而是来自内在的一种需要。

在"自主发展、快乐成长"理念的引领下，郑州二中确立了校本化的育人目标、课程体系、开放办学战略、信息化教学方式、新型课堂形态，开发实施了生涯教育、创客教育课程，为学生搭建了多样的发展平台。学生社团风生水起，"TED 大会"享誉中原，学生管乐团声名鹊起，校园足球长盛不衰，制作微电影、体验创客生活成为学生成就自我的绚丽舞台。在自主发展的大旗下，郑州二中焕发出勃勃生机。

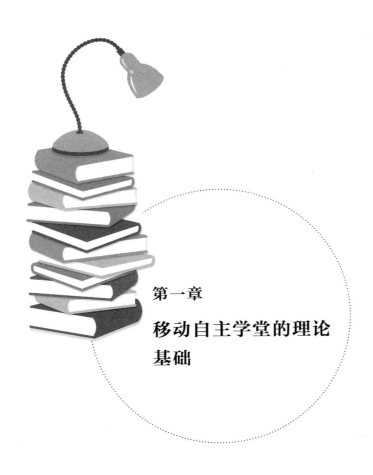

第一章

移动自主学堂的理论基础

第一节　建构主义学习理论

　　"移动自主学堂"课堂形态的内在理论依据是建构主义学习理论，认为学生的学习过程是根据已有的知识、经验来和建构新的知识、经验，并形成能力的心理结构的变化过程。这个过程强调学生的参与、体验、经历、感悟。这种学习理论不同于行为主义的学习理论，即学习的过程是知识的量的增加和程序的熟悉程度的提高。

　　在构建移动自主学堂、进行信息化教学的过程中，我们要充分理解和认识建构主义学习理论，并以此为指导进行教学设计。

一、　建构主义的基本理论

　　建构主义的思想来源于认知加工学说，以及维果茨基、皮亚杰和布鲁纳等人的思想。例如，皮亚杰和布鲁纳等的认知观点——解释如何使客观的知识结构通过个体与之交互作用而内化为认知结构，维果茨基的"文化—历史"发展理论的广为流传，都是建构主义思想发展的重要基础，为此，了解上述理论是深刻理解建构主义必不可少的环节。

（一）维果茨基的"最近发展区"理论

　　维果茨基(苏联心理学家，1896—1934)特别强调社会文化历史在人的发展过程中的作用，尤其是强调活动和社会交往在人的高级心理机能发展中的突出作用。维果茨基在说明教学与发展的关系时，提出了"最近发展区"的理论。他认为教学必须要考虑儿童已达到的水平，并要走在儿童发展的前面。为此，就要确定儿童的发展水平。儿童的发展有两种水平：一是现有的发展水平；二是在有指导的情况下借助成人的帮助可以达到的解决问题的水平，或是借助于他人的启发帮助可以达到的较高水平。这两者之间的差距，即儿童现有水平与经过他人帮助可以达到的较

高水平之间的差距，就是"最近发展区"。这一思想对于正确理解教育与发展之间的关系具有重要意义。

（二）认知信息加工理论

许多认知心理学家把认知看作对信息的加工，认为认知是指转换、加工、贮存、提取和使用感觉输入的所有过程。认知信息加工理论的一个重要的术语是建构，即认知过程是建构性质的。它包括以下两个过程。

首先是基本过程，它是在受到外部事件或内部经验刺激时马上发生的。这个阶段只是粗略地转换信息，以便根据贮存信息形成想法，这一阶段基本上是自动发生的。

其次是二级过程，它涉及有意识的控制，是比较精致地转换与建构观念和映象。相比之下，这一过程受贮存信息、个体的意图和期望的影响程度较大。

认知信息加工理论认为，思维有一种执行控制的机制，就像计算机程序中有一种执行程序一样；认知建构过程中的二级过程的认知运演是习得的，尽管它们部分受遗传的影响。其中，记忆、转换和重建内容的策略，也是习得的；同时可以通过对视、知觉的类推来描述、解释记忆和遗忘的过程。

（三）皮亚杰认知发展的阶段性理论

皮亚杰(Piaget，1896—1980，瑞士人，近代著名的儿童心理学家)提出的认知发展的阶段性理论，具有非常广泛和深远的影响。他认为，儿童认知形成的过程是先出现一些凭直觉产生的概念(并非最简单的概念)，这些原始概念构成思维的基础，在此基础上经过综合加工形成新概念，建构新结构，这种过程不断反复，这就是儿童认知结构形成的主要方法。

皮亚杰认为，随着儿童年龄的增长，其认知发展涉及图式、同化、顺应和平衡四个方面。图式是动作的结构或组织，它们在相同或类似的环境中，会由于重复而引起迁移或概括。所谓同化，就是个体将环境因素纳入已有的图式之中，以加强和丰富主体的动作。所谓顺应，就是个体改变自己的动作以适应客观变化。个体就是不断地通过同化与顺应两种方式来达到自身与客观环境的平衡的。图式最初来自先天的遗传，以后在适应环境的过程中，不断变化、丰富和发展，形成了本质不同的认知图式或结构。

（四）布鲁纳的教育理论

布鲁纳(Bruner，1915—2016，美国心理学家、教育学家)认为，教育的主要目的是为学生提供一个现实世界的模式，学生可以借此解决生活中的一切问题。这个模式涉及储存信息的内部系统，而信息是通过人与周围环境的相互作用获得的。任何一门学科的学习过程，是由一系列的片段所组成的，而每一片段(或一个事件)总是涉及获得、转换和评价三个过程。布鲁纳由此认为，学生不是被动的知识接受者，而是积极的信息加工者。

二、 当代建构主义学习理论的发展

（一）建构主义知识观

知识不是对现实的纯粹客观的反映，任何一种传载知识的符号系统也不是绝对真实的表征。它只不过是人们对客观世界的一种解释、假设或假说，它不是问题的最终答案，它必将随着人们认识程度的深入而不断地变革、升华和改写，出现新的解释和假设。

显然，这种知识观是对传统课程和教学理论的巨大挑战。建构主义理论认为，课本知识只是一种关于某种现象的较为可靠的解释或假设，并不是解释现实世界的"绝对参照"。某一社会发展阶段的科学知识固然包含真理，但是并不意味着终极答案，随着社会的发展，肯定还会有更真实的解释。更为重要的是，任何知识在被个体接收之前，对个体来说是没有什么意义的，也无权威性可言。所以，教学不能把知识作为预先决定了的东西教给学生，不要把我们对知识的理解方式作为让学生接受的理由，用社会性的权威去压服学生。学生对知识的接受，只能由他们自己来建构

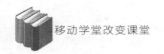

完成，以他们自己的经验为背景，分析知识的合理性。在学习的过程中，学生不仅理解新知识，而且对新知识进行分析、检验和批判。

（二）建构主义学习观

当代建构主义者主张，世界是客观存在的，但是对于世界的理解和赋予的意义却是由每个人自己决定的。我们以自己的经验为基础来建构现实，或者至少说是在解释现实，每个人的经验世界是用我们自己的头脑创建的，由于我们的经验以及对经验的信念不同，我们对外部世界的理解也会不同。所以，学习不是由教师把知识简单地传递给学生，而是由学生自己建构知识的过程；学生不是简单被动地接收信息，而是主动地建构知识的意义，这种建构是无法由他人来代替的。

学习过程同时包含两个方面的建构：一是对新信息的意义建构；二是对原有经验的改造和重组。这与皮亚杰关于通过同化与顺应而实现的双向建构的过程是一致的。只是建构主义者更重视后一种建构，强调学习者在学习过程中并不是发展起供日后提取出来以指导活动的图式或命题网络，相反，他们形成了对概念的理解，从而在面临新的情境时，能够灵活地建构起用于指导活动的图式。

任何学科的学习和理解都不像在白纸上画画，学习总要涉及学习者原有的认知结构。学习者总是以其自身的经验，包括正规学习前的非正规学习和科学概念学习前的日常概念，来理解和建构新的知识和信息的。学习者不是被动地接收信息刺激，而是主动地建构意义，根据自己的经验背景，对外部信息进行主动的选择、加工和处理，从而获得自己的意义的。外部信息本身没有什么意义，意义是学习者通过新旧知识经验间反复的、双向的相互作用过程建构而成的。因此，学习不像行为主义所描述的"刺激—反应"那样。学习意义的获得，是学习者以自己原有的知识经验为基础，对新信息重新认识和编码，从而建构自己的理解的过程。在这一过程中，学习者原有的知识经验因为新知识经验的进入而发生调整和改变。所以，建构主义者关注如何以原有的经验、心理结构和信念为基础来建构知识。

（三）建构主义教学观

建构主义者强调学习的主动性、社会性和情境性，对学习和教学提出了许多新的见解。

由于事物的意义并非完全独立于我们而存在，而是源于我们的建构，每个人都以自己的方式理解事物的某些方面，因此教学要增进学生之间的合作，使学生了解到不同的观点。由此，合作学习受到建构主义者的广泛重视。这些思想与维果茨基重视社会交往在儿童心理发展中的作用的思想是相一致的。学习者以自己的方式建构对于事物的理解，所以不同的人看到事物的不同方面，不存在唯一标准的理解，通过学习者的合作会使理解更加丰富和全面。

教学不能无视学习者的已有知识经验，不能简单强硬地从外部对学习者实施知识的"填灌"，而是应当把学习者原有的知识经验作为新知识的生长点，引导学习者从原有的知识经验中生长出新的知识经验。这一思想与维果茨基的"最近发展区"的思想相一致。教学不是知识的传递，而是知识的处理和转换。

教师不只是知识的呈现者，也不是知识权威的象征。教师应该重视学生自己对各种现象的理解，倾听他们的想法，思考他们这些想法的由来，并以此为据，引导学生丰富或调整自己的解释。教学既应强调学习者的主体作用，也不能忽视教师的主导作用。教师从传统的传递知识的控制者转变为学生学习的辅导者，从而成为学生学习的合作者。教师是意义建构的帮助者、促进者，而不是知识的提供者和灌输者；学生是学习信息加工的主体，是意义建构的主动者，而不是知识的被动接受者和被灌输的对象。简言之，教师是教学的引导者，监控学习和探索的责任也由以教师为主转向以学生为主，最终实现学生独立学习的目标。

另外，建构主义者提倡情境性教学。学习者是在一定的情境下，借助他人的帮助，如人与人之间的协作、交流、利用必要的信息等，通过意义的建构而获得知识的。理想的学习环境应当包括情境、协作、交流和意义建构四个方面。学习环境中的情境必须有利于学习者对所学内容

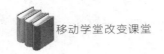

进行意义建构。在教学设计中，创设有利于学习者建构意义的情境是最重要的方面；协作应该贯穿于整个学习活动过程，包括教师与学生之间、学生与学生之间的协作；交流是协作过程中最基本的方式。其实，协作学习的过程就是交流的过程，在这个过程中，每个学习者的想法都为整个学习群体所共享。交流对于推进每个学习者的学习进程，是至关重要的。意义的建构是教学活动的最终目标，一切都要围绕着这种最终目标来进行。

同时，教学应使学习在与现实情境相类似的情境中发生，以解决学生在现实生活中遇到的问题为目标。为此，学习内容要选择真实性任务，不能对其做过于简单化的处理，使其远离现实的问题情境。

建构主义者还强调，学习可以分为初级学习与高级学习两种层次。初级学习是学习的低级阶段，教师只要求学生知道一些重要的概念和事实，在作业中学生只需要将他们所学的东西按原样再现出来，为此，初级学习的内容主要是结构良好的领域。

传统教学往往混淆了初级学习与高级学习之间的界限，将初级学习阶段的教学策略(如将整体分割为部分、着眼于普遍原则的学习、建立单一标准的基本表征等)不合理地推及至高级学习阶段的教学中；同时，教学设计从低到高、由局部到整体地展开学习过程的做法，使得教学过于简单化。这种简单化使得学生的理解简单片面，妨碍了学习在具体情境中更广泛而灵活地迁移。

第二节　生本、生态、生成课堂教学理论

移动自主学堂的内在理论基础还有"三生"教育理论，即生本、生态、生成课堂教学理论，移动自主学堂从这个角度来说也称为"三生课堂"。"生本课堂"强调以学生为本、以学生为主体的课堂教学观。"生态课堂"主张变革传统的师生关系，师生之间是一种平等、民主、自由、宽容、

鼓励和帮助的"伙伴"关系，学生通过与教师的交往和对话而成长，教师通过与学生的对话而充实，从而实现共享知识、共享智慧、共享人生的价值和意义。"生成课堂"是指在弹性预设的前提下，在教学的展开过程中由教师和学生根据不同的教学情境自主构建教学活动的过程。生成是生长和建构，是根据课堂教学本身的状态而产生的动态形成的活动过程，具有丰富性和生成性。"三生课堂"理念体现了以学生为本，以学生自主学习为特征，以学生的终身发展为目的的教学思想。

一、 生本教育理论

生本教育是相对于以教师为中心的整套教育观念方式而言的新的教育观念和方式。它强调把学生看作教育的终端，是教育最重要的资源。学生是获得教育的受体，更是自我教育的重要主体，是教育过程的重要生产力。我们的一切教育行为，最终通过学生自己才能最后完成。

华南师范大学郭思乐教授是国内研究生本教育理论的创始人，他研究的生本教育理论体系包括"起点非零"的儿童观、"教皈依学"的教学观、"回归符号实践"的课程观、"生命牧者"的教师观、"以儿童美好生活为基础"的德育观、从控制生命走向激扬生命的评价观等。

（一）生本教育理论的核心概念

1. 激扬生命

学生不仅是教育的对象，而且是有着自身生命价值的存在。学生是教育的对象；对学生的尊重，在很大程度上是对人之生命的尊重；依靠学生其实就是依靠学生自身的生命能量。生命是人之存在的根本，人的一切发展都以生命为根基。学生是教育的本体，是有着无限潜能的人类的未来；依靠学生生命能量的教育将会高效而易为。

2. 儿童的天性与潜能

儿童的天性是活动的、创造的，儿童是天生的学习者。这种天性是一种人类的生存逻辑，也可以从大自然为人提供的种种未确定性中找到信息；儿童人人可以创新。与成人相比，儿童的创新是内创新，是与自

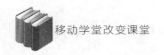

己的认识相比较的，其创新意义在于过程。儿童具有无限的潜能，他们继承了人类亿万年遗传下来的智慧。

3．教皈依学

在教育教学中，学生的"学"才是根本、核心，因此教育和教学要从"教"转化为促进学生的"学"，让学习与生活、经验与情感紧密相连，尽可能成为学生成长的自然过程的一部分，而不是要学生去适应成人设计的知识体系。

4．小立课程，大作功夫

现代的教育要求我们的课程本体应回归到符号的实践，而实现从符号研究到符号实践的转化关键在于精简课程。为此，我们要大力压缩授予性或接受性的课程，腾出时间、空间，并保证学生的精力，使之投入对他们有意义的学习活动。这就是朱熹所言的"小立课程，大作功夫"，它能使整个教育教学的过程体现"教少学多"，实现学生的主体性。

（二）教学观：教皈依学

1．从"教"转化为"学"

印度哲学家奥修曾讲过一个很有意思的故事。①

你一定听说过蜈蚣的故事：蜈蚣是用成百条细足蠕动前行的。哲学家青蛙见了蜈蚣，久久地注视着，心里很纳闷：四条腿走路都那么困难，可蜈蚣居然有成百条腿，它如何行走呢？这简直就是奇迹！蜈蚣是怎么决定先迈哪条腿，接着再动哪条腿呢？于是青蛙拦住了蜈蚣，问道："我是一位哲学家，我被你弄糊涂了，有个问题我解答不了。你是怎么走路的？用这么多条腿走路，这简直是不可能的！"蜈蚣说："我一直都是这么走的，可谁想过呢？现在既然你问了，那我得想一想才能回答你。"

这一念头第一次进入了蜈蚣的意识。蜈蚣站立了几分钟，动弹不得，蹒跚了几步，终于趴下了。它对青蛙说："请你别再问其他蜈蚣这个问题

---

① 郭思乐：《教育走向生本》，110页，北京，人民教育出版社，2001。

了，我一直都在走路，这根本不是问题，现在你把我害惨了。我动不了了，成百条腿要移动，我该怎么办呢？"

蜈蚣能用成百条腿走路是它的本能，纵然看上去令人觉得不可思议。当需要分解它走路的步骤时，它就变得寸步难行了。这个故事给予我们教学怎样的启示呢？我们的学生就像故事中的蜈蚣一样，存在着人类的本能，他们的学习活动很大程度上依靠着人的生命本能。但我们的教育却时常试图说明这些本能的知识，从而使原本简单的学习变得复杂起来。可以说，我们许多时候在教学生本能，这等于说学生想喝水，本来他们有喝水的生命需要和本能，只要拿起水，不假思索地就可以把它喝下去，但我们却教给他们每个喝水的步骤，仔仔细细地讲，最终导致学生竟然不会喝了。这使我们思考：一切靠教学来实现学生的发展是不可能的。我们必须看清一个事实——教学的本质是学，而不是教。

教学就是在教师的支持下，激起、强化、优化学生的自主学习的过程，这区别于过去的教学概念。在新的教学概念下，什么是教、什么是学、教与学之间的关系都值得探讨。[①]

日内瓦湖前面有一条隧道。人们开着汽车穿过隧道，而隧道管理者在隧道口树立了告示牌，要求司机即使是白天也要亮灯。但是，从隧道出来，许多人都忘记关灯，这样，他们停下来一段时间后，汽车就没有电不能打火了。面对司机们的抱怨，管理者想到在出口处也树一个牌，告诉司机们"出隧道后关车灯"。但显然这样写是不够的：晚上驾车司机看到这个告示也要关灯吗？这样一来，告示就要写上多种情况：白天如何，晚上如何，下雨和阴霾天又如何。可是，司机如果要看清这么多条文，车可能就冲进日内瓦湖了！写少了不清楚，写多了看不清。后来，一位管理人想出一个办法，只在告示牌上写了一句话："你的车灯还亮着吗？"于是，所有的问题都解决了。

---

① 转引自郭思乐：《教育激扬生命——再论教育走向生本》，169 页，北京，人民教育出版社，2007。

这蕴含着什么样的哲学意味呢？原来的管理者没有想到自己的服务对象的生命性，只想到"我告诉你"，而后者则依托了生命，让他们的生命机制起作用，从而使事情变得简单而高效。管理者类似于我们要说的教师，而司机类似于学生。在我们的教育中，我们会常常忽略学生的能动性，局限于"教"，忽视于"学"。当我们相信学生的能动性，让学生自己解决问题时，教学才发挥了真正的作用。

教必须转化为学。过去认为，教育就是手把手，就是耳提面命地单向传输。在我们的教育理论中，学生一般都只是出现在"书"中，我们叙述怎样教，我们争论怎样教。抓住了教师的教，就是抓住了教育的关键。于是，尽管说要重视学生，但是实际上研究探讨的还是怎样教。我们的教育格言也反映了这种"教"的情结。教师是蜡烛，燃尽了自己，却照亮了别人；教师拥有一壶水，把水倒进学生的杯子里；教师是人类灵魂的工程师，设计了教育对象的灵魂。学生在哪里呢？他不发光，等待着别人照亮；他不产生水，等待着让人倒满；他的灵魂是别人设计的结果。

教育要以学为本。所谓教的行动，不过是为学而设置的。教的目的，教的过程的核心，教的实际价值的体现，全在于学。教学的本质是学，教要转化为学，这就是生本教育方法论的根本。

人的生命蕴藏着学习的本能。生本教育明确提出：儿童是天生的学习者；儿童人人可以创新；儿童潜能无限。学习是儿童的本能，也是儿童的需要。我们观察到了学生强烈的学习愿望和富有天赋的学习机制，进而强调"学习是人的本能"这一意义深远的论断。人类幼儿时期的柔弱、未成熟性、与成人能力的巨大差距，以及人类社会、文化的复杂性这些事实，都预示着人必将是天生的学习者，否则将不符合大自然的生存规律。

"学习是人的本能"，并不表明这个本能就会自动地、强壮地生长和起作用。相反，人的本能如果被忽视，就如"刀不磨要生锈"的道理一样，会逐渐消退；如果再受到另一种外来力量的打压，则更易挫伤。所以我们认为，由于师本教育无视学生学习的天性，强调控制和塑造学生，极易扼杀学生的学习天性。学习只有与学生的生命机制相结合，利用学生的学习本能，才能使学习事半功倍。

2. 先学后教，不教而教

生本教育实验历经多年，使我们越发相信让学生自己学才能达到教育的最大效果。当然，提到自学我们会感觉很不自在，因为这等于否认了教师、学校的作用，我们站在这里，怎么能让学生自学呢？是的，我们站在这里，站在学生的边上，按照传统的想法，学生的学习从此就染上了我们的色彩，他们的学习就不再是自学。现在且不做词语的争论，而是来探讨，如果面临学生的自学，我们想要怎样呢？我们是来支持还是否定学生的自学？压抑他们？不承认他们学习的结果？占满所有的时间或占住大部分时间，让他们不能自学？所有这些做法或想法都是曾经出现或仍然存在的，绝非空穴来风，也不是全无道理。问题在于为什么不能转念一想，我们站在这里，我们的学校和教师的存在，我们的天然使命，并非要取代学生的自学，压抑他们的自学，削弱他们的自学，而是要首先承认他们有这样的权利，承认他们自主学习的成果，而且就像管理者给学者的研究提供支持，而不影响他们的自由研究一样，给学生的自学牵马引镫，为他们提供更为有利的自学条件。特别是在课堂——我们的传统领地，也要来做这件事：让学生探讨学习的计划，整个课堂的组织为他们服务；创设让他们的学习与创造欲罢不能的课堂文化，让他们沿着这条路走下去，学得更多更好，学得淋漓尽致，学得不亦乐乎。也就是说，我们要改变想法，不是不允许学生自己学，而是提倡他们自己学；不是压抑他们自己学，而是推动他们自己学；不是听任他们自己信马由缰，而是道之开之，因势利导，使他们奔腾的热情犹如波涛涌向人类社会发展的或人类既有成果形成的河道——这里仍然有极为广阔的可以自主的空间。

因此，我们强调学生自学并非否定、抛弃教师的教，而是要将大部分的"教"转化为"学"，其具体方法是提倡"先做后学，先学后教，教少学多，以学定教"。

为什么我们有把握在教学中实现"先做后学，先学后教"？其实，学生与成人的学习行为存在很大的差别。一般来说，成人具有了许多知识，他们在生活或教学中的活动，主要是以知御行。他们会更重视得到了知

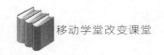

识之后的运用、训练和评价，其认识规律是知行律。而学生的认识规律则相反，是先行后知的行知律。对于人类知识，他们更多的是通过自己的活动去获得的。生本实验教学一直强调先做后学、先学后教，这是符合学生认知规律的。假如能真正放开手让学生去做、去学，我们便能收获到很多的意外和惊喜。

我们把学生看作教育的重要资源，在教育中应思考如何激发调动这一资源、最大限度地利用这一资源。放开手让学生先做、先学是调动资源的最简单易行的方法。当教师把学习的任务交还给学生，就是对他们极大的信任，这本身就会带来开拓感和成就感。更重要的是，学生在这一过程中充分地调动了学习的热情、学习的经验，主动地融入学习的创造过程。

值得注意的是，我们让学生先学，而先学必须是在教师的组织中进行的，并非漫无目地地先学。在课前，教师要给出适当的学习任务，给予学生可以自主思考的时间和空间，让他们在进入课堂以前就已经对知识有所获得。回到课堂，教师还可以让学生通过小组合作交流自己先前的初步想法，然后进行全班交流，共同完成学习任务。在整个学习过程中，似乎看不见教师所起的作用，感觉教师没有"教"，但其实"教"已经寓于"学"之中，一切学生的"学"都发生在教师的组织和安排之下。

二、 生态课堂教学理论

"生态课堂"强调为师生发展而教，为师生发展而学，以创新的教学方式促进学生养成可持续发展的生活、学习和工作习惯，培养学生可持续发展的责任心，造就学生张扬的个性、开放的思想、创新的品质。

（一）传统课堂的"反生态"现象

在传统的课堂上，教学目标重在分数和升学率。课堂教学演变为一种机械训练的模式运作，忽视了学生的生命灵动和个体差异；教师的心血投入在关注学生的考试分数上，使大多数学生无法从学习中体会到幸福和享受，只能承受负担与折磨。

1. 知识的课堂

(1)教学目标被简化成单纯的认知

在人的身心全面发展的目标中，纯粹的知识学习只能完成其中的认知任务。新课程标准规定的课堂教学目标是"知识和技能，过程和方法，情感、态度、价值观"的三维目标。传统的课堂唯知识独尊，别的从不涉及。这种教学忽视了对知识背后的经验感受、对学习过程的体验，忽视了对情感、态度、价值观等非认知素质的培养和开发，这样的课堂培养的是片面发展的人，而不是全面发展的人。

(2)效率为先，忽视生命

课堂教学注重短期可见的效果，注重立竿见影的效果，用普遍客观的知识来塑造和加工活生生的生命体。对教学的结果偏重量化的评价，教学重结果轻过程。教师关注的是学生能掌握多少知识，能考多少分，上课就是为考试服务的；关注的是正确答案，而不是答案如何得出的过程。这样，学生只能是学会了，永远也不会学。

2. 师本的课堂

(1)话语霸权

语言是"温和的暴力"。教师侵占了学生的话语权，忽视了学生的需要和想法，而这是课堂中最为关键的东西。教师经常在不知不觉中掠夺了学生发问的机会，错过了倾听学生的言说，错过了由学生创生的精彩。教师的满堂问、学生的满堂答，似乎是给了学生发言和表达的机会，而教师提的大多是不需要进行太多思考的问题，不能促进学生积极动脑思考，不能激起学生发自生命深处的诉说的欲望。

(2)思维剥夺

教师设计了非常严谨的教案，使学生只能在其中按部就班地进行学习。教师的提问往往有唯一正确的答案，让学生沿着其铺设的思路思考。学生没有足够的自主参与和选择教学内容的机会，他们围着教师的问题转，与其说是思考，不如说是为寻找问题背后的正确答案而苦心琢磨教师的心思，怎样回答才能符合教师的胃口。教师所提问题的封闭性剥夺了学生开放和发散的思维的形成，久而久之，只能培养学生奉迎、遵从

的思维惰性。

3. 模式的课堂

(1)教案独尊，教学封闭

在传统的课堂上，教师严格执行教案，一般不随意更改和增删。而教案设计得越完美，对课堂生命的控制也就越多。

(2)忽视差异

模式的课堂追求的是模式化和标准化，抹杀了学生的个性差异，以共性代替个性，以规律代替特色，结果是使学生的思维走向僵化。

4. 孤独的课堂

(1)精神的迷失

学生的生活世界成为被课堂教学遗忘的角落。书本世界的独尊，使学生沉浸在各种符号的逻辑演算之中；缺乏生活意义和生命价值的教学，使学生成为书本知识的奴隶。他们学到的是知识而不是智慧，掌握的是应付考试的技巧而不是应对生活的技能。学生的潜能一直处于沉睡的状态。

课堂应该是精神的殿堂，是沟通生活内外的桥梁。传统课堂教出来的学生有可能是"有智商没有智慧，有前途没有壮志，有知识没有思想"。

(2)情感的疏离

师生的孤独还来自情感上的疏远。教师是孤立的课堂独裁者；学生也处于一种被控制的孤独地位。教师不了解学生从生活中都带来了何种体验和情绪，不知道他们需要什么，不理解他们为什么会默默不语、兴奋喜悦、伤心愤怒。学生也不理解教师为什么爱唠叨，有时会无缘无故发脾气。师生之间缺少情感的沟通与交流。

（二）"生态课堂"的建构

1. 转变教师角色

教师从单纯的知识传授者、学习成果评判者变为学生精神成长的引导者、全面发展的促进者及学生的伙伴。生态课堂必须变革传统的师生关系，师生关系不能只是简单的授予、接受的关系，任何一方都不能把对方作为一种对象去控制和灌输，而是一种平等、民主、自由、宽容、鼓励和帮助的"伙伴"关系。学生通过与教师的交往和对话而成长，教师通过与学生的对话而充实，从而达到共享知识、共享智慧、共享人生的价值和意义。

(1)尊重学生，平等对话

建立平等合作的师生关系，具备教育民主观念，摒弃教师权威，平等对待学生，尊重、欣赏每一位学生，尊重学生独特的个性，主动满足学生的成长需求，学生可以与教师自由交换意见，分享各自的经历和人生体验。

(2)宽容相待，尊重差异

教师要包容学生的不成熟，包容学生暂时的不完美。宽容的师生关系才能使课堂洋溢宽松、自由的气氛，才能激发学生创造的激情。教师的宽容特别体现在学习困难的学生身上，教师应尊重、理解、亲近他们，鼓励他们敞开心扉，走出自卑或自闭。

因材施教是教育的优秀传统，教师应该根据学生的学习条件和学习基础，有针对性地实施教学。加强"小组协作、分层辅导"，教师通过小组协作的方式，将学生分层、目标分层，进而分层施教、分层练习。同时，教师可以在课堂中开展既有统一活动、又有区别对待的分层教学活动，以及既面向全体、又面向小组的教学活动，对不同水平的学生进行有针对性的辅导，设置弹性作业，促进每位学生在原有基础上充分发展。

(3)营造和谐气氛

教师要善于建立良好的师生关系，营造温馨、轻松、宽容、民主、和谐的课堂教学氛围。教师在教与学时要充满热情，情绪高涨，互动良好，人际关系和谐，从而使学生有学习的安全感，没有任何压力，自信快乐，健康成长。教师让每一位学生体会到成功的喜悦，感受到成长的快乐，感受到自己是被尊重的，感受到课堂是幸福的乐园。

现代的教师，作为传业者，教学生掌握知识技能；作为引导者，引领学生精神发展、心理成熟；作为师长，应该既是教育活动的民主组织者、学生全面发展的促进者，又是学生生活中的伙伴。

2. 转变教案的设计思路

教师变以课本知识为本的教案设计为以学生发展为本的学案设计。奉教材为"圣经"、视教师为真理的化身的课堂削减了学生挑战权威的勇气，阻碍了学生创造性思维的发展。思维生命的成长需要宽松的环境和创造的勇气，思维幽闭的心扉也需要教师用智慧叩开。

生态课堂强调以学生的发展为本，而传统课堂强调以课本为本，强调课本知识的学习，这对人才的培养是极其不利的。教师要了解学情，着眼于学生的全面发展，不仅从知识技能层面，而且从过程与方法层面，情感、态度与价值观层面设计教学目标，站在学生的角度设计学习方案。

（1）从"教案"到"学案"

首先，要以学生的现有水平为起点，关注学生的需要。美国著名的教育心理学家奥苏伯尔有一段经典的论述："假如让我把全部教育心理学仅仅归纳为一条原理的话，那么我将一言以蔽之：影响学习的唯一最重要的因素就是学生已经知道了什么，要探明这一点，并应据此进行教学。"这就要求教师在充分把握学生学力的基础上，预先假设学生会在何处何时有疑问和困难，设计更具有挑战意义的教学环节，调动起学生的思维参与，变被动学习为主动学习，帮助学生在原有知识经验的基础上建构新的知识。

教师的主要任务包括三个方面：一是研究学生的知识结构、主观经验、社会文化背景，保证教学内容是适合学生的，并能纳入学生的知识结构；二是研究如何培养学生的认知策略，如何达到指导、帮助、促进学生知识建构的目的，如何组织课堂教学的形式；三是研究怎样激发学生的学习积极性，如何调动学生的兴趣，如何通过评价促进学生之间的合作与交流。

其次，要讲究学案的"留白"和"弹性"艺术。教师要在课堂上给予学生充分思维的自主权，教师只是学生思维的领路人，真正具有价值的思考过程不能由教师代劳。"留白"就是要留出时间让学生自主探究、讨论、操作，教师的"讲"要让位给学生的学。教学方案设计得太严谨、太规整，课堂的生命活力就会因此而黯淡。为了不让固定的设计限制生成的自由，所以只能预设粗线条，进行弹性处理。课堂上不能一味执行教案，完全拘泥于预设的固定程序。

(2)教学目标要由一维到三维

学生是作为一个独立完整的个体参与到课堂教学中来的，课堂教学就应该尽力满足学生全面发展的需要，不仅仅是让学生学会知识技能，更重要的是使他们成为一个具有完善个性和道德情操的人。

①知识与能力、过程与方法、情感态度与价值观的统一整合

三个不同的维度是一个统一体，共同指向了促进生命的和谐发展这一目的。知识和能力是基本的目标，为学生的全面成长打下认知的基础。而在达到知识与能力的目标时，过程与方法这一目标就要促进学生学会学习、体验探究、主动参与、掌握方法。和人的关系最为密切的是"情感态度与价值观"，它关系到一个人的未来发展，关系到完善人格的塑造。

②理智生活、道德生活、审美生活的相得益彰

课堂是一个包含理智感、道德感、审美感在内的真、善、美的统一体。理智生活是以认知过程为基础的，学生在伴随着学习知识的过程中获得理智感的体验与满足，常产生对新鲜事物的好奇心和求知欲、对疑难问题的执着和坚持、对成功解答的高兴和自豪。道德生活是建立在意志活动基础上让学生获得一种求善的道德感的体验。"过有道德的课堂生活"就是要根据教材的内容和课堂的教学交往，让学生受到高尚品行的感染，学会处理自然和社会、自我与他人之间的关系，获得道德情感的提升和道德行为的锻炼。审美生活主要建立在情感活动之上，是学生完满精神的重要组成部分。

③思维场、情感场、交往场的生态平衡

生态的课堂首先应是一个思维场，应当有利于学生智慧的形成和发展。要使课堂始终充满着浓郁的思辨色彩，努力建构一个思辨的课堂、一个思想的课堂。生态的课堂应是一个情感场，应该使学生的情感在一种自由、和谐的氛围中不断得以陶冶与美化。课堂情感脉搏的变化既影响到学生的思维状态，也影响到师生的交往互动。生态课堂应是一个交

往场，让学生交流，真正"动"起来。这里的动，不是表面上的动，主要指学生内心世界的动，思维在动，情感在涌动。

3. 转变课堂功能

教师变单纯的传授知识的场所为师生合作交往的场所、学生生命成长的精神家园。课堂的功能关系到学生的生命成长和在校的生活质量。课堂不仅是学科知识传递的殿堂，更是个性教育的殿堂。在课堂中，每个学生都是一个独立完整的个体，教师只有充分意识到他们是作为"人"而存在的，并尊重他们的课堂权益，才可能实现和学生同步健康发展。课堂是师生彼此沟通、相互交往的生活场所，是师生合作交流、心灵对话的舞台，是师生和谐发展、生命成长的精神家园。

在课堂上，学生应该拥有话语权和探究权。教师要尊重并善待随时发言和插嘴的学生，必须把"问"的权利还给学生，让学生多发问、多思考；鼓励学生突破现成答案，大胆质疑；维护学生的话语权，有利于形成民主的教风、融洽的气氛，能让学生的创造性思维、创新能力得到培养，独立个性得到发展。

学生的大脑不是等待灌输知识的容器，而是一支需要被点燃的火把。凡是学生自己能学会的，就引导学生自己学习；凡是学生能动手操作的，尽量让学生自己动手。教师要让学生参与、体验、分享、整合、应用，亲自经历知识获得的过程。

三、 生成性教学理论

生成性教学的最初提出者是维特罗克（Wittrock，美国教育心理学家）。生成性教学是指在弹性预设的前提下，在教学的展开过程中由教师和学生根据不同的教学情境自主构建教学活动的过程。例如，教师可以成功地教会学生对所学材料提问题、做总结和类比等，这些生成性活动都有益于学生的学习。而新的课程标准要求我们在教学中必须注重运用这种生成性的教学模式。

生成是生长和建构，是根据课堂教学本身的进行状态而产生的动态形成的活动过程，具有丰富性和生成性。新课程的最高宗旨和核心理念是"一切为了每一位学生的发展"。而"发展"却是一个动态的生成过程，这个过程中的因素和情景无法预见，也就会产生许多的生成性问题。生成可以分为两种：一种是我们能够预设到的现象，另一种是我们不能预设到的现象。"动态生成"是新课程理念下课堂教学的主要特征，强调课堂教学要改变传统课堂教学固定不变、按部就班、机械僵化的教学模式，主张课堂教学必须建构生成性的探究性活动过程。

（一）生成性教学的内涵

生成性教学不是一种具体的教学方法、教学模式，而是一种融教学价值观、认识论、知识观和方法论于一体的教学哲学。生成性教学倡导教学不仅仅是向学生传授知识，使其能够适应当前的环境，更是要引导学生获得适应这变化不居的社会需要的能力，能够在变化不居的未来中不断创造知识，成就自身。

1. 以学生生存发展为本的教学认识论是生成性教学的认识论基础

以学生生存发展为本的教学认识论认为，学生和教师已有的现实生活经验是教学实施的基础；教学是在对将要学习的知识、学生的现实状况和可能发展的能力空间等综合分析的基础上，展开的以知识为载体的心灵的旅行和探险。它承认知识对于教学自身和学生发展的重要性，认为知识是人类认识世界的工具和经验结晶；否定知识在教学中的价值，就会使教学不能让人们养成在心灵层面自我反思的习惯，不能提升精神追求超越的境界，不能发展一种宽广而适切的视野而形成对人类生活的整体认识。但是，知识的根本作用和终极目的在于实现人的发展，传统的特殊认识论正是颠倒了作为认识主体的人和知识的关系，使知识成为了教学的目的，而不是人的发展的工具和可能途径。

以学生发展为本的教学认识论关注知识对人类精神的内在价值，认为知识的习得与传授的根本价值在于通过知识可以成就人的智慧。教学注重的是知识本身对人类的整体精神和个体精神的内在价值的培育；引导学生学习知识不是为了通过知识的规训而训练出可供使唤的工具，而是通过知识的学习而实现精神的超越：超越自然而理解自然，超越自我

而认识自我和社会，通过知识而追求更有价值的美好生活。这样，教学就是引导学生借助知识培育自由实践能力的实践行为。但这种实践不是为了通过考试或所谓未来生活，而是为了学生的生活本身，为了学生当下的发展和获得一种可持续发展的能力与意识。任何生活和发展都具有不可分割的连续性，而任何割裂这种连续性的行为本身只能是一种武断的强制，其结果必将背离知识对于人的精神的内在价值。

2. 生成性教学秉持当代知识观，承认个体对知识的作用和价值

作为教学哲学的生成性教学认为，知识具有文化性、境域性、价值性等特征；没有哪一种知识的客观性是绝对的、纯粹的而不需要进一步质疑的，所有的知识都只能是个体的主动的意义建构。知识的产生受社会价值需要的指引，是个体在其特定的环境中不断生成的认识；个体不仅是个体意义的解释者，而且是文化和知识的创造者，这就是生成性教学的知识观。

生成性教学的知识观承认个体对文化和知识的建构和创造，从而为教学从单纯地强调知识的灌输和占有转变为关注学生个体的创造性和创造力的培育与发展。这样，教学就可能从传统的"去学生化"中被解救出来，通过教学使学生"成人"，即让学生成为具有完满个性、有建设能力的个体的教学旨归可能得以实现。

生成性教学认为，教学方法的选择必须能满足和促进学生自身生长并足以维系其持续生长与发展；方法的运用要有利于学生生成性思维的训练和养成；方法不是固定的模式或流水线式的机械运作。从这个意义上来讲，作为教学手段，无论预设与生成还是讲授与探究，都是教学必不可少的可能性选择，至于何时选用哪一种手段，要根据具体的教学对象在具体教学情境中的状态和可能达到的发展目标来确定。

（二）生成性教学的价值分析

作为教学哲学的生成性教学，把自身的教学价值观、认识论、知识观和方法论融为一体，从关注学生的整体发展和持续生长入手，反思教学的意义和价值，有助于实现生成性教学理论本身的清晰与明辨，对教育教学理论和实践都有着重要的价值。

1. 实现了对"预成论"教学观的扬弃与超越

生成性教学是针对预成论教学哲学所导致的教学与学生现实脱离、成为知识教学的教学异化而提出的新的教学哲学。它认为，教学当然要有知识的学习与传授，但是知识的意义和价值在于获得知识的人能够经由知识去创造知识；教学的意义在于经由课堂能使学生获得学习的能力并增强其不断学习的愿望和主动探究、创造的欲望。教学的终极追求在于实现学生、教师对幸福生活的感受力，发展他们创造幸福生活的能力，而不是占有知识。生成性教学以自己的教学价值观、认识论等整套理论体系实现了对预成论教学哲学的彻底批判与超越，为教学从单纯知识教学向关注学生整体发展提供了理论支撑与保障。

2. 体现从本质主义向现实关系思维转变的教学思维变革

本质主义的思维方式是工具理性的思维形式。它主张教学理论研究的任务在于研究教学活动的本质。它相信，教学存在一种使其特立独行于世的所谓本质的东西；教学的根本任务在于找寻这种唯一性的本质，从而根据这种亘古不变的教学本质去寻求普适的教学规律和原则，进而去指导、评判教学实践。本质主义思维在教学实践中表现为运用符合教学本质的方法去达到预定的教学目的。

本质主义思维下的教学研究与实践，把评判教学实践的标准拟订为寻求最优化的教学方法使学生获得知识，并且这种获得往往以分数的高低来衡量与取舍。因此，教学就成为一种等级划分和行为控制。这与我国当前所追求的学生自主发展精神背道而驰。

生成性教学认为，教学是一种关系性存在，教师的教与学生的学同时存在，相互依存。在教学中，教师的行为之所以能称其为"教"，是因为它引起了学生的反应，促进了学生的学；同样，学生的行为之所以能称其为"学"，是由于经教师的引导展开了对未知之旅的探索。教学的根本在于使学生获得主动生长发展的能力，同时也是教师自身获得不断学习和生长的过程。"教学相长"就是对教师和学生的教学互存，师生通过教学而成就自身的最好表述。把教学看作一种师生以教材知识为抓手的关系性交流，经由教学，教师和学生能够不断生成、发展和完善自身。

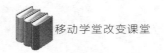

生成性教学的关系思维实际上是一种生成性思维。生成性思维是现代哲学的基本精神和思维方式，其特征为重过程而非本质，重关系而非实体，重创造而反预定，重个性、差异而反中心、同一，重具体而反抽象主义。生成性思维强调人们对自己的生活世界的关注，反对一元论思维模式。它认为，生活世界是一个以实践为基础的日常生活与非日常生活的统一，因此，生成性思维是确定性与非确定性的统一。

生成性教学理论的确立实现了对传统的本质主义思维方式的超越，教学成为教师和学生两个主体在关系性的交往中形成的一个共在的教学世界。在共在互动中，教与学双方有可能充分展现出各自及相互之间的丰富的多样性，呈现出教学具有的显著实践特征。因此，思考教学问题的出发点，在本质思维视野下对教学本质的追问转为对学生主动生长可能性的探求。教学不再是寄托于某种方法的寻求，而是立足于实践、交往来揭示学生发展的多样性、差异性、动态生成性和开放性；从价值层面对教学的合理性进行澄清和选择，从对教学理论、教学行为的批判与反思中，寻找能促进学生发展的方式方法。[①]

总之，生成性教学理论的提出，不是为了发明一种新的教学方法或教学模式，以便更好地控制学生，或者以此作为体现新的课程与教学理念的标志与根据，而是确立一种新的教学哲学，实现教学从单向度的知识转变为关注学生的全面发展，从控制走向关系性的交往实践，从而使教学成为学生发展的一部分。

第三节　数字化学习理论

信息技术与课程融合是我国面向 21 世纪基础教育教学改革的新视点，是既与传统的学科教学有着密切联系和继承性，又具有一定相对独

---

① 孟凡丽、程良宏：《生成性教学：涵义与价值》，北京师范大学课程与教学国际论坛暨首届研讨会会议论文，北京，2008。

立性的新型教学类型。对它的研究与实施将对发展学生主体性、创造性和培养学生的创新精神与实践能力具有重要意义。

一、 数字化学习是信息时代学习的重要方式

以信息技术为代表的科学技术的迅猛发展，对人类的生产方式、生活方式、思维方式以及学习方式等都产生了重大的影响。葛洛蒂指出，信息时代是一个数字化的世界。它有四个支柱：一是自然界的一切信息都可以通过数字表示；二是计算机只用数字1和0来处理所有数据；三是计算机通过对1和0的数字处理来实现信息处理；四是通过跨空间运送1和0来把信息传送到全世界。

信息时代的学习与以多媒体和网络技术为核心的信息技术的发展密切相关。信息技术以数字化为支柱，应用到教育教学过程后，引起了学习环境、学习资源、学习方式都向数字化方向发展，形成数字化的学习环境、学习资源和学习方式。

美国教育技术首席执行总裁论坛（The CEO Forum on Educational Technology），在2000年6月召开的以"数字化学习的力量：整合数字化内容"为主题的第三次年会中，将这种数字技术与课程教学内容整合的方式称为数字化学习，提出了数字化学习的观念，并着重阐述了为达到将数字技术整合于课程中，建构适应21世纪需要的数字化学习环境、资源和方法，是21世纪学校、教师、学生和家长必须采取的行动。

（一）数字化学习的三要素

数字化学习是指学习者在数字化的学习环境中、利用数字化学习资源，以数字化方式进行学习的过程。它包含三个基本要素：数字化学习环境、数字化学习资源和数字化学习方式。

1. 数字化学习环境

信息技术的核心是计算机、通信以及两者结合的产物——网络。这三者是一切信息技术系统结构的基础。信息技术教学应用环境的基础是多媒体计算机和网络化环境，其最基础的是数字化的信息处理。因此，

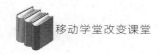

所谓信息化学习环境，也就是数字化的学习环境。这种学习环境，经过数字化信息处理具有信息显示多媒体化、信息传输网络化、信息处理智能化和教学环境虚拟化的特征。为了适应学习者的学习需求，数字化学习环境包括设施、资源、平台、通信、工具五个部分。

2. 数字化学习资源

数字化资源是指经过数字化处理，可以在多媒体计算机上或网络环境下运行的多媒体材料。它能够激发学生通过自主、合作、创造的方式来寻找和处理信息，从而使数字化学习成为可能。数字化资源包括数字视频、数字音频、多媒体软件、网站、电子邮件、在线学习管理系统、计算机模拟、在线讨论、数据文件、数据库等。数字化学习资源是数字化学习的关键，它可以通过教师开发、学生创作、市场购买、网络下载等方式获取。数字化学习资源具有切合实际、即时可信、可用于多层次探究、可操纵处理、富有创造性等特点。

数字化学习不仅仅局限于教材的学习，还可以通过各种形式的多媒体电子读物，以及各种类型的网上资源、网上教程进行学习。与传统的教材学习相比，数字化学习资源具有多媒体、超文本、友好交互、虚拟仿真、远程共享等特性。

3. 数字化学习方式

在数字化学习环境中，人们的学习方式发生了重要的变化。数字化学习方式与传统学习方式不同，学习者的学习不是依赖于教师的讲授与教材的学习，而是利用数字化平台和数字化资源，教师与学生之间开展协商讨论、合作学习，并通过对资源的收集利用、探究知识、发现知识、创造知识、展示知识的方式进行学习。因此，数字化学习方式具有多种途径：资源利用的学习、自主发现的学习、协商合作的学习、实践创造的学习。

（二）数字化学习的特点

1. 数字化学习使学习内容和学习资源的获取具有随意性

事实上，只要网络系统具有较理想的带宽，教师和学生就能够在网络和资源库上获得所需要的学习内容和学习资源。学生可以不受到时空和传递呈现方式的限制，通过多种设备、利用各种学习平台获得高质量课程的相关信息，可以实现随意的信息的传送、接收、共享、组织和储存。

2. 数字化学习使学习内容具有时效性

通过数字化的学习环境，教师和学生能够充分利用当前国内、国际现实世界中的信息作为教学资源，并融入课程，进行讨论。这种以现实为基础的信息利用，将有助于学生学会发现知识和加深对现实世界的理解。

3. 数字化学习使学习内容探究具有多层次性

数字化资源具有高度的多样性和共享性，可以作为学习内容。对于相同的学科主题内容，教师和学生可以根据自己的需要、能力和兴趣选择不同的难度水平进行探索。

4. 数字化学习使学习内容具有可操纵性

数字化学习过程，既把课程内容进行数字化处理，又利用共享的数字化资源将其融合在课程教学过程中。这些数字化学习内容能够被评价、被修改和再生产，它允许教师和学生用多种先进的数字信息处理方式进行运用和再创造。

5. 数字化学习使学习内容具有可再生性

经数字化处理的学习内容能够激发学生主动地参与到学习过程中，学生不再是被动地接收信息，而是采用新颖熟练的数字化加工方法，进行知识的整合、再创造，并获得作为学习者的学习成果。数字化学习的可再生性，不仅能很好地激发学生的创造力，而且为他们创造力的发挥提供了更大的可能。

二、 数字化学习对学习者提出了更高的要求

（一）数字化学习改变了学习的时空观念

数字化学习资源的全球共享，虚拟课堂、虚拟学校的出现，现代远程教育的兴起，使学习空间扩大了：数字化学习不再局限于现有学校里

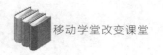

的学习，还可以在家庭中学习、在单位中在职学习。人们不仅可以借助书本、广播、电视等媒体进行学习，还可以随时随地通过互联网进入数字化的虚拟学校里学习。学习空间已经变得无界限。从时间上来说，人们再也不能只通过一段时间的集中学习获得够一辈子享用的知识技能。人们将从接受一次性教育向终身学习转变，人生被分为学习阶段和工作阶段的时代已经结束。

（二）数字化学习要求学习者具有终身学习的态度和能力

数字化学习必然促使学校教学模式的变革，在数字化的环境下，学校教学要充分发挥学习者的主体性、合作性和创造性。因此，学校教学模式必须更新，要使教学个性化、学习自主化、作业协同化，要把培养学生学会学习，培养学生具有终身学习的态度和能力作为培养目标。

（三）数字化学习要求学习者具有良好的信息素养

面对现代远程教育、网络式交互教育的发展，教育工作者应深刻意识到，只有培养学生利用信息技术工具的能力，才能够让他们享有信息时代、数字化世界所带来的便利；只有培养学生良好的信息素养，才能够让他们理解信息带来的知识，并形成自己的观点和知识结构。信息技术与课程整合正是培养学生形成所有这些必备技能和素养的有效途径。

三、 数字化学习是实现信息技术与课程整合的核心

信息技术与课程整合是指在课程教学过程中把信息技术、信息资源、信息方法、人力资源和课程内容有机结合，共同完成课程教学任务的一种新型的教学方式。

在过去很长一段时间里，人们把信息技术应用在教学过程中存在一个偏向，就是把信息技术作为演示工具，把太多的注意力放在单纯事物的演示和知识呈现上，而未能充分发挥信息技术具有的数字化优势，更忽视了信息技术与课程的有效整合。

信息技术与课程整合，其实质是要让学生学会进行数字化学习，包

括三个基本点：课程学习活动是在数字化学习环境中实施的；课程学习内容是经过数字化处理并成为学习者的学习资源的；课程学习知识是经过学习者利用信息工具进行重构和创造的。

四、 数字化学习要充分发挥信息技术作为认知工具的作用

数字化学习的关键是如何有效应用数字化技术的优势达到课程学习的目标。因此，在信息技术与课程整合中，要让学生学会把信息技术作为获取信息、探索问题、协作讨论、解决问题和构建知识的认知工具，主要做法有如下几个方面。

（一）作为课程学习内容和学习资源的获取工具

学生利用搜索引擎可以非常容易地查询和挖掘网络环境中珍贵的数字化学习资源；利用各种类型的网站，包括各类教育网站、专业网站、主题网站等，以及地区或学校教育资源库来进行课程学习。

（二）作为情境探究和发现的学习工具

学生通过对数字化资源所呈现的社会，文化和自然情境的观察、分析、思考，激发学习兴趣、提高观察和思考能力；学生通过对数字化资源所设置问题情境的思考、探索，利用数字化资源具有多媒体、超文本和友好交互界面的特点，学会从中发现问题、解决问题，通过利用节点之间所具有的语义关系，培养进行知识意义建构的能力；学生通过数字化资源所创设的虚拟实验环境，在虚拟实验环境中实际操作、观察现象、读取数据、科学分析，培养科学研究的态度和能力，掌握科学探索的方法与途径。

（三）作为协商学习和交流讨论的通信工具

信息技术提供的数字化学习环境具有强大的通信功能。学生可以借助网络通信工具，实现相互之间的交流，参加各种类型的对话、协商、讨论活动，培养独立思考能力、求异思维能力、创新能力和团队合作精神。

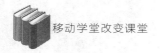
(四)作为知识构建和创作实践的工具

在数字化学习环境下，有助于学习者知识建构的工具平台非常多。例如，可以利用汉字输入和编辑排版工具，培养学生信息组织、意义建构的能力；可以利用"几何画板""作图""作曲"工具，培养学生创作作品的能力；可以利用信息"集成"工具，培养学生的信息组织、表达能力与品质；可以借助网页开发工具，培养学生对信息的甄别、获取和组织的能力。学生完成自己的网页制作以后，可以在同学间开展通信和交流，培养对信息的应用能力，提高在信息技术环境下的思考、表达和信息交流能力。

(五)作为自我评测和学习反馈的工具

数字化学习资源提供各种类型的试题库。学习者通过使用一些随机出现的、不同等级的测试题目，利用 SPSS 统计分析软件和学习反应信息分析系统，借助统计图表或 S-P 表进行学习水平的自我评价。

在信息技术与课程整合中，只有真正把信息技术作为学生的认知工具交给学生，才能使学生在数字化学习环境中，学会借助数字化学习资源提供的虚拟情境进行探究发现学习，学会借助信息通信工具进行协商讨论学习，学会使用信息加工工具进行问题解决学习。[①]

---

① 李克东：《数字化学习（上）——信息技术与课程整合的核心》，载《电化教育研究》，2001(8)。

第二章

移动自主学堂的构建

第一节　移动自主学堂项目的背景与开展

一、　移动自主学堂项目的背景

（一）教育自身存在强烈的变革需求

1. 高中阶段应试倾向严重，素质教育难以实施，创新人才难以产生

基于高考制度，中国孩子在 12 年学习中所积蓄的能量就为了那一次考试，为了所谓美好明天。人们对美好生活的向往在中学阶段已转化成对顶尖大学的向往，学生的学业负担越来越重。相关统计表明，仅数学一个学科高中三年的试题数就达到 1.6 万道，且这个数字每年还在增长中。现阶段的高中，相当多学校的工作方针已演变成新的三个面向：面向分数，面向竞争，面向过去。相对于国外的教育体系，中国的教育弹性太小，学生们没有足够的个人成长空间、时间和思想自由度。国外的教育并非完美，但张力大，学生自由支配的空间相对大，这就为创新提供了可能性。

2. 课堂教学以教师讲授为主，生成过程以预设生成为主

中国的教育思想历来倾向以教师为中心，"为人师表""传道、授业、解惑"是以教师为中心的传统教育思想的真实写照。这种教育思想，对于知识、技能的学习掌握，对于全面打好学生的各学科知识基础是有利的；不足之处是由于长期"重教轻学"，忽视学生的自主学习、自主探究，容易造成学生对教师、书本和权威的迷信，且缺乏发散思维、批判思维和想象力，这样培养出来的大多是知识应用型人才，而非创新型人才。而美国的教育思想历来倾向以学生为中心。从 20 世纪初开始，杜威就大力提倡"以儿童为中心""以活动为中心"；到了 20 世纪的五六十年代，布鲁纳大力推行"发现式学习"，其核心思想是鼓励学生的自主学习、自主探

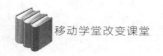

究。这种教育思想与教学环境为学生提供了良好的自由发展空间，无疑对学生的创新精神与创新能力的培养是大有好处的。

学生学业负担的加重，导致了课内对课外的牵制，校内对校外的绑架。各种培训机构在大量涌现，各种改革模式与范式也不断出现。课程改革的重点是课堂改革，而课堂改革中班级授课制是把全体学生当成一个人来看，一切都是同步的，由此无论怎么改，在不借助外力的情况下，无法实现个性化教学。对于出现的各种改革，在升学率方面都会有显著提高，但就培养人才来说，除了极少数学校之外，效果微乎其微。

（二）信息技术的发展呼唤教育变革

信息化和大数据已经改变了人类获取知识的方式。如何充分利用信息化和大数据的技术优势，满足学生个性化的学习需求，提升学校教育与管理水平，已成为教育改革的必然趋势。在基础教育界，以翻转课堂（Flipped Classroom）为手段的变革正迅速到来，慕课（Massive Open Online Course，MOOC）与翻转课堂的有机结合，给班级授课制度带来了巨大挑战。

在网络快速发展的今天，我们的生活习惯逐渐被改变。作为教育工作者，我们将如何面对瞬息万变的信息时代呢？技术如何助力教育，教育如何被信息化改变呢？美国印第安纳大学邦克（Bonk）教授的观点给了我们很多的启发，具体内容如下。

邦克教授从一名精于技术的教育家的视角出发，传递了一个核心理念：今天，任何人能够在任何时间向任何人学习任何东西。他提到了十大改变全球学习方式的关键技术，并将它们作为开启网络学习世界的十把金钥匙。他描绘了十把金钥匙如何通过个人学习之旅，改变了学习者，并改变着整个世界。这十把金钥匙同时也正是原书的脉络所在，它们包括：电子图书世界中的网络搜索；数字化学习与混合学习；开放源代码与免费软件的可用性；起杠杆作用资源和开放式课件；学习对象库与门户网站；开放信息社群中学习者的参与；电子协作；替代现实学习；实时可移动性与便携性；个性化学习网络。有趣的是，这十把金钥匙的英文首字母，恰好构成了

"我们—所有人—学习"（WE ALL LEARN）这个核心理念。

除了阐述这十把金钥匙的用法与妙处之外，他还对学习技术在未来的发展做出了预测：对学习技术的这些预测不仅预示了包括搜索速度更快、更便捷地接入网络、更大的存储容量、更高质量的视频和更有效的语言翻译之类的许多技术的改进，而且对学习技术的汇聚究竟会给人们带来些什么进行了分析。不仅如此，他还提出了开放教育世界中的 12 个致命问题：竞争不断加剧、网络接入的普及、网络课程与资源的质量、网上剽窃、版权问题、世界信息被负面使用、复制粘贴之类的懒惰学习者的滋生、英语沙文主义、特殊需求人群的上网、教师培训、数字原住民的信息素养、技术应用的目的性。他认为，如果不回答这些问题，那么任何促进更加开放教育世界的活动都将戛然而止。他提出的 12 个问题，对我们今天的教育信息化不仅具有极为重要的指导意义，而且也可以说是极为及时的警钟。

时值信息化飞速发展的年代，技术和知识的更替让我们应接不暇，自感危机所在：技术的更新从本源上触发了教育的发展，教育的变革又反作用于技术，触发了技术不断普及创新。

1. 技术的发展触发了教育者理念的更新

面对技术的力量，教育何去何从？当知识的获取因为互联网的快速普及不再是持有者的"固有资产"的时候？教师该如何面对固守五年、十年、二十年也不愿意放手的讲授、千篇一律的练习、机械的教学方法，以及已经泛黄的教学设计？在教育领域，我们的谨小慎微与自我保护常常会压抑我们的进取和创新。正是在外界不断地借助互联网技术，让更多受教育者发生根本变化并取得令人羡慕的成绩的时候，它会幻化成动听的歌曲，慢慢地触动一些宁愿埋头固执前行的既得利益者。面对风雨，尝试就是一种成功，可能还需要等待，因为摆脱和放弃是需要勇气的，尤其是教育行业，被应试教育固化思想不可怕，怕就怕忽视问题的存在。

2. 技术的发展触发了教育者角色的转变

数字技术已成为我们日常生活的一部分，所以从逻辑上来讲，我们

周围有一代人从出生起就已经习惯有互联网和无线技术的陪伴，对于他们来说，这些数字技术丝毫不稀奇。这一代就是我们所说的"数字原住民"，出生在 20 世纪 80 年代之后的都属于这一代。与之相对的自然就是"数字移民"了，他们的出生年代早于"数字原住民"，已经情愿或者不情愿地适应了这个数字世界，并且将各类数字工具运用到生活当中。我们不难发现，当遇到困难或者不懂的问题的时候，现在已经有很多人，尤其是年轻人，选择的是借助网络搜索，甚至是一些年轻夫妇喂养孩子的时候，不是听父辈的口口相传，而是搜索网络讲了什么。

互联互通时代是一个信息开放、共享的时代。当获取知识的成本降低到零的时候，教师和学生之间的关系就会发生根本的变化。美国佛罗里达州采取了地方立法：鼓励青少年无须踏进教室就能获得高中文凭。这也许是美国第一个通过地方立法的州。技术发展到足以支撑学生在任何地方、任何时间，使用任何设备都能泛在学习并取得相应学分、最后以优异成绩毕业的时候，作为教师，我们是否还能固守住自己的一方心灵花园呢？当世界已经繁花似锦的时候，我们还为点点枝头而留恋吗？是时候改变角色了。

我们需要更多考虑的是以学生为中心，以他们的需求为出发点，从原来的教师定位转变为现在的导师角色，从原来知识的单项传递到现在的多边互动，从原来的机械记忆到现在的主动参与，从原来的主导灌输到现在的陪伴尊重，等等。这些变化都需要教育工作者去思考、去实践。

（三）教育部十年发展规划为教育信息化指明了方向

教育部印发的《教育信息化十年发展规划（2011—2020 年）》指出："人类社会进入二十一世纪，信息技术已渗透到经济发展和社会生活的各个方面，人们的生产方式、生活方式以及学习方式正在发生深刻的变化，全民教育、优质教育、个性化学习和终身学习已成为信息时代教育发展的重要特征。面对日趋激烈的国力竞争，世界各国普遍关注教育信息化在提高国民素质和增强国家创新能力方面的重要作用。《国家中长期教育改革和发展规划纲要（2010—2020 年）》明确指出：'信息技术对教育发展具有革命性影响，必须予以高度重视。'"

我国教育改革和发展正面临着前所未有的机遇和挑战。以教育信息化带动教育现代化，破解制约我国教育发展的难题，促进教育的创新与变革，是加快从教育大国向教育强国迈进的重大战略抉择。教育信息化充分发挥现代信息技术优势，注重信息技术与教育的全面深度融合，在促进教育公平和实现优质教育资源广泛共享、提高教育质量和建设学习型社会、推动教育理念变革和培养具有国际竞争力的创新人才等方面具有独特的重要作用，是实现我国教育现代化宏伟目标不可或缺的动力与支撑。

我国教育信息化已经取得显著进展，但与人民群众的需求和世界发达国家水平相比还有明显差距。我们必须充分认识推进教育信息化的重要性和艰巨性，把教育信息化作为国家信息化的战略重点和优先领域全面部署、加快实施，调动全社会力量积极支持和参与，用 10 年左右的时间初步建成具有中国特色的教育信息化体系，使我国教育信息化整体上接近国际先进水平，推进教育事业的科学发展。

教育部十年发展规划的发布实施意味着教育信息化已经从讨论、论证阶段发展到推进实施阶段，落实国家教育信息化相关政策，顺应信息化时代潮流，解决学校存在的突出问题，构建全新的育人体系和教学形态是学校的必然选择。

（四）设立创新班的深层思考

1. 人才培养的需要

知识经济的发展离不开对知识的创新、生产与传播，离不开对创新人才的培养。进入知识经济时代，创新型人才的培养和集聚，必将推动科学技术进步，促进社会经济可持续发展，最终成为提高国家核心竞争力的关键。在这样的大背景下，学校紧紧围绕自主发展、快乐成长的培养目标，通过改变生活模式、思维模式和学习模式来培养学生的创新视野和开放理念。

2. 终身发展的需要

学校教育的目的在于培养终身发展的一代新人，为社会发展服务。

我国现代化建设的发展越来越清楚地向人们显示培养高素质人才的重要性。因此，创建创新班是培养对国家有用的全面发展人才的需要，也是为学生终身发展奠定良好的思想基础和行为保障的需要。

3. 课程改革的需要

新课程改革的目的是培养学生的创新精神和实践能力，促进学生身心健康发展，培养良好品德，满足学生终身发展的需要。新课程改革将学生发展的自主性、主动性放在突出位置，强调激发学生的学习兴趣、学习动机，培养学生自主学习的能力，实施素质教育。我们以创建创新班为契机，组建一支核心攻坚队伍，针对课程改革的主要内容组织学习与培训，并将其迅速转化为教育行为贯彻落实到日常教学中，促进教学改革的发展和学校育人目标的实现。

信息技术教学应用在我国基础教育领域有着广阔的发展空间，有些方面也已取得了初步的成效。在网络学习空间、教育云服务和教育大数据日益普及的背景下，技术应用于教育及对教育带来的影响，成为教育界研究的热点。学校如何迎接及应对"互联网＋"带来的教育改革，如何利用好开放的教育资源、科技资源，为终身学习、全民学习提供教育公共服务，这些都是亟待解决的问题。在这样的技术环境下，面对 21 世纪对创新型人才的需求，学校必须要重新制定人才培养目标、更新教育观念、改革教学体系、加强对学生的综合素质和创新能力的培养，才能应对社会对人才培养的新需求。由传统课堂到技术支持的移动自主课堂变革有其必然性，同时相关领域的迅速发展则为变革的实现提供了客观可能性。

二、 移动自主学堂项目的开展

"移动自主学堂"明确了教学思想、学习方式、课堂形态。"移动"体现了无处不在、无时不在的泛在学习、数字化学习的基本特征；"自主"强调了学生为主体，变被动学习为主动学习，变教师组织集体学习为学生自主学习的教学理念；"学堂"表明了课堂教学的本质是学生学习，课堂即学堂的教学理念。

移动自主学堂是信息技术与教学深度融合的课堂教学改革与创新人

才培养研究实践，其主要特征是基于学生每人 1 台平板电脑、无线网络环境和河南师范大学合作开发的学习平台，开展一对一数字化课堂教学，实现高中阶段教与学方式的转变，为创新人才的早期培养奠定基础。

移动自主学堂的环境设计与技术支持给教与学带来的变革集中体现在三个方面：构建新型课堂形态，转变教师教学观念与教学行为；构建学生学习支持服务平台，为学生有效学习提供服务支撑；聚焦学生自主学习能力，为实现学生终身学习与发展奠定坚实基础。

2011 年年底，凭着一份热情、一种预感、一份责任和一份使命，按照教育局的整体规划，我们开始了信息化创新实验研究的探索。以现有生源为基础，通过移动和平板技术，实现个性化教学，减轻学业负担，提高教育生产力，力图在学业质量不下降的基础上，解放学生的部分时间、空间，促进他们在其他方面的素质和品质发展。我们重点做了以下几项工作：教师队伍的筛选和高端专业培训；与高校之间的教科研与研发机制的建立；教学云平台的研发与测试；信息化教学环境的构建；教学模式与资源的整合；学科与技术的融合；教学方式、学习方式逐步转型的模型分析；各种数据的收集和处理；与苹果公司和数据公司的密切合作；与知名教育机构合作，在资源和技术上分享协同。

第二节　创建培养模型

学校在确立了"培养全面而有个性的创新人才"的育人目标以及"自主发展、快乐成长"的办学理念之后，随即开始了创新人才培养模型的研究和构建工作。

一、 "创新人才"的含义

虽然当今世界各国都非常重视培养创新人才，但各国对创新人才的

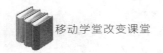
理解并不一致。我国从 20 世纪 80 年代中期开始倡导培养创新人才以来，有关创新人才培养的学术论文不胜枚举。但对于什么是创新人才，学者们的观点并不一致。我国教育界主要是从创造性、创新意识、创新精神、创新能力等角度阐释创新人才的。这似乎给人一种错觉，只要专门培养人的创造性、创新意识、创新精神、创新能力等素质，创新人才的培养便可大功告成。虽然也有个别专家的定义、解释涉及基础理论知识、个性品质和情感等因素，但并没有形成主流。还有一种认识认为创新人才就是拔尖人才。

国外对创新人才的理解比我国要宽泛一些，他们大都是在强调人的个性全面发展的同时突出创新意识、创新能力的培养。

在对创新人才的理解上，我们坚持以下基本认识。

所谓创新人才，就是具有创新意识、创新精神、创新思维、创新知识、创新能力并具有良好的创新人格，能够通过自己的创造性劳动取得创新成果，在某一领域、某一行业、某一工作上为社会发展和人类进步做出了创新贡献的人。

创新人才的基础是人的全面发展。创新意识、创新精神、创新思维和创新能力并不是凭空产生的，也不是完全独立发展的，它们与人才的其他素质有着密切的联系。从这个意义上来讲，创新人才首先是全面发展的人才。

个性的自由发展是创新人才成长与发展的前提。创造性与个性之间有着密切的联系。虽然不能说个性自由发展了，人就有创造性，就能成为创新人才，但没有个性的自由发展，创新人才就不可能诞生。从这个意义上来讲，创新人才就是个性自由、独立发展的人。

当代社会的创新人才，是立足于现实而又面向未来的创新人才，是"健康、博爱、有为"集于一身的具有综合素质的创新人才。

二、 构建创新人才培养模型

为使学校培养创新人才的育人目标能够成为实实在在的行动纲领，我们构建了创新人才培养模型，如图 2-1 所示。

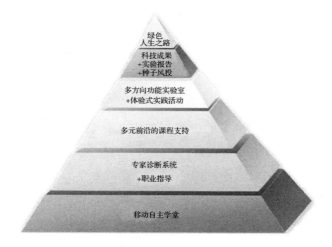

图 2-1　创新人才培养模型

创新人才培养可以分为六个阶段。

第一阶段是移动自主学堂。它主要解决的是学生的学业负担、学习习惯、资源配置等问题，从激发学生兴趣、节省教学时间、提高学习效率中解放学生，开阔学生视野，培养学生的自主学习能力与创新能力，使学生有足够的个人成长空间、时间和思想自由度。

第二阶段是专家诊断系统＋职业指导。学校帮助学生进行职业指导分析，给其提出合理建议。

第三阶段是多元前沿的课程支持。学生自主选择丰富多元的校本课程，提升自身的核心素养。

第四阶段是多方向功能实验室＋体验式实践活动。学生可以根据自己的个人前景发展意向或者兴趣爱好，选择相关的功能实验室，进行体验式学习。

第五阶段是科技成果＋实验报告＋种子风投。学生在学有所成之后，撰写相应的科技成果，提交实验报告；学校根据其可行性程度，选择是否对其进行风投。

第六阶段是绿色人生之路。学生已找到自己的发展方向，实现自己的人生价值，走向绿色人生之路。

第三节　确立学习方式

确立数字化学习环境下的教与学的方式是信息化教学的核心问题。而确立学习方式要解决两个问题。

一是关于信息化教学的目的问题。一定的教学方式、教学手段是服务于明确的教学目的的。简单地说，就是既要服务于"育分"，又要服务于"育人"。如果服务于"育分"，重点就在于提高课堂效率，反复操练，强化巩固，不改变传统的教学方式。如果服务于"育人"，重点就在于通过信息化教学转变教学方式与学习方式，培养学生主动学习的意识和能力，培养学生的思维能力和创新能力。

二是关于信息化教学的方式问题。是保持以传统为主，以信息技术手段为辅，还是彻底抛弃传统，完全使用在线教育的方式进行课堂教学，或者采取混合式学习方式进行课堂教学。

我们选择了以"育人"为目的的信息化教学价值观，同时不排斥提高课堂教学效率，遵循高考升学规律。在信息化教学方式的选择上，我们选择了混合式学习方式。

传统课堂的优点是有利于系统知识的掌握，有利于教师主导作用的发挥，有利于教学过程的组织管理，有利于师生情感的沟通和人际关系的交互等。其缺点是形式、内容单一。

在线学习的优点是具备丰富的网络学习资源，改变了传统教学中的师生关系，充分实现了学生的个性化学习，突破了时空限制，让学生的自主学习成为现实。其缺点是不利于系统知识的学习，不利于对学生学习过程的监控，不利于师生情感的沟通，使学生易产生厌倦情绪。

如果单一地选择某种学习方式，都会有一定的局限性。选择混合式学习方式主要基于以下考虑：一是我们所处的教学环境还是传统教室，教学组织形式还是班级授课制，因此不能完全放弃传统。二是高考制度没有根本性改变，还是纸介质课本、纸介质考试，因此不能完全开展在线教育。三是从认知规律来看，现实场景中教师的主导作用在课堂教学中还是相当重要的，学生主动学习的能力是需要教师在日常教学中逐渐培养、浸润的，因此还应当保留基于教师启发式教学的传统教学的优点。

一、 混合式学习的含义

所谓混合式学习就是要把传统学习方式的优势和网络化学习的优势结合起来，也就是说，既要发挥教师引导、启发、监控教学过程的主导作用，又要充分体现学生作为学习过程主体的主动性、积极性与创造性。①

目前国际教育技术界的共识是，只有将传统学习与网络化学习结合起来，使两者优势互补，才能获得最佳的学习效果。

我们可以理解为：混合式学习是根据学习内容、学习者需要、学习环境等对传递方式进行合理的选取及利用，以提高学习效果，提升工作绩效。在互联网时代，混合式学习需要有效整合碎片化的时间和信息、学习手段、学习者的注意力，使学习成为一种自我行为、一种持续性的行为。

二、 混合式学习的内容

一是学习理论的混合。混合式学习需要多种学习理论的指导，以适应不同的学习者、不同类型的学习目标、不同的学习环境和学习资源的要求。这些理论包括建构主义学习理论、人本主义学习理论、教育传播理论、活动理论、虚实交融理论、情境认知理论等，倡导以学习者为中心和主动探索式的学习。

二是学习资源的混合。混合式学习将精心开发的在线课程、在线资源，具有启发、点拨特点的教师讲解，同学间的展示分享，全面的资料

---

① 何克抗：《从 Blending Learning 看教育技术理论的新发展（上）》，载《电化教育研究》，2004(3)。

积累等，尽可能多地整合到一个平台上，建立了"一站式"的学习，形成了强大的知识管理中心，实现了隐性知识显性化、显性知识体系化、体系知识数字化、数字知识内在化。

三是学习环境的混合。混合式学习综合了多种功能，能够使学习者参与多个正式、非正式的学习活动。它建立在完全以学习者为中心的环境中，从信息到教学内容，从技能评估到支持工具，从训练到协作环境，一切围绕着学生展开。

四是学习方式的混合。混合式学习充分利用网络的力量，将网络学习与课堂教学有机结合。借助实时与非实时、同步与异步的教师讲授，学生可以进行讨论学习、协作学习、基于"合作"理念的小组学习，以及传统的和围绕网络开展的自主学习，从而实现正式学习与非正式学习的有机结合。

三、 混合式学习的混合方法

混合式学习的重点不在于混合哪些事物，而在于如何混合，其目的在于达到最优的学习效果。

首先，关注系统性。混合式学习不是传统课堂学习与在线学习的简单混合，而是对两种学习形式中的各种学习要素进行有机融合，并运用各种教学理论，协调各个要素，充分发挥混合式学习的优势，实现教学最优化。

其次，重在平衡与适度。混合式学习不能为混合而混合，毫无根据地滥用、误用，而应该着眼于学习的实际情况，既不过多依赖于在线学习而造成系统性学习不足，也不能单纯依靠传统教学。

四、 混合式学习的关键步骤

培训：在最初的准备步骤，教师对学生进行培训，让学生了解混合式学习的基本技能和大体框架，帮助学生改进学习的技巧，帮助学生顺利进入下一步骤。

导学：教师向学生阐述所学课程知识点的学习目标、主要内容和关键概念。

预习：学生依据课本和教师的导学资源进行预习先学。

展示：教师进行学生预习先学的展示。

讲授：教师着重讲解课程知识点的概念、程序、原则、流程、方法，旨在帮助学生掌握技能。

思辨：学生通过上网查询等手段随时质疑教师讲解存在的问题，或者提出不同的见解。

尝试：教师帮助学生在获得新认知的基础上进行练习和尝试，以强化他们对所教授内容的理解，并达到长久保持的效果。

评估：教师在课堂结束前对学生的学习情况进行评估。这一评估步骤向学生提供了课程知识点学习效果的反馈，从而帮助他们在进一步学习中应用该技能。

作业：学生通过纸介质或者在线，进行课后作业练习，以期得到巩固与提升。

拓展：学生通过个人空间进行基于个性兴趣和基于任务、问题、项目的在线学习。这种非正式学习是混合式学习的一个组成部分。

指导：该步骤提供了来自教师、导师和专家的幕后支持，让学生能够综合自己与他人的经验。常用形式为课堂指导和建立在线互动社区。

互助：该步骤让学生在团体内和其他学生共同解决问题，加深了学生对于知识和技能的理解。常用形式为课堂互助和建立在线互动社区。

第四节　建设教学环境

一、　数字化教学环境的含义

构建数字化教学环境是开展数字化教学的必备要素。这种学习环境，经过数字化信息处理具有信息显示多媒体化、信息传输网络化、信息处

理智能化和教学环境虚拟化的特征。为了适应学习者的学习需求，数字化学习环境包括如下几个组成部分。设施：如多媒体计算机、多媒体网络教室、校园网络、因特网等；资源：为学习者提供的经数字化处理的多样化、可供全球共享的学习材料和学习对象；平台：向学习者展现的学习界面，实现网上教与学活动的软件系统；通信：实现远程协商讨论的保障；工具：学习者进行知识构建、创造实践、解决问题的学习工具。

二、 数字化教学环境的发展及类型

早期的网络多媒体教室只是简单地将现代教学媒体(如多媒体计算机、视频、音频、投影等)由中央控制机连接到一起，建立成一个综合教学传递系统。它能辅助教师灵活地使用多媒体教学，让教学的方式更多样化，更能符合学生的认知规律，从而提高教学效率。在这样的一个教学环境中，只有图像系统和音频系统。图像系统将教学过程中使用的各种文字、图像、视频等信号通过视频切换器，大面积、高清晰地显示在数据或视频投影机上；音频系统能保证音频教学元素的高保真输出。在很长的一段时间内，课堂教学一直沿用着由这两种设备构成的教学方式：电脑＋视频展台(实物展台)＋电视机模式；电脑＋视频展台(实物展台)＋长焦投影机＋幕布模式。随着计算机功能的不断增强，早期的音频设备(录音机、影碟机等)被计算机替代，但实物视频展台的教学功能是计算机无法取代的，一直沿用至今。当前，一些乡村地区，仍然使用着放置于讲台中央的中控器。这种教学设备给教学带来了极大的便利，但这只是一种单向传输，简单地给学生展示一些安排好的教学资源，无法实现师生、生生、生机的互动，也不能实现资源的共享。随着后期网络技术的介入，交互式电子白板、班班通等设备的使用，课堂教学环境开始步入交互式的数字化时代。

数字化教室也称为网络教室，其课堂教学环境主要体现在短焦投影机、交互式电子白板、配套班班通资源上。由这些设备构成的环境模式主要包括：电脑＋数字视频展台＋短焦投影机＋交互式电子白板；电脑＋触摸一体机。数字化一体机将计算机、中央控制器、音响、电子白板等集为一体，实现了师生互动，大大激发了学生的学习兴趣。电子白板的交互性及大量配套的教学资源，也实现了灵活的数字化教学环境。目前，各地中小学的交互式电子白板都已配备到每个教室，实现了数字化的教学环境，从而推动了教育部的"三通两平台"的工作。

随着新技术的出现，数字化教室已不能满足未来教学的需要，智慧教室作为一种新型的教学环境，为教育技术学研究开启了一个新的领域。智慧教室又称为未来教室或智能教室，是一个能方便对教室内的所有设备(投影、视听、音箱、交互白板、计算机等)及室内环境(光线、温度、空气质量等)进行智能化的控制和操作，以便于师生能无缝地接入教学资源及从事教与学的活动，并能适应包括远程教学在内的多种学习方式，以自然的人机交互为特征的，依靠云计算、移动通信、大数据、物联网等智能技术实现的增强型教室。它主要由教师综合讲台、交互式电子白板、多屏幕显示设备、无线网络设备、多功能投影设备、智能视讯设备、学生终端等几部分组成，充分引入了无线网络及传感器等新兴技术，使课堂更具情景化。智能教室的智能性主要体现在课堂实录、智能远程、设备控制自动化、课堂笔记的自动化等方面。

未来教室已逐渐开始成为课堂教学的主阵地，这也是时代做出的选择。

三、 数字化教学环境的构建

（一）原则性设计

郑州二中面对当代教育改革、大数据及各种网络技术应用的情形，为使教学效果达到最优化，对移动自主学堂的教学环境进行了原则性的设计。具体包括如下六个方面：以教育改革为宗旨；以自主学习为中心；以学习资源为支撑；以实时交互为特色；以学生学习支持服务系统为环境；以电子学档为管理手段。

（二）技术支持

面向未来的教育，是关注学生全面发展的教育，除了思想上的引领外，更需要技术的支持。要做到学生的全面与个性发展，就要在环境设

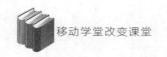

计中体现出其人性化、交互性、智能性、开放性、生态化等特性，为课堂教学提供一个完善的环境支持和高效的学习支持，这些都离不开技术的支持。移动自主学堂教学环境的实现主要涉及的技术有泛在网络技术、云技术、智能录播技术。

1. 泛在网络技术——未来课堂高效运行的基石

随着无线通信技术的产生，传统的网络技术已不能满足人们的需求，无线网络应运而生。无线网络是网络技术与无线通信技术有机结合的产物，通过无线信道来实现网络设备之间的通信，并实现通信的个性化、移动化和宽带化。泛在网络技术是硬件、软件、终端、系统和应用的融合，它把信息空间、网络空间和人们生活的物理空间集合成一个整体，使网络无处不在，融入人们生活和工作的方方面面。为使教学中的所有资源融合到一起，相互交互，提高获取信息的速度，加快人与人、人与资源之间的交流，未来课堂的建设需要泛在网络技术的支持。

移动自主学堂是一个技术增强型的课堂，泛在网络技术是移动自主学堂高效运行的基石。我们利用泛在网络技术能够构建一个可以在任何时间、任何地点都能够交流与学习的学习环境。在泛在网络技术的支持下，学习者无处不在的学习，指导者随时随地的引导，实现了人、资源与环境的无缝连接。

泛在网络所涉及的技术有基础网络技术、智能终端系统和应用技术三大类。泛在网络是由在现有基础网络设施的基础上新加的网络设施构成的，具备融合性，即融合固定与移动通信业务的能力，是未来发展的趋势。[①] 未来的网络需要超强的智能感，需要满足各种层次的信息需求，其最重要的特征就是无缝的移动性，最重要的基础网络设施是移动宽带网络。智能终端，不仅需要传统意义上的通信融合终端，也需要对人进行多方面的能力延伸终端，如具备多功能传感技术、环境感知能力、音视频识别技术的智能终端等。在应用层技术方面，泛在网络提供了公共服务支持环境，具备开放性和规范性等特征，主要包含资源描述与组织、

---

① 高歆雅：《泛在感知网络的发展及趋势分析》，载《电信网技术》，2010(2)。

信息安全保证、数据分析与挖掘、网络计算等。

泛在网络超强的融合性与智能感为未来课堂提供了一个舒适的学习环境与个性化的教学方式。无处不在的网络，让学习者可以随处获取各种资源；智能终端，可以给学习者提供个性化的资源；人与人、人与物之间的各种互动让学习者享有一个舒适的学习环境。

2. 云技术——学习者源远流长的知识海洋

一个开放性的课堂，以学习者为中心，需要为学习者提供个性化的服务与支持，这更加提高了对知识的广度与深度的要求。云技术的海量数据存储与数据管理等功能满足了未来课堂对教学的需求。

云技术是一种按需所用、灵活便利的资源池，由网络信息技术、整合技术、管理平台应用技术等架构起来的。我们需要将大量的数据与资源(如图片网站、视频网站等)存储在技术网络平台的后台，以服务于云计算技术。随着物联网的发展与盛行，每种资源都可能存在自己的标识，都需要传输到后台根据不同类别进行分类逻辑处理，各行各业海量的数据需要强大的系统来支撑，即云计算。简单的云计算在网络中随处可见，如网络信箱、搜索引擎等，只要输入关键词就能搜索到大量的信息。云计算核心技术能同时解决涉及多种资源的计算问题，可以通过虚拟化技术、分布式海量数据存储技术、海量数据管理技术、编程方式、云计算平台管理方式等技术完成信息的存储与检索。云计算可以将教育过程录播实况存储到信息中心的流存储服务器上，方便在课后进行检索、点播、评估等应用。其提供的服务优势包括：云端存储数据、运动通过软件服务、随时随地提供服务、充分满足用户需求。

在这个以人为中心的云技术的支撑下，教育者在管理教学过程时可以方便地利用教育云来提高课堂教学效率。移动自主学堂中的教育云作为云计算的一种应用，是教育技术系统的一个子类，作为公共服务平台，包含的服务有教育共享资源库、教育即时通信、学生学习服务平台、电子档案平台、社区服务平台等。教育云的架构如图 2-2 所示。[1]

---

[1] 祝智庭、杨志和：《云技术给中国教育信息化带来的机遇与挑战》，载《中国电化教育》，2010(10)。

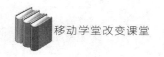
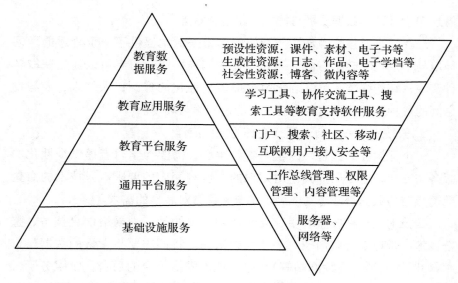

教育数据服务	预设性资源：课件、素材、电子书等 生成性资源：日志、作品、电子学档等 社会性资源：博客、微内容等
教育应用服务	学习工具、协作交流工具、搜索工具等教育支持软件服务
教育平台服务	门户、搜索、社区、移动/互联网用户接入安全等
通用平台服务	工作总线管理、权限管理、内容管理等
基础设施服务	服务器、网络等

图 2-2　教育云的架构

在迅速发展的教育云时代，教育者可以根据自己教学的实际需要，充分利用云计算中提供的各种资源(软件、硬件、数据等)设计满足学生的个性化学习过程，支持学生全方位的学习与教师高效能的教学，培养学生的群体智慧和思维能力，提高教学质量。

3. 智能录播技术——教学轨迹的有效跟踪

教学是一个不断反思的过程，在反思中进步。传统的教学反思是基于学生的阶段反馈与师生的面对面交流过程的，对整个课堂教学过程及教师的教学行为并没有系统的了解。智能录播技术，完成了教师对教学的需求，能将整个教学过程完整地记录下来，实现了教学资源的共享，同时为教师课后反思提供了资源支持，也促进了学生的深度学习及教师的专业成长。智能性主要体现在能对教师与学生自动跟踪，对屏幕显示进行跟踪与捕捉，对小组学习活动智能记录等。

智能录播系统建设一般分为声音系统建设、图像系统建设、控制系统建设和环境建设四个部分，其主要设备包括学生自动跟踪系统、教师智能跟踪系统、智能音频处理系统、全景及板书跟踪系统、自动跟踪录播服务器、摄像机组件等。[①] 它集网络流媒体技术、多媒体技术、自动控制和人工智能技术于一体，将教师授课过程、师生互动场景、课堂板书、所有音频以及授课电脑 VGA(Video Graphics Array)信号等进行智能化的跟踪与切换录制，并自动将课程资源上传到服务器资源平台，供下载分享或学习研究。它将教学理念、教学手段和教学设备相结合，实现教学过程的全面完整再现，形成自动化、智能化、常态化的课程资源建设和应用服务平台。

（三）智慧教室建设

学校建设了三类智慧教室，并探索与之相适应的教学形式。

1. 基于标准教室的智慧教室建设

这类教室用于创新班的日常教学。其建设重点是触摸式一体机替代常规白板、单屏向多屏发展、录播设备的普遍使用、学生桌椅的更新、无线网络环境优化等。教学形式为移动自主学堂的优化与提升。

教室可容纳的学生最多 50 人，桌椅可以自由摆放，开展常态化的基于人手 1 台平板电脑终端的数字化学习活动，教学形态为四课型渐进式自主学堂。

2. 基于大空间的未来教室建设

这类教室作为功能教室供教师根据需求选用，亦可用于观摩教学和交流分享活动。这类教室与普通教室的设施基本相同，只是桌椅摆放更加灵活，多屏互动、人机互动、师生互动更加便捷。教学形式为移动自主学堂。

3. 基于超大套间的智慧广场建设

智慧广场是多空间、多主题、个性化学习的新概念教室。其建设重点是完善设施、无线网络、录播设备，营造校园历史文化氛围，开发教室的多用途、多功能。教学形式以基于任务和问题的分散学习、合作学习为主。

---

① 林厚从：《智能录播系统在中小学教育教学中的应用研究》，载《中国教育信息化》，2011(2)。

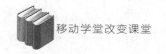

智慧广场是郑州二中继未来教室之后构建数字化学习环境，进行开放教育的新尝试。随着学校智慧广场的创建，传统意义上的"单间"教室，发展到了"套间"教室，学习环境的创新，为教与学的方式的创新创造了条件。

智慧广场的环境构建几乎满足了开放教育的所有条件：开放、资源、咖啡桌、沙发、座椅、会议室、展示设备、录播设备、网络环境、电脑终端、足够的空间、温控设施、照明设施，能够满足100余人同时分组汇谈。

智慧广场中进行教学活动的基本特点包括：在时间上，宜于两节课连排，即90分钟；在人数上，100人以内；在学科上，以文科为主；在表达工具上，创新班学生可用平板电脑、纸、笔，普通班学生可用手机、纸、笔；在课堂资源上，利用网络资源和教师推送的专题资源。

学习流程：教师在展示厅安排本节课的学习任务；学生根据学习主题选择自主学习、小组合作学习、探究式学习等个性化学习方式；学生在不同的学习区域借助各种工具进行分散学习；教师巡回观察指导，帮助学生；学生根据需要随时变换学习方式，并随时和他人交流；学生集中展示，交流分享；教师或学生总结。

（四）一对一数字化学习环境的构建

一对一数字化学习环境是由学校和教师创设的以学生为中心的学习环境，其目的在于促进学生的个性化学习，这一环境具有以下主要特点：每位学生拥有1台数字化学习终端，如平板电脑、智能手机；提供能够支持学生个性化学习的网络教学平台和数字化课程；不仅包括教师、同伴、家长和教练，也包括个人学习网络、学习社区、有共同兴趣和爱好的伙伴，还包括知识建构工具、信息管理和传播工具及信息、数据、资源等。

郑州二中在征求学生和家长意见的基础上，从2011年开始就选用平板电脑作为学习终端，主要是考虑到平板电脑的稳定性和可靠性。在开发网络教学平台方面，学校采取了自主、合作相结合的方式进行系统开发。学校在顶层设计和规划的基础上，充分利用大学的技术优势，与河南师范大学合作开发学生学习支持服务系统，之后转入学校自主研发提升阶段，形成了独具特色的郑州二中数字化学习平台。这个平台以服务支持学生混合式学习方式为出发点，将资源、工具、数据集于一体，兼有资源中心、测试中心、消息中心、问卷中心等功能模块，建立了包括教师、学生、家长在内的互动社区，满足了学生个性化学习、教师个性化教学、家长适时参与教育教学互动的需求。学生平板电脑中的各种学习工具软件和资源软件，支持学生基于网络的自主学习。教室内的交互式电子白板或交互式一体机为教师的教与学生的学提供了便捷的展示工具，丰富了数字化教学的内容和形式。教室内的自动录播系统以及学校自主开发的学生微课自主录播系统支持教师和学生随时把上课情况录下来，并作为生成的资源上传到学校资源中心，随时调取使用。

第五节　研发学习平台

为实现学生泛在学习、个性化学习、自主学习等多种学习，培养学生检索、评价、使用信息的信息素养以及学生的批判性思维与创造精神，依据建构主义学习理论和现代教学设计理论，借助现阶段常用技术，学校与高校结合研发了一种学生学习支持服务系统的学习平台。该平台是课上与课下、教学与辅导的结合，学生能在这个平台上进行自学、师生或生生交流、学习过程跟踪、小组项目学习、成绩管理发布、学生自我评价、课程内容搜索等活动；该平台是一种综合性的教学服务支持系统，能给学生提供实时及非实时的教学辅导，充分激发了学生自主学习的意识，使他们能积极主动地参与到课堂中。教师不仅能利用该平台进行教学活动，而且能根据平台的跟踪记录及分析来了解学生的学习情况和进度。

学习平台是为支持与实现学生基于网络的学习和探究，为学生提供一系列的学习辅助工具、帮助学生自主学习所创建的一个个性化的学习环境。师生、生生之间在时间和空间上是可以分离的，同时也能实现及

时的互动，如利用 E-mail、BBS、QQ 视频等在线交流工具，能实时讨论、求助解疑。除此之外，平台上还设有答题反馈系统，学生在平台上答题提交后，系统能将结果及时反馈给学生，并将学生的错误知识点自动归类到在线错题本上，方便后期查漏补缺，不断巩固。除了实时与非实时互动、在线答疑、自建档案之外，平台上还提供了丰富的学习资源，包括教师上课的讲义和一些课堂学习资料，以及网上资源库。另外，学生检索到的资料，也能自动保存下来。这样双向流动的学习资源库，可以不断接受新的知识，不断拓展学习资源，保证了资源库的生机与活力，做到了真正的资源共享。智能评价、实时反馈模块，帮助教师根据教学结果实时地调整教学策略，真正做到了以学习为中心，实现了学习的个性化。学校研发的学习平台主要为学习支持服务系统。基于学生学习支持服务系统的学习特征如图 2-3 所示。

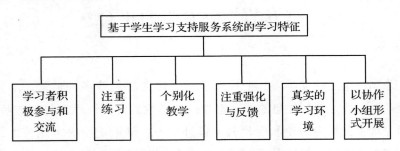

图 2-3　基于学生学习支持服务系统的学习特征

一、 学习支持服务系统概述

学生学习支持服务系统"睿迅课堂"是学校根据创新实验班的教学需求，与河南师范大学合作开发的学习平台，具有学生学习轨迹记录、学习成绩记录与分析评测、学生学习行为采集，资源的聚合、再现与分享等功能。利用该系统，教师可以实现教学与评价的高效、便捷，学生可以实现自主学习、个性化学习和高效学习，学校管理人员可以随时掌握教与学的数据信息，为教学决策提供基本依据。为做好系统开发与运行保障工作，学校专门成立了教育信息化创新实验室，进行经常性的数据分析、系统更新、了解需求、服务教学，目前已经基本成熟，并在不断升级。为了方便学生使用，我们在开发平台的时候，就兼顾了学生在纸介质上书写的方式，他们提交任务时，可以选择键盘输入、手写输入、语音输入和拍照输入等形式，有些时候教师还专门提醒在纸介质上先书写，然后再拍照传输。

二、 睿迅课堂的功能

（一）互动反馈系统——连接学习者和知识资源的桥梁

移动自主学堂是一种高互动的课堂形态，借助学生学习支持服务系统与移动学习终端接入云学习支持系统，进行课程的学习活动。泛在网络给学习者提供无处不在的学习机会，每位学习者人手 1 台移动学习终端，无论在课上还是在课下，当遇到问题时，可以随时向教师及同伴请教交流，实现实时的互动与反馈。未来的课堂正需要泛在技术来实现即时的互动交流。互动反馈系统，是连接学习者与知识资源的桥梁。

互动反馈系统是一种以计算机网络、多媒体等现代信息技术为基础的网络交流平台，使学习者人手 1 个具有统计、测查和记录功能的移动设备，实现即时的互动与反馈。课堂教学就是一个不断反馈与调控的过程，教师可以运用互动反馈系统的测试功能，编制试题，实时下发，让学生当堂测试并提交结果，同时屏幕上能迅速显示出每道题的正确率，实现即时反馈，从而有效调控课堂，提高课堂教学效率。互动反馈系统的形式主要有四种：一是前馈性测查，主要是课前检查学生对知识的掌握程度，从而决定随后教学的重难点及进度；二是诊断性测查，主要是学习一些新的基础知识后，对学生的掌握情况进行了解，科学地判定教学的起点；三是形成性测查，主要是对教学过程的每个环节进行检测，查缺补漏，以决定是否进行下一个教学环节；四是终结性测查，主要是单元或阶段检测，了解学生整体的学习效果，检验、修改教学设计。通过互动反馈系统，教师及时地调整教学策略，减少课堂中一些无用或低效的教学环节，从而提高教学质量。

互动反馈系统除了实时的课堂调控之外，还具有高效的教学互动功能，如互动论坛、应答测试、抢答、问卷调查、投票选举、电子举手等，这些技术可以实现多种教学策略的实施，强化教学元素间的互动作用。主要表现形式有三种：一是分步教学。教师将教学内容分层，引导学生利用互动反馈系统阐述意见，使学生的思维逐步深化，动态了解他们的思维过程，开展有针对性的教学。二是分层教学。教师根据学生的层次划分不同的组合，因材施教。三是分组教学。教师引导学生对教学内容进行分组讨论，利用互动反馈系统进行小组间意见的交流，跨组讨论。

（二）虚拟社区——实时反馈与合作学习的良好平台

教育虚拟社区是跨时空的、自由的、开放的网络虚拟环境。成员之间可以借助软件系统平台进行知识分享、交流协作，最终形成具有共同社区文化心理的、生态式的社会关系共同体。它作为网络教育形式，为学习者的协作学习、情感交流、知识建构和智慧发展提供了条件。在教育虚拟社区内，交往主体(教师或学生)利用信息技术工具(如学习支持服务系统的短信息模块)进行信息交流，相互作用、相互影响，其交往过程如图 2-4 所示。

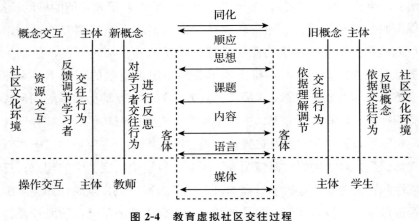

图 2-4　教育虚拟社区交往过程

由图 2-4 可见，教育虚拟社区交往由交往主体、交往客体、交往文化环境三大要素组成。在交往过程中，主体与客体之间都将自己最真实的一面展现出来，两者相互平等、相互尊重、相互理解，形成美好和谐的人际关系，建立以学生为主体的学习环境。在这个环境中，通过不断交互的过程，学生的协作学习、自主学习、研究性学习的能力得到了提升。

在移动自主学堂的虚拟社区内，教师可以发布公告、布置作业、提供教学的方法等，学生可以就自己感兴趣的话题进行自主学习、协作探究。温馨的交往环境，使得师生都积极主动地参与，促进了学生全面健康地发展。

（三）四大功能模块——满足学生自主学习、个性化学习需要的系统平台

移动自主学堂功能的实现，主要是基于郑州二中自主研发的用于提升与支持学生自主学习、个性化学习、泛在学习的学习服务平台。系统功能图如图 2-5 所示。

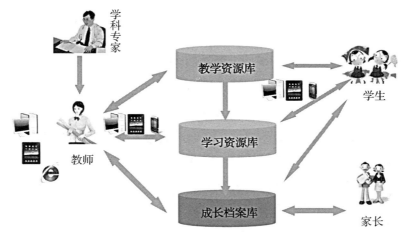

图 2-5　系统功能图

利用学习服务平台，学生可以建立自己的学习成长档案，跟踪高中三年来的学习轨迹；家长可以通过平台，了解孩子在学校的学习动态；教师可以组织各种考试，快速收集和统计学生信息，有针对性地选择教学内容，实施教学策略，同时还能共享优质资源，与学科专家进行交流

对话；学校能掌握所有班级与学生的统计报告，评估学校教学质量等。学习平台根据使用对象的不同，可以分为教师端、学生端、管理员端三类。其中，教师端功能主要包括登陆、短消息、人员、考试、试题、资源、设置等；学生端功能主要包括登陆、短消息、考试、试题、资源、课堂举手、笔记本等。学习平台功能大致包括四个部分：消息中心、问卷中心、测试中心和资源中心。学习平台功能图如图2-6所示。

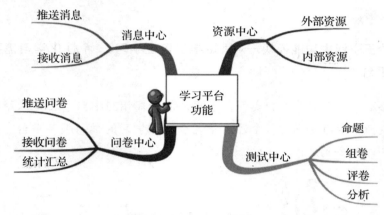

图 2-6　学习平台功能图

1. 消息中心

学生可以自主出题，并附上答案，发给教师。教师利用平台消息功能，把部分题目群发给每位学生，学生可以根据自己的喜好选择不同学生出的题并进行解答，教师也可以根据学生出的题对学生的学习情况进行了解。学生也可以把自己感觉好的题目分享给同学，不用手抄，既方便又快捷。教师个性化地布置作业，答疑解惑；教师随时随地将推理清晰、卷面整洁的优秀作业分享给每位学生；对于个别有疑问又没时间讲的难题，教师可以边写边讲，录制过程，发布资源。

2. 问卷中心

为提高课堂教学效率，教师可以根据教学内容设计调查问卷，推送给学生，了解学生对某些知识的掌握程度，进而制订教学计划；学生能够接收问卷并快速作答，然后反馈给教师。服务平台会对反馈结果分析统计，教师根据统计结果做出相关决策。

3. 测试中心

教师可以利用平台上的资源或自己上传优质资源，快速组卷，创建考试，也可以对已有试卷进行重新编辑操作。学生接收试卷，提交答卷，系统评阅出结果，将错题自动收藏到错题本中；学生可以根据试题的知识点，归类整理，同时也可以查看历史考试记录，重新考试或选择错题重做。教师能根据即时反馈的测评成绩，评估教学效果，制订下一步教学计划。

4. 资源中心

教师可以创建我的资源、收藏网络优质资源或分享优质资源给学生。学生也可以查看教师分享的资源，或在网络上查找自己所需要的资源，分类管理到自己的资源库中，长期使用。优质资源的创建与分享，促进了教师的专业发展，拓宽了学生的学习之路，同时也促进了教学公平。

第六节　创立学习空间

郑州二中在进行移动自主学堂学习平台的构建过程中，进行了学生个人学习空间建设，以此作为移动自主学堂连接学生正式学习与非正式学习，支持学生个性化自主学习的一个私密空间、共享空间、一站式服务空间。

一、　学生学习空间的目标定位

学生学习空间建设的出发点和落脚点是要转变学生的学习方式，为学生自主学习、个性化学习提供支持和服务，增强或改变学习效果，最终指向学生的发展。

建设个性化网络学习空间，就是为每位学生提供一个个性化、实名制的个人学习门户，使他们在这个网络空间中主动构建高度个性化和私

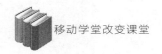
密性的个人学习中心，围绕学习和学习事务处理等需要，把分离的、有利于学习的资源、资讯、工具和服务等聚合起来，方便管理和使用。同时，这个环境又是开放和共享的，学生可以总结、反思其学习经验，搜集和分析学习资源，与他人进行交流，并进行学习实践活动。

个性化网络学习空间建设的具体目标包括以下方面。

第一，提供学生个性展示平台。学生以真实身份注册，显示真人照片、真实信息，展示学生的个性特色和风采。

第二，构建学习资源中心。根据高中阶段国家课程和校本课程的学习需要，根据学生个人的学习需要，收集、存储和管理具有通用功能和个性特色的学习资源，为学生正式学习、非正式学习和个性化学习提供特色资源服务。

第三，搭建网络学习平台。以个性化教育观念为指导，运用现代教育技术原理和方法，对基于网络空间的学习资源、方法和过程进行开发设计，为学生提供个性化的学习环境。可以将现有学习平台与学生学习空间相融合，也可以将学生学习空间作为非正式学习空间单独设计学习平台。

第四，建立互动交流学习社区。在空间上，师生之间、生生之间可以实现沟通、互动交流，从而改变传统的互动联系方式，建立学生的学习生活社区。

第五，记录学生的成长过程。全面记录学习者的成长信息，包括学习者的档案信息、学习过程信息、学习成果信息、社会活动信息等。

二、 个性化网络学习空间的建设原则

个性化网络学习空间是以学生个性化学习为中心而建设的网络空间，为了实现学生个性化网络空间建设的目标，在建设过程中应遵循以下原则。

（一）以学生为中心的原则

在网络学习过程中，学习的主动权分散在每位学生手中。学生可以

根据自己的需要，选择学习内容、学习方式、交互方式、评价办法，在与教师、他人协作交流，与内容、环境的动态交互中主动建构知识。教师采取以学生为中心的设计思路，以学生个性化空间设计为主线，只在适当的时候给予学生帮助、指导、激励与评价，不能强行干预学生的学习。

（二）个性化学习原则

在教学活动中，每位学生都是具有个性特征、活生生的主体，个性化空间建设必须适应学生个性化学习的需要。比如，学生可自行制订学习计划，完全自主选课，自定学习进度和路径，设定学习日程；空间栏目以选项卡的方式组合，实现功能的拖拽、排列组合、删减等；信息服务可采取定制、推送方式，定制与推送新闻、通知和个性化消息等，与个人无关的干扰信息被屏蔽在外。

（三）开放互动性原则

个性化空间设计需要充分整合各种 Web 2.0 技术，建设开放性学习环境。例如，在 Web 2.0 技术环境下，学生既是知识的消费者，也是知识的生产者与管理者，通过互动交流充分参与知识的创造和管理。学习作为一种对话与交流活动，和生活融合在一起。学生可以与教师、专家、其他社会成员进行交流或协作学习。

（四）多元化评价原则

学生利用个性化空间的交互式功能，可以得到伙伴、教师等主体的多元化的评价和多元化的精神激励。同时，教师利用个性化空间记录学生学习的全过程，实现总结性评价与形成性评价的有机结合，使教学评价成为对学生的学习与成长的有效激励措施。

三、 个性化网络学习空间的结构与服务

网络学习空间是经过专门设计的、利用现代信息技术和计算机网络

构建的支持学习发生的虚拟空间。该虚拟空间基于一定的学习支持服务平台，为每个学习者提供私有的和个性化的个人学习空间，并承担公共服务功能的公共学习空间。我们可以从多个角度审视网络学习空间。比如，从学习文化(个人主义或集体主义)、资源形态(静态资源或动态资源)、应用场合(正式学习或非正式学习)、空间的结构形态(结构松散或结构固定)、数据的公开层次(数据私有或数据公开，即共享权限的划分情况)、教育业务的个性化(个性化或共性、均码，即空间提供的教学功能对个性化的支持情况)六个维度构成网络学习空间的连续性思维，以更好地指向空间结构与服务架构以个体为中心的建设理念。

在个人学习空间服务理念上，我们既可以支持个人主义的学习文化倾向(允许展现个人学习意愿和兴趣爱好)，也可以与体现集体主义文化的社会学习平台对接，同时空间由学生个人控制使用，但学生在拥有学习管理权的同时，也会在一定程度上被"教师"管理，感受到"教师"的控制力；在结构形态上，学习空间结构松散，支持学生根据需要对空间配置工具灵活调整和自由组合；在资源形态上，学习空间中的学习内容支持学生的自主创建和个性化建设，多为随着学生的学习过程而不断产生的生成性资源；在公开层次上，学习空间中数据的公开与私有应允许学生自主管理；在教育业务上，学生可随时随地借由学习空间获取个性化学习；在应用场景上，我们要有效贯通正式学习与非正式学习，实现个人学习场景的一站式进入。

四、 空间"通"与学生"达"的落实与体现

建设学生网络学习空间的目的是应用，因此，在强调空间建设的同时更要强调应用的开展。

祝智庭教授曾从"通"(建设层)和"达"(应用实现层)两个层面阐释"人人通"的建设内涵。即在接入畅通(接入网络、接入载体等)和使用畅通(支持服务、用户能力)的前提条件下，通过数据汇通(个体相关数据的统一管理)，信息沟通(个体与教师、同伴之间的交互)，资源融通(可获取所需要的内容与工具，且内容语义关联、工具使用关联)，服务贯通(整合与个

体业务相关的跨平台系统），达成知识构建、个性发展及集体智慧发展。

　　学习不是一个人的活动，需要联通学生的整个学习生活社会。学习空间的建设要方便实现学生个体与机构、他人网络空间的联通与交流，通过不断优化内外网络，联合各方力量促进个体的发展。在这样内外联通的环境下，数据和资源在学习空间中有机融通与协作，从而有效支持学生个体学习的多元化和个性化的实现。

五、 学生学习空间建设的模型

（一）基本思路

　　个人学习空间的构建对个性化学习有着核心支持作用，可以促成正式学习与非正式学习的连接，实现"网络学习空间人人通"。

　　个人学习空间需要具备如下要素：拥有一个支持服务学习者个性化学习的资源中心；拥有一个属于学习者自己的表达空间；拥有一个专注于内容管理的工具；拥有一个和其他学习者互相联系的途径和方式；拥有一个学习者成长记录档案。

（二）内容结构

　　1. 认证及个人信息模块
　　(1)实名注册认证
　　(2)个人基本信息
　　(3)个人个性特色
　　2. 资源与应用模块
　　(1)外部资源
　　学习资源网站链接包括以下三种。
　　教育行政资源网：国家教育资源公共服务平台、河南省基础教育资源公共服务平台、郑州教育资源公共服务平台。
　　学习网站资源网：猿题库、魔方格、华东师范大学慕课中心。
　　图书资源网：超星移动图书馆。

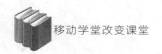

(2)内部资源

学校资源应用包括以下四种。

郑州二中学习指导书、练习册电子稿：分学科、分册。

郑州二中慕课中心：分学科、分册。

郑州二中试题库：分学科、分册。

郑州二中同步资源包：分学科、分册。

3．任务及学习模块

(1)我的学习计划

①总体计划

②分学科计划

(2)我的学习任务

①当天任务及完成情况

②当周任务及完成情况

③学习总结及反思

它包括日总结反思、周总结反思、月总结反思、学期总结反思。

4．拓展与阅读模块

这一模块的子系统让学生进行个性化设计，留出若干单元空间，主要方式是下载后使用。

(1)我的生涯规划

(2)我的研究性学习

(3)我的学科拓展

(4)我的阅读空间

(5)个性化设置

5．表达与联系模块

(1)我的微博

①身份认证、实名注册

②创建微博群

全校创新班师生范围内双向选择创建。

③微博创建与发送

（2）经验与成果发布

选择范围：班级、年级、全校创新班、教师创新团队。

（3）学习交流

以推送短消息形式与师生交流。

6. 学生成长记录模块

采取个人叙写成长记录、相关审核、相关部门数据录入、综合评价、学习平台及学习空间数据统计分析等方式记录学生成长过程。

（1）学生档案信息

（2）学习过程信息

（3）学习成果信息

（4）社会活动信息

第七节　整合教学资源

一、　数字化教学资源的概念

教学资源的概念有一个发展变化的过程。自 20 世纪 30 年代视听教育兴起以来，媒体的种类越来越多，应用也越来越广泛，教育观念也正在发生变化。早期，教师被看成信息源，媒体只起单向传递作用，把知识传授给学生，学生处于被动学习状态；到了 20 世纪 70 年代，人们认识到学生是学习活动的主体，媒体成为师生相互沟通的中介物，师生应该进行更多的交流；到了 20 世纪 80 年代，学习心理学的发展推动了教育技术的进步，媒体再也不仅仅是传递信息的"通道"，而是构成认知活动的实践空间和实践领域，人们更加注意和关心媒体环境；到了 20 世纪 90 年代，人们认识到教育技术是对与学习有关的过程和资源进行设计、开发、运用、管理及评价的理论和实践，教学资源已经被提到了非常重要的地位，关心教学资源建设，加强对教学资源的认识和研究是极为迫切的任务。

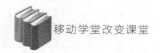

教学资源是蕴含了大量的教育信息，并能够创造出一定教育价值的各类信息资源。数字化教学资源是指以数字形态存在的教学材料，包括学生和教师在学习与教学过程中所需要的各种数字化的素材、教学软件、补充材料等。

二、 数字化教学资源的分类

（一）素材类教学资源

素材类教学资源是传播教学信息的基本材料单元，主要包括文本、图形或图像、音频、视频和动画等媒体素材。

（二）集成类教学资源

集成类教学资源是一种复合型的资源。这些资源一般是根据特定的教学目的和应用目的，将多媒体素材和资源进行有效的组织，包括课件、案例、操作与练习型、虚拟实验型、教学模拟类、教育专题网站、研究性学习专题、问题解答型、信息检索型、练习测试型、认知工具类和探究性学习对象等资源。

（三）网络课程

网络课程是按一定的教学目标、教学策略组织起来的教学内容和网络教学支撑环境。网络课程顺应人们需要终身学习这一趋势，给人们随时获取新知识提供了便利和强有力的支持。网络教学支撑环境是指支持网络教学的软件工具、教学资源以及在网络教学平台上实施的教学活动。

三、 数字化教学资源的特点

（一）组织的非线性化

传统的教学信息，其组织结构是线性的、有顺序的；而人的思维、记忆却成网状结构，可以通过联想选择不同的路径来加工信息。因此，传统教育制约了人的智慧与潜能的调动，限制了自由联想能力的发展，不利于创新能力的培养，而多媒体技术具备综合处理各种多媒体信息的能力和交互特性，为教学信息组织的非线性化创设了条件。

（二）处理和存储的数字化

利用多媒体计算机的数字转换和压缩技术，能够迅速实时地处理和存储图、文、声、像等各种教学信息，既可以方便学习，增加信息容量，又能够提高信息处理和存储的可靠性。

（三）传输的网络化

网络技术的发展与普及，特别是各级教育网络的建立，使教学信息传递的形式、速度、距离、范围等发生了巨大变化，从而为网络教育、远程教育、虚拟实验室等新的教育形式的产生和发展奠定了基础。

（四）教育过程的智能化

多媒体计算机教育系统具有智能模拟教学过程的功能。学生可以通过人机对话自主地进行学习、复习、模拟实验、自我测试等，并能够通过实时的反馈，实现交互，从而为探究型学习创设条件。

（五）资源的系列化

随着教学信息化程度的提高和现代教育环境系统工程的建立，现代教材体系也逐步成套化、系列化、多媒体化，这使得人们能根据不同的条件、不同的目的、不同的阶段，自主有效地选用相应的学习资源，为教育社会化、终身化提供了保障。我们通常认为，数字化教学资源属于信息资源的范畴，是从狭义理解上的一种特殊的信息资源，是经过选取、组织，使之有序化的，适合学生发展自身的有用信息的集合。本书所讨论的数字化教学资源，主要指蕴含了大量的教育信息，能创造出一定的教育价值、以数字信号的形式在互联网上进行传输的信息资源。教学资源可以提供给学生使用，是能够帮助和促进他们学习的信息、技术

和环境。这些教学资源的要素可以单独地使用，也可以由学生结合起来使用。

四、 数字化教学资源库建设

教学资源库管理系统包括两个子系统：资源管理(媒体素材库管理、题库管理、案例库管理、课件库管理、文案库管理、网络课程管理等)；系统管理(安全管理、网络性能管理、故障管理等)。这两个子系统为三类用户(教师、学生、管理员)提供资源检索、资源发布、资源审核、权限管理等多方面的服务。教学资源管理系统主要包括以下功能模块。

（一）资源管理模块

资源管理模块的操作对象是资源库中的各类资源，在进行操作时要保证内容的安全性和可靠性。这一模块具备的功能主要包括如下几个方面。

资源上传：教师和学生可以通过互联网在浏览器中单个上传资源，系统管理员可通过应用程序实现资源的批量上传。

资源预览：准备使用资源的用户可以在网上使用浏览器预览该资源的在线样例。

资源下载：用户可以下载免费的资源。

资源审核：具有审核权限的管理员根据资源评审标准对教师上传的资源进行评审，以确定是否发布该资源。

资源查询：用户根据查询条件，输入特定关键字以查询相应的资源。

资源定制：在资源库中无法获得所需要的资源时，用户可在系统中发布信息，待其他用户上传后，系统会自动通知用户。

资源删除：资源审核员或系统管理员可以删除不符合标准和过期的资源。

资源使用率的统计分析：对各种资源浏览和下载次数的统计。

资源收藏：用户可以将自己需要和偏爱的资源放入个性化文件夹，以便快捷地找到。

（二）系统管理模块

系统管理模块主要负责对这个系统的维护工作，以保证系统的稳定性和可扩展性及对并发访问的支持。这一模块具备的功能主要包括如下几个方面。

资源库系统的初始化：属性、参数数据入库。

访问控制：对访问本资源库系统的用户范围的控制，可采取注册登录的方法控制访问的范围。

安全控制：使用防火墙等措施以保证系统不受病毒侵蚀和黑客的攻击。

功能扩展接口：为实现系统的自身完善和功能升级，提供可扩展的接口。

（三）用户管理模块

教学资源库有其特定的用户群，应为不同用户赋予各自的权限，从而确保系统的安全性和资源的质量。用户群一般可以包括系统管理员、资源审核员、教师、学生(普通注册用户)和一般用户(未正式注册的浏览用户)，如有特殊的需求，还可视具体情况而变动。他们具有的权限如下。

系统管理员应对数据库系统有完整的控制权，能够以浏览器方式通过网络实施管理和维护，掌握所有用户的情况，并具有初始化资源库系统和审核注册用户的权限。资源审核员根据管理员分配的权限，主要负责对相应学科的资源进行审核和管理。教师主要负责对某一特定学科的资源进行管理，包括浏览、查询、使用、上传和审核该学科的资源。学生可以浏览、查询、上传和下载信息库中的资源。一般用户可以浏览、查询和上传资源。

第八节　生成教学模型

随着教学改革的深入，有的学者提出了"重构课堂"的命题。重构后的课堂是怎样的，这是一个难以用简单的语言来阐述的问题，但至少有

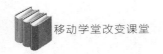
一点可以肯定，它应是与信息化社会合拍的新课堂，是以学生终身发展为追求的新课堂。

要让学生学会进行数字化学习，主要包括三个基本点：课程学习活动是在数字化学习环境中实施的；课程学习内容是经过数字化处理成为学习者的学习资源的；课程学习知识是学习者利用信息工具进行重构和创造的。用技术支持的学习模型如图 2-7 所示。[①]

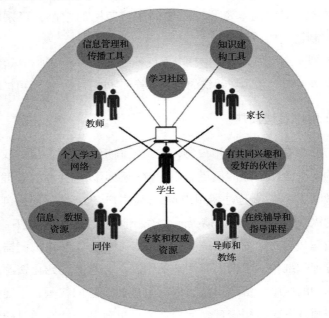

图 2-7 用技术支持的学习模型

用技术支持的学习模型具有以下特点。

与传统的由一位教师以同样的方式向所有学生传播相同信息的课堂教学相比较，该模型让学生处于中心地位，使他们能通过多方面提供的灵活性来控制自己的学习。该模型通过提供有吸引力的环境以及能帮助理解和记忆内容的工具来实现技术支持的学习。

---

① 何克抗：《关于〈美国 2010 国家教育技术计划〉的学习与思考》，载《电化教育研究》，2011(4)。

在该模型中，技术提供远比在课堂上能得到更为广泛、更为丰富的学习资源，还可以连接到更为多样、更高质量的"教育专家库"(库内成员包括名师、家长、校外专家和课外指导者)。对有效学习的参与，可以为特定的学习者做出不同的安排(无论学习进度还是学习需求，都可因人而异)，甚至可以实现个性化的"按需学习"，即学习的进度、内容或主题都可以量身定制，以便与每个学习者的兴趣以及原有的知识经验相结合。该模型有助于实现学生的个性化学习。

郑州二中在借鉴了以上学习模型以及国内一对一数字化学习实践模型的基础上，开始构建学校新型的数字化学习课堂形态。构建新型课堂形态主要从构筑基本理论、开发教育技术、培养信息化师资、致力于课程与教育资源建设、广泛开展课堂创新，以及建立信息化教育的评价机制入手。

数字化学习必然促使学校教学模式的变革。在数字化环境下，学校教学要充分发挥学习者的主体性、合作性和创造性。因此，教学模式必须更新，要使教学个性化、学习自主化、作业协同化，要把促进学生学会学习、培养学生具有终身学习的态度和能力作为学习的目标。

在多方研究论证的基础上，郑州二中确定了现实课堂与虚拟课堂相结合、纸介质与多媒体并用的混合式学习方法，即在教师、教材、教室不变的情况下，构建数字化学习环境，创建新型的课堂形态。

一、 移动自主学堂发展模型

这个模型图设计了移动自主学堂的理论基础、技术支撑等基础层级，课堂形态、学习方式等中间层级，以及创新人才培养和终身发展的高层级发展目标，为创新人才培养的目标达成确立了方法、路径。具体层级目标如下。

理论支撑：建构主义、人本主义、生成理论。

技术支撑：数字化环境、交互式白板、移动终端。

课堂形态：移动自主学堂、三生课堂。

学习平台：学生学习支持服务系统、个人空间。

资源库：外部资源整合、内部资源生成。

数据库：学科、班级、个体数据生成及分析。

学习方式：自主学习、泛在学习、个性化学习。

信息素养：检索、评价、使用信息。

批判性思维：思维能力、人格气质。

升学目标：逐年提升。

创新人才：创新精神、实践能力。

终身发展：终身学习力、可持续发展。

移动自主学堂形态下的教学模型是以技术为基础，着眼于学生的终身发展的。数字化的学习环境必然导致学校教学方式的转变。在这种环境下，学校需要充分发挥学习者的合作性、主体性和创造性。新的教学模型的构建要使教学个性化、作业协同化、学习自主化，把学生的全面发展、个性与创新能力的培养作为学校的育人目标。学校在巴巴拉·明托(Barbara Minto)(应译为"芭芭拉·明托")的金字塔原理指导下构建了移动自主学堂发展模型。

（一）金字塔原理

1. 金字塔原理的内容

金字塔原理是由麦肯锡公司的第一位女咨询顾问巴巴拉·明托在1973年提出的，是一种逻辑清晰、重点突出、主次分明的逻辑思路、表达方式和规范动作，主要是以结果为导向的论述过程。它主要从写作的逻辑、思考的逻辑、解决问题的逻辑、演示的逻辑四个方面帮助人们界定与分析问题。

（1）写作的逻辑

写作的逻辑旨在理解和使用简单的写作技巧。具体方法包括：各种思想观点间的横向相关性，采用归纳与演绎式；各种思想观点间的纵向相关性，采用与读者间疑问或回答的对话。

（2）思考的逻辑

思考的逻辑旨在通过各种组织顺序细致地把握事情的本质。具体方法包括：演绎推理——苏格拉底三段论，注重推理的过程；归纳推理，找相似性，注重把相似行动、组织或思想放在一起；逻辑顺序，如时间顺序、结构顺序、重要性顺序；分组思想，如行动性思想(因果关系)、描述性思想(类似事物)。

(3)解决问题的逻辑

解决问题的逻辑旨在对复杂问题分析的基础上，使用各种框架对解决问题过程中的不同阶段进行细致分析，使思维预先组织。具体方法包括：序列分析，由非期望结果到期望结果来界定问题；结构性分析，利用诊断框架呈现问题结构；外展推理，有分析性和科学性两种外展推理形式。

(4)演示的逻辑

演示的逻辑旨在罗列一些演示技巧，极易感知中心思想。具体方法包括：多级标题法、下划线法、小数编号法、行首缩进法和项目符号法。

在金字塔原理的指导下，人们在学习、工作、生活中会更有效率。该原理已发展成为咨询业与管理者的行业标准，能够帮助人们在确定问题与分析问题后以书面的形式正确地组织与表达思想，从宏观上来说，该原理对整个问题的解决给予了关键性的指导。金字塔原理的基本概念如表 2-1 所示。

表 2-1　金字塔原理的基本概念

概念	主要特征
基本结构	中心思想明确、结论先行
	以下统上、归类分组、逻辑递进
	先重要后次要、先全局后细节、先结论后原因、先结果后过程
构建方法	关注、挖掘受众意图
	理清内容及内容表达的方式
	掌握表达的标准结构及规范动作
达到效果	重点突出、主次分明、思路清晰
	让受众感兴趣、能理解、能接受、能记住
具体做法	纵向：自上而下地表达、自下而上地思考，让受众感兴趣、能理解、能接受、能记住
	横向：疑问问答或总结概括、归类分组或演绎归纳
	用序言讲故事、用标题提炼思想精华

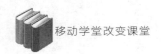

从表 2-1 可以看出，金字塔原理中自上而下或自下而上的逻辑脉络，条理清晰、主次分明。它不仅提供了解决问题的方式，而且提供了思考的过程与呈现的手段，现已被应用到各行各业，用来分析与解决各类问题；它的各项原则也被很多课程吸纳，并广为传播。使用金字塔原理思考、沟通与解决问题，不仅能提高结构化思维能力，增强条理性与逻辑性，让思考全、准、快，而且沟通的效果好、效率高，重点突出、主次分明、言简意赅，同时也能迅速搭建结构，组织素材，考虑问题更加全面。

2. 解决问题的方式

在解决问题的具体做法上，我们设计的教学模型，主要采用了自上而下思考法，具体流程如图 2-8 所示。

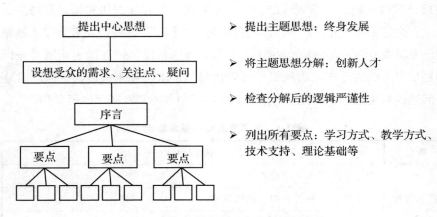

图 2-8　金字塔原理：自上而下思考法

用自上而下思考法构建金字塔的步骤如下。

(1)提出中心思想

(2)设想受众的需求、关注点、疑问

(3)写序言：背景—冲突—疑问—回答

(4)与受众者进行疑问式或回答式的对话

(5)对受众者的新疑问再次重复进行疑问式或回答式的对话

以上是人们在解决问题时的整个思维过程，利用这个思维过程再次思考目前教育需要解决的问题，即促进人的终身发展。定格到现在的高中教育阶段，主要是解决创造力的问题，再结合郑州二中的情况，高中的教育目标就是培养学生的批判性思维，提高升学目标，造就新一代的创新人才。

（二）金字塔原理指导下的移动自主学堂发展模型构建

高中是中等教育的后期阶段，是使学生进入高等教育或者社会的过渡阶段，是基础性教育，是面向大众的教育，是终身教育的组成部分。历史上，高中曾被定位为高等教育的预科，有着很强的选拔性。所学课程不是作为形成国民基本文化素养的基本知识和技能，而是大学专业教育的基础知识和技能。高中阶段为高等学校输送具备进一步接受高等教育基础条件的生源，同时为社会培养和输送具备一定素质和能力的建设者，这就具备了为升学和就业做准备的双重功能。高中教育作为基础教育的终结，为高中学生的终身发展奠定了基础学力，在这个阶段有必要培养高中学生适应社会变迁所需要的终身学习能力、生存能力、实践能力和创造能力。根据高中教育阶段的性质、任务及培育目标，我们确定了这一中心思想——终身发展。

经过与学生交谈、教师对话及教育专家的经验交流，我们从学习方式、教学模式、技术支持、理论基础四个方面对如何培养学生的创新思维与创造能力进行了思考，利用金字塔原理思考的逻辑方法，按照演绎的方式组织思想构建了移动自主学堂发展模型。

在金字塔原理的指导下，我们利用现代的数字化无线网络、交互式电子白板、移动终端等技术支持，建构了基于学生支持服务系统的移动自主学堂的课堂形态，并且利用学习自适应的学习平台(睿迅课堂教学平台)进行外部优秀资源的整合与内部自适应资源的生成。通过平台服务的使用，教师不断记录学生的学习过程轨迹，产生大量的基于学生学习过程的数据，根据不同的学科与班级进行个体数据的生成与分析，在此基础上评价每位学生的学习特征与学习风格，进行个性化教学，使学生的学习方式由此而转变。根据社会与教育发展的需求，自主学习、泛在学习、个性化学习等学习方式成为培育创新人才的必要手段。

移动自主学堂是技术和教育深度融合的一种新型的课堂形态，基于学生学习支持服务系统和移动学习终端，强调了教学由教师教为主向学生学为主的转变。其特点是利用无线网络环境，以学生学习支持服务系统为平台，以移动终端为学习终端，在教师主导作用下充分发挥学生学习的积极性、主动性，使学生进行泛在学习、高效学习。家长同步关注学生的学习状况，形成了家校合一的大教育局面。学习轨迹记录功能，记录了学生的学习过程；指导纠错功能实现了知识断点再续，引导了信息技术条件下学生的可持续学习。探索生成的移动自主学堂发展模型如图 2-9 所示。

图 2-9　移动自主学堂发展模型

二、 技术与教学融合模型

技术与教学融合模型是移动自主学堂的教学模型图，如图 2-10 所示。这个模型图是一个综合的、整体的课堂形态模型，包括教师教学过程、学生学习过程、信息技术应用过程，而且这几个过程是相互联系、协同发展的。

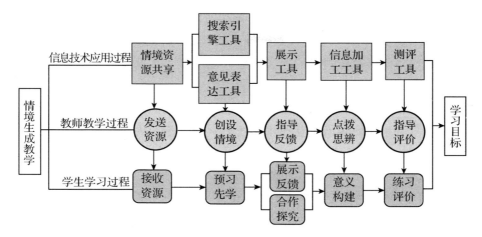

图 2-10　技术与教学融合模型

这一模式分为如下步骤：第一，教师利用数字化的共享资源，创设探究学习情境；第二，学生根据数字化资源所展示的学习情境，依据课本进行先学活动或探索性的操作实践，从中发现事物的特征、关系和规律；第三，学生在教师的指导下借助信息表达工具形成学习成果，并借助展示工具在班级展示；第四，在合作交流、教师点拨的基础上，学生借助信息加工工具进行意义建构；第五，教师借助测评工具，进行学习评价，及时发现问题，获取反馈信息。

三、 互动式生成课堂模型

互动式生成课堂模型是郑州二中信息化创新班的课堂模式，它与上述的移动自主学堂发展模型相比，前者是"形"，后者是"神"，前者侧重教学过程的操作流程，后者侧重教学内容的动态生成过程。两个模型相辅相成，构成了移动自主学堂。学生的学习是知识意义的自主生成的过程，这一过程的基本特征是学生从各种特殊事例中归纳生成知识意义，学生学习的主要任务不是接受和记忆现成的知识，而是参与知识的探索和发现过程；教师的主要任务不是向学生传授现成的知识，而是为学生探索和发现知识的意义创造情境、条件和提供帮助。

针对传统教学过度预设的不足，我们提出了如下课堂互动模型，如

图 2-11 所示。根据课堂互动情景下各互动环节的不同功能,课堂互动模型由四个模块组成。[①] 模块 1 表示课堂教学是一种目的性强、高度组织化的活动,每堂课都有明确的教学目标。模块 2 表示课堂的互动情境,强调课堂的一切活动都是在课堂互动情境中进行的。模块 3 表示经过互动后的课堂输入对师生各认知个体的内部知识建构的作用,认知个体同化或顺应地利用新旧知识相互作用和新旧平衡,不断更新完成对新的知识结构的建构,形成更好的知识结构,并通过积极的互动,对课堂产生相应的输入。模块 4 表示课堂在新的互动环节上,进行了动态生成。

　　动态生成分为预设性生成和非预设性生成,这两种生成对课堂教学有着不同的作用。非预设性生成可能对总体教学目标下的预设输入产生显著影响,需要教师对预设的课堂目标或实施步骤进行必要的调整,以整合课堂动态生成资源,重新作用于课堂互动。这样,动态生成给课堂互动增添了新的内容,产生课堂教学的"附加值",有助于促进课程要求的总体目标的实现,即课堂教学的交际性和师生在真实互动环境中的共同成长。

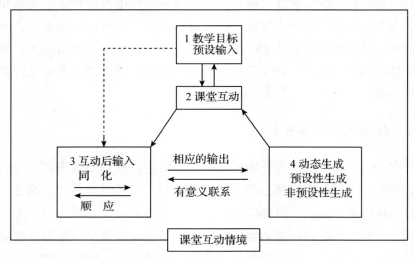

图 2-11　互动式生成课堂模型

---

　　① 王健、王晓林:《生成性教学的理论基础及课堂互动模型》,载《长春师范学院学报(人文社会科学版)》,2010(1)。

第九节　构建课堂形态

在新课改和信息化教学背景下，如何开展课堂的教与学活动，是信息技术与教学融合后必须直接面对且需要认真研讨设计的基本问题。如果只是使用了先进的教育技术，而教学方式和学习方式仍然停留在传统教育模式上，那么信息化教学就没有真正地改变课堂。

教与学具有联动特征，在教学表现上多为互动性。有什么样的教，就产生与之相适应的学；反之，学的改变也联动教的变化。在同一时空里，我们需要区分教与学的分工，哪些是学要做的，哪些是需要教来承担的。我们在新课堂的构建中，特别强调改变教的行为，从而联动学的行为的变化。针对在教的强势之下，学的自主性空间被挤压的现实，课堂教学改革的方向应该侧重于构建先学后教、因学设教的模型，即合理的教需要建立在学的基础上。

学习的需要是多方面的，而我们过去侧重于满足学生在知识解读上的需要，以为只要根据教师先学先知的优势，把知识规律传授给学生，就完成了教的任务。有的教师说：这个内容我讲没讲？讲了你还不会，为什么？这样的说法暴露出教师把知识讲授作为自己主要职责的认识。学习行为不仅仅在听讲，学习过程也不仅仅停留在课堂上。学习从任务驱动开始，需要经历学生自主学习、同伴交流、小组展现、集体讨论、教师讲解、延展练习等环节。单凭课堂教学技术的完善、教师会教，并不能保证学习的有效完成。所以，支持学习的教需要突破课堂的局限，而且除了改进教法之外，更需要提供学习的延时服务。延时服务，就是在呈现知识之后，更要给予知识迁移和新知识自主学习以必要的关注、指导与监控评价。

在构建移动自主学堂的过程中，我们构建了四课型渐进式自主学堂的课堂形态。这个课堂形态于 2013 年和 2016 年两次被郑州市教育局认定

为"道德课堂有效形态"。

一、 四课型渐进式自主学堂的内涵理解

（一）内涵阐释

四课型渐进式自主学堂的核心是自主学堂，体现了学生是主体，课堂即学堂的教学理念。"四课型"实际上是课堂教学的四个环节，之所以命名为"课型"，一方面说明每个环节都是一种可以独立研究的课型、一个模块；另一方面这些课型的组合、时间分配等是灵活的，而不是像环节一样的规定性。"渐进式"反映了认知的规律性，由陌生到熟悉，由浅入深，由表及里，由具体到抽象。

（二）理论依据

本课堂形态的内在理论依据是建构主义学习理论，认为学生的学习过程是根据已有的知识经验来认知、建构新的知识经验，并形成能力的心理结构变化过程。这个过程强调学生的参与、体验、经历、感悟。这种学习理论不同于行为主义学习理论，即学习的过程是知识的量的增加和程序的熟悉程度的提高。

在建构主义理论体系下，我们选择"生成"作为课堂形态的内涵特征，即课堂教学是学生自主学习的过程，这个过程的标志就是学生在已有知识的基础上通过经历、体验、感悟，建构和生成新的知识经验，而不是教师单向传输给学生的知识经验。

（三）批判思维能力的培养

在课堂生成过程中，教师和学生是平等的。学生的生成结论和教师的不一样，教师要和学生平等探讨，不能以教师的结论为正确答案，形成生生质疑、师生质疑的批判思维氛围，从而培养学生的创新精神。

（四）形神兼备的理念

移动自主学堂的课堂形态固然重要，而"神"更重要，"神"就是以上所说的"建构""生成""批判思维能力""创新"等元素。如果形式大于内容，或者评价只注重形式，就舍本逐末了。因此，在形神不能兼备的情况下，我们宁可"得其意而忘其形"。

二、 四课型渐进式自主学堂的教学阶段

（一）基础先学课

基础先学课是四课型的第一阶段。在这一阶段，教师前一天通过学生学习支持服务系统向每位学生发送资源包，包括导学案、课件学生参考资源包，让学生依据课本进行预习自学。学生利用各种资源，激活旧知，在已有的知识框架基础上学习基础性的内容，对自己的知识架构再次重塑。基础先学课如表 2-2 所示。

表 2-2　基础先学课

	学习内容	掌握基础部分；理解重难点部分
教师推送	资源包	视频、音频、文本、PPT
	导学案	第一层级：学习目标、学习方法 第二层级：基础内容 第三层级：重难点内容 第四层级：展示反馈 第五层级：练习评价
教学形式	学生自学第一、第二、第三层级	个体自主学习；小组合作学习；讨论
	教师观察指导	

（二）展示反馈课

展示反馈课是四课型的第二阶段。在这一阶段，学生通过平板电脑或其他媒介向教师与同伴们展示反馈在前一阶段中的学习成果，或通过学校自主研发的学生学习支持服务系统进行前测，通过测试展示学习成果。展示反馈课如表 2-3 所示。

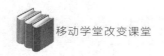

表 2-3　展示反馈课

学习内容		对第一课型内容进行展示、交流、分享
展示分享	形式	个体自荐展示；小组代表展示；教师指名展示；教师提问展示
	内容	第一课型学习方式展示；第一课型目标达成情况展示；第一课型疑难困惑展示
全面反馈	通过导学案反馈测试题，全面反馈	立即统计反馈结果
	通过学习平台以客观题形式迅速反馈	立即统计反馈结果

（三）点拨思辨课

点拨思辨课是第三阶段。在这一阶段，要实现对重难点内容的突破以及创新能力与批判思维的培养。教师要对重难点内容进行点拨，学生在充分质疑交流的基础上进行归纳总结。点拨思辨课如表 2-4 所示。

表 2-4　点拨思辨课

学习内容		突破重难点内容；批判思维能力的培养
学习形式	依据	第二课型生成的数据；第二课型疑难问题汇总、归类；教师经验观察；学科知识体系的内在规律
	形式	教师主导下的学生讲解；讲解后学生的质疑和新见解；教师点拨小结；学生的质疑和新见解；教师小结

（四）练习评价课

四课型的第四阶段是练习评价课。在前三个阶段的基础上，学生已经对自己已有的知识框架进行重新组合，并形成了自己特有的认识，在第四阶段需要向教师和同伴们展示自己的新技能和独特的应用。在本阶段中，学生通过学习支持服务系统自动统计测试成绩并进行分析，之后由学生或教师进行讲评。在评议的基础上，学生进行反思、探讨、改进。练习评价课如表 2-5 所示。

表 2-5　练习评价课

学习内容	形成性评价	知识生成阶段评价	不宜过早与高招联系
		过程性评价	为下节学习提供依据
	全面评价	对于本节内容来说是全面的评价；对于参与的学生来说是全部参与	
推送形式	利用学习平台推送；通过导学案第五层级练习评价		
学习形式	练习	在平板电脑上做完后提交	
	评价	下课前自动统计评价结果并讲评	

三、 四课型渐进式自主学堂的学习流程

四课型渐进式自主学堂的学习流程包括 10 个环节。

（一）基础先学课的学习流程

发送资源：教师前一天通过学生学习支持服务系统或公共邮箱向每位学生发送资源包，包括微视频、导学案、课件、测试题及有关学习资源。

基础先学：学生参考资源包，依据课本进行预习先学。

完成任务：基于任务的学习。

（二）展示反馈课的学习流程

展示反馈：学生通过平板电脑或其他媒介展示反馈学习成果，或教师通过学生学习支持服务系统进行前测，通过测试展示学习成果。

互动分享：学生在展示反馈过程中互动交流学习，发表不同意见。

（三）点拨思辨课的学习流程

精讲点拨：教师根据展示反馈情况，在互动交流的基础上对重难点

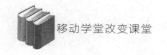

内容进行精讲点拨。

质疑思辨：学生的动态生成结果与教师的预设生成不一致的时候，学生要主动质疑思辨。

总结归纳：教师在学生充分质疑交流的基础上进行归纳总结。

（四）练习评价课的学习流程

练习评价：通过学习平台或测试系统进行评价测试，系统自动统计测试成绩并进行分析。

综合讲评：测试结果由学生或教师进行综合讲评，包括知识的认知和思维能力的培养。

第三章

移动自主学堂的实施

第一节　教学过程设计

教学设计是根据课程标准的要求及教学对象的特点对教学资源和程序进行系统有序的安排。教学模式是在一定的教学思想指导下，围绕着一定的教学活动形成的相对稳定的教学形式。目前，由于信息技术的冲击，在教学设计过程中，教师大量引用新技术，而忽略了实际的教学目标，如过于精美的课件、过多播放的视频等，大的投入反而成效甚微。在这样一个新技术层出不穷的时代，要学会合理地应用这些技术，就需要一个先进的、系统的、蕴含实践经验的教学理论来指导各种技术的使用。

一、　五星教学原理

五星教学原理引起了国内外教学技术专家的关注，对教育界出现的重"技术"、轻"系统方法"的倾向敲响了警钟，也为技术环境下的教学设计提供了直接的指导。我们以五星教学原理为指导，构建了未来课堂环境的教与学的设计过程，即四课型教学设计，探讨了如何将五星教学原理运用到实际的教学设计过程中，以达到教学效益最大化，从而培养学生的创新能力与批判思维。

五星教学原理来源于戴维·梅里尔(David Merrill)2002年发表的《首要教学原理》和《波纹环状教学开发模式》两篇论文，这正式宣示了五星教学原理研究的启动。[①] 戴维·梅里尔是当代著名教育技术与教学设计理论家、教育心理学家，是国际教学设计领域最受尊敬的学者之一。他提出的五星教学原理是近年来一直倡导的教学理论，受众多教育家们的推崇，

---

① 魏戈：《五星教学四十年——追求效率、效果与魅力之路》，载《开放教育研究》，2012(6)。

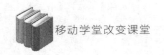

用以改进在线教学、多媒体教学中只重视信息呈现、忽略有效教学的弊端。该原理包括了梅里尔的大部分教学设计理论，以促进更有效、高效或积极的学习为宗旨，受到众多研究者的支持，普遍适用于学习系统或教学体系。

五星教学原理可以简单地概括为"一个中心、四个阶段"，其核心思想是以问题或任务为中心，聚焦解决问题；其教学过程是由激活旧知、示证新知、尝试应用和融会贯通四个阶段构成的循环圈。梅里尔指出，最有效的学习结果或学习环境是以任务为中心，它处于四个明显的学习阶段中，即激活原有经验、演示知识技能、应用知识技能、将知识技能整合到实际生活中。① 五星教学原理不仅关注教学过程，更关注学习过程；不仅有表层的循环圈，也有由"结构、指导、辅导、反思"构成的更深层的循环圈。五星教学原理如图3-1所示。②

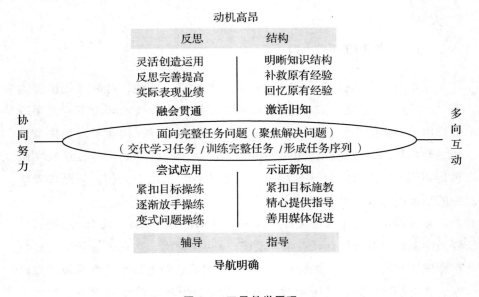

图 3-1　五星教学原理

① 俞建华：《首要教学原理视角下的网络课程建设模式》，载《中国电化教育》，2010(4)。
② 魏戈：《五星教学四十年——追求效率、效果与魅力之路》，载《开放教育研究》，2012(6)。

二、 四课型教学设计

在五星教学原理的指导下，我们进行了四课型教学设计，即基础先学课、展示反馈课、点拨思辨课、练习评价课四个阶段。这实际上是课堂教学的四个环节，每一个环节的内容、时间由教师根据实际情况灵活确定。

下面从梅里尔的聚焦问题、激活旧知、示证新知、尝试应用和融会贯通五大原理来阐述四课型教学设计过程。①

（一）聚焦问题

聚焦问题是五星教学原理的核心思想。梅里尔认为当学习者介入解决现实生活问题时，及早向学习者交代在完成某一学习活动后能够做什么或学会解决一些什么问题时，才能够促进学习；当学习者介入一个完整的问题或者任务，并且经历循序渐进、逐渐加深的问题解决过程时，才能够促进学习。②

四课型教学设计集中体现了学生是主体，课堂学习是学生自主学习的过程。学生需要参与到整个教学过程中，由教师提出任务或者问题，学生通过自主学习、小组合作、讨论、分享交流等方式学习新的内容。在整个教学过程中，学生掌握了解决问题的方法，获得了新知。整个教学过程在聚焦问题思想的指导下完成，体现了循序渐进、逐渐加深的问题解决过程，有效地促进了学习。

（二）激活旧知

五星教学原理认为当引导学习者回忆、联系、说明和应用相关的旧知识以作为学习新知识的基础，以及向学习者提供了相关的经验以作为学习新知识的基础时，才能促进学习。

---

① 王瑞：《基于五星教学原理的自主学堂教学设计研究》，载《数学教育》，2015(2)。

② 亚历山大·J. 罗米索斯基：《首要教学原理：再议知识和技能》，华煜雯、盛群力译，载《远程教育杂志》，2007(4)。

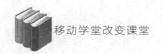

学生利用各种资源，激活旧知，在已有的知识经验基础上学习基础性的内容，对自己的知识架构再次重塑。

（三）示证新知

在示证新知阶段，教师需要向学习者示证新知而不仅仅是告知新知。向学习者示证新知时，教师要做到与学习目标的要求相一致，引导学习者关注相关的信息，向学习者展示多种表征，并对不同的表征做出明确比较，同时让媒介对教学起到恰当的作用，这样才能促进学习。

（四）尝试应用

尝试应用阶段要求学习者在解决问题时运用新知识，且解决问题的活动与学习目标的要求相一致。教师要引导学习者学会检查和改正错误，通过适当的辅导指导学习者解决问题，这样才能促进学习。

（五）融会贯通

五星教学原理认为，融会贯通就是要让学习者展示自己的新知识技能；让学习者反思、探讨和辩护自己的新知识技能；让学习者创造、发明和探索新的个性化的新知识技能应用方式，这样才能促进学习。

在五星教学原理的指导下，"四课型"充分利用了技术带来的便利，做到了重"技术"的同时，也对教学资源进行了系统的整合，发挥了学生的自主性。随着技术的发展，利用各种移动设备与学习支持系统进行自主学习，已是教学改革的方向。基于五星教学原理的四课型教学设计会在以后的课堂中不断深入与发展，为后续的研究提供借鉴。

在该教学设计中，"四课型"围绕一个教学任务，进行基础先学、展示反馈、点拨思辨、练习评价四个阶段的深入探讨，以培养学生的创新精神与批判思维。学生课前先学已成为学习流程的一部分，并且形成学习习惯；学生学习的内容及其深度由学生自主选择，学生为达到学习目标，可以广泛使用软件工具和网络资源，自主开展深度学习和拓展性学习。同时，在移动学习终端、泛在网络环境和学习系统支持下，学生可以随时随地自主学习，实现了课堂学习与课外学习、实体课堂与虚拟课堂的有效结合。教师可以利用学习支持系统和学习效果评价分析系统，即时了解学生知识点掌握的情况，实施一对一个性化辅导和重难点问题针对性指导，有效提高了教学效果。

第二节　教学资源配置

教学资源是指在教学过程中能利用的有价值的元素，包括物质条件、自然条件、媒体条件、社会条件等资源。这里的教学资源是指电子和数字化的教学资源与信息。利用信息技术应用到教学活动(备课、授课、评价、练习、教研等)中的多媒体资料(图片、文字、声音、视频等)、课件、教案、试题、电子图书、教育论文、网络课程等都可以称为教学资源。

进入 21 世纪，随着免费义务教育全面展开，对优质资源的需求也越来越大。优质资源的短缺使得各类教育问题不断凸显，如教育质量、教育公平等，解决这些问题的根本途径就是扩充优质教学资源。这些资源的获取需要结合教育的发展及学校自身建设的规律来进行。我们在对资源需求分析的基础上，依据资源选择的教育性、科学性、技术性与艺术性的原则，对大量的网络教育资源及教学生成资源进行了筛选，再根据学科种类、适用对象和素材类型属性对所有选择的优质资源进行细分与整合。整合后的资源内容从支持"以教为主"向"教学并重"转变，资源类型从"预设性资源"向"生成型资源"转变，并根据教学需要将整合后的资源有选择地推送给学生，生成个性化教学资源。

一、　教学资源需求分析

钟秉林认为，未来的教育应该是公平公正的教育，在这个学习型的社会中，学习者可以随时随地学习，不断丰富与完善自我；应该是因材施教与多样化的教育，学习者可以接受适合自己的教育，彰显个性与特

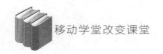

长；应该是人尽其才的教育，学习者可以在贡献与服务社会的过程中，实现自我价值。要实现这样的未来教育梦，首先要解决的就是拓展优质教学资源问题。

扩充优质资源，满足不同教师对教学资源的需求，开发个性化教学资源，发挥教学资源在创新人才培养中的潜在优势，是开发和应用各种教学资源的重要目标。调查和满足教学资源使用者的需求，是走向理性目标的第一步。[①] 郑州二中的教师当前需要什么样的教学资源呢？这里提到的教学资源主要是指支持学生学(课上和课下)和教师教(备课、上课、自身发展)，同时可以为教学设计服务的软件资源，不涉及环境、人力和硬件资源等。我们对郑州二中的所有高中任课教师进行了问卷调查。利用睿迅课堂教学平台共发放问卷 196 份，有效问卷 196 份。在参与问卷调查的教师中，各年级所有学科的教师都参与其中(学科分布均衡)；在样本的选择上，具备学校教学校本化与个性化的特征，有一定的参考价值。

根据日常教学经验，结合对不同学科教师的访谈，在问卷设计中，我们按照教师的需求把教学资源分成了不同的种类。在调查中，教师对教学资源的需求情况如表 3-1 所示。

表 3-1　教学资源的需求情况

教学资源种类	需求百分比
优秀课堂实录或网络课程	99.6％
优秀教学案例或课件	99.2％
教学参考素材(视频、音频、图形等)	95.7％
课程标准解读	94.5％
教学方法与技能	87.1％
某个知识点的试题或试卷及解析	93.6％

---

① 徐恩芹、刘美凤：《我国中小学教师对教学资源需求的调查报告》，载《中国电化教育》，2005(3)。

续表

教学资源种类	需求百分比
教学重难点分析	91.9%
研究性学习专题	90.6%
知识点的背景材料	81.3%
学科前沿知识	87.8%
新的教育教学理论	81.2%
学科知识在日常生活中的应用案例	90.3%
其他	72.9%

从教学资源的需求情况来看，教师对优秀课堂实录或网络课程、优秀教学案例或课件的需求比较大，这些是教师备课、上课及个人专业发展中的重要资源。在教学过程中，教师首先是进行教学设计，在有了清晰的教学思路之后，才会考虑教学时所需要呈现的材料。优秀的课堂实录与教学案例等具有借鉴和启发的作用，可以促进教师反思，让教师结合自己学生的情况与教学实践形成自己的教学方案。同时，教师也认为这类资源是目前最缺的资源。所以，在后期的资源整合中，一定要加大对优秀教学案例和课堂实录的征集，满足教师对优秀教学资源的需求，提高优秀教学资源的利用率。

二、 教学资源选择原则

教学资源是教学实施的保障，优质的教学资源有助于实现有效教学。目前很多教学资源都来自网络，数量巨大、结构复杂、分布广泛、更迭频繁等，没有专门的教育部门管理，查找起来费时费力，优质资源更是需要层层筛选。为了节省教师的备课时间，让教师有更多的精力思考教学策略的选取，郑州二中开启了优质教学资源的整合工作。为提高教学资源的质量，使其高效地服务于教学，我们根据日常教学需求，提出了

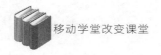

四个方面的教学资源选择原则，即教育性原则、科学性原则、技术性原则和整体性原则。

（一）教育性原则

教学资源最终是为教学服务的，所以在资源选择的过程中，一定要考虑所整合资源的教育意义：看它是否符合课程标准的要求；是否对学生的身心发展起到积极的促进作用；是否有利于提高学生的学习兴趣和激发学生的学习动机。

（二）科学性原则

资源的选择要充分考虑到学校的学科特点，以应用服务于教学活动为中心，以建构主义为指导，与学生的接受能力相适应，反映学习内容的整合逻辑、学生的发展需求与教师的心理逻辑；避免出现过多的冗余信息，要做到尽可能高效地为日常的教学活动提供相关的参考。

（三）技术性原则

资源的标准化建设是实现资源交换与共享的前提和基础。选取的资源必须坚持标准化、规范化的格式要求，有利于资源的使用、移植和推广。例如，资源的画面结构与清晰度以及文本、图片、课件等运行的技术是否与学习平台上的浏览器相符；多媒体资源情节的生动性、表现手法的多样性、画面的灵活性和构图的合理性是否满足教学需求等。

（四）整体性原则

资源建设是一个长期的过程。在资源的选择上，不应追求大而全，应从小处逐步拓展，满足教师实际教学的需要，还需要综合考虑软、硬件的配置及未来发展等因素，符合先进的教学理念和长远发展的需求。

三、 教学资源的细分与整合

课堂教学是一个不断调整的动态过程，随着课改的推进、先进教学理念的应用，对优质教学资源的需求越来越大。但是，网络数量巨大、价值不一的教学资源有时会成为教师备课的绊脚石。为高效地支持教师使用学习服务支持平台，促进教学质量的提高，建立适合郑州二中教学特色的教育资源库是必需的，所以需要对各种教学资源进行细分与整合。从前文的教学资源需求分析中可以看出，郑州二中的教师需要的不仅是用于呈现教学内容的各种素材，而且需要能促进自我反思、支持自己教学思路的形成与改进的启发性和借鉴性的教学资源。基于这样的需求，郑州二中的教学资源重新进行了细分与整合。教学资源的细分与整合是依据教学需要对各个独立的数字资源进行融合、类聚和重组，形成一个效率更好、效能更好的新的资源体系。

在移动自主学堂的环境下，平板电脑移动学习终端上，学校的"云端书库"存储着大量的书籍，"维基百科"中大量的百科知识，实现了学生对学科知识的延伸；"网易公开课"中各种公开课视频，来自哈佛大学、牛津大学、耶鲁大学等世界知名学府，其内容涵盖人文、社会、艺术、金融等领域；还有很多有关人文地理、生物进化的软件。各种网络化的资源，为资源的细分和整合提供了支持。

除了学校移动平台上特有的网络资源以外，我们在充分利用国家教育资源公共服务平台、省基础教育资源网、郑州"优教班班通"资源共享平台和网络开放资源的基础上，根据教师的教学资源需求，在资源选择四项原则的指导下，组织教师对资源进行了细分和整合。

良好的分类机制有利于资源的组织管理和高效使用。对于资源的分类，我国的教育资源建设技术规范提供了六种资源分类组合的方式，每种资源的组织都是以学科种类、适用对象和素材类型这三类属性为主要依据的。[①] 根据郑州二中的教学文化与学科特色，在国家对教育资源建设的规范要求的指导下，结合教师的资源需求，我们确定了教学资源细分整合法，如图 3-2 所示。[②]

---

① 亓小涛：《网络教学资源库建设研究》，硕士学位论文，曲阜师范大学，2004。
② 引自教育资源建设技术规范。

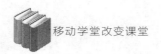

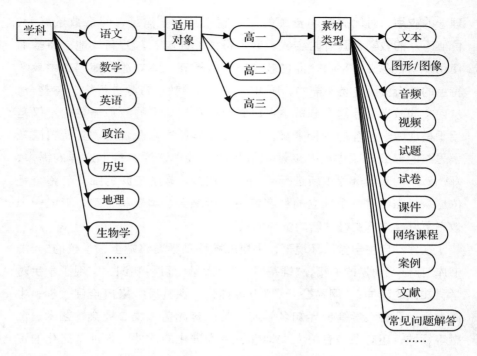

图 3-2　教学资源细分整合法

　　在整合的过程中，我们以学科教研组为单位，遵循"整体规划、分工协作、资源共享"的原则，组织各学科教师协作进行。在细化解读课程标准、编写课程纲要的基础上，我们认真研读教学资源，先将教学资源根据所涉及的知识点按年级分开，再根据资源的素材类型进行分类。例如，教案或教材的整合归类于文本；试题要注明知识点、题型、认知目标属性；试卷要注明所牵涉的单元等。在进行优质教育资源的整合中，做到多渠道采集资源：一是利用网上免费教学资源平台，搜集与下载保存、汇总与整合；二是购买优质教学资源库，如学科网、移动图书馆等；三是自主开发教学资源，组织各学科教研组，根据各学科教学的需要自行研发，充分调动师生的积极性，共同学习、共同参与，鼓励教师共享备课资源，鼓励学生上传个人作品。在教师的集体努力下，我们编写了《移动学堂　改变课堂——郑州二中创新班优秀课例集》。该书涵盖了各个年级与各个学科不同教师的经典教学案例，满足了教师对优秀教学案例的需求。移动自主学堂的智能录播技术,将优秀教师的教学过程记录下来,上传至资源平台,进行分享、交流、学习,满足了教师对优秀课堂实录的需求。

各种形式多渠道的教学资源细分与整合,涵盖了教学资源需求种类的各个方面,大大满足了教师的需求,提高了教学资源在教学过程中应用的有效性,实现了教学资源的共享。

四、 个性化资源的生成

优质资源的整合支持了学习服务支持系统的资源中心功能的实现,促进了教学质量的提升。资源库中多媒体资料、课件、教案、试题、电子图书、教育论文、网络课程等电子教学资源为教师走研究型之路提供了条件支持。但信息时代的混合学习模式是传统教学与数字化学习相结合的学习方式,课堂教学仍然继续使用传统的纸质教材。教师能充分利用电子教学资源库,但对于学生,除了在线利用这些资源以外,仍需要结合传统学习方式,才能使学习效果最优化。

在实际教学过程中,教师在利用已有的优质资源的基础上,根据学生特征与教学需求又对这些资源进行了重新筛选、修订与整合,并将筛选出的教学资源分为基础型、扩展型等多种类别,编写成具有郑州二中特色的校本化教辅读物,包括学习指导书和练习册。个性化地将这些读物推送给学生,用于学生日常的学习与探究,以提高教学的质量与效率。

个性化的资源成果(指导书与练习册)兼顾了不同学习层次的学习需求,便于学生进行个性化学习。除了个性化纸质资源的生成以外,部分教师还进行了基于技术的个性化资源的生成。英语教研组在熟练使用思维导图、睿迅课堂的基础上,大胆尝试了"完美计划产品"平台设计,即词汇记忆产品,就是把词汇和游戏结合起来,让学生集中用两个星期的时间学完两本书的全部词汇,然后再进行阅读等的学习。学习单词的程序为:一个单元的单词先辨认,把认识的挑选出来,不认识的单词分组进行 6 遍学习,包括听音识单词、听音写单词、认汉语意思、根据意思拼单词等 6 个程序,然后分组复习。一个单元学完之后,再进行下一个

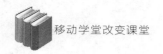
单元的学习。同时学生之间可以打擂。教师在后台可以观察到每位学生的整体情况，包括学生的学习进度、打擂次数、学习时长等。实践证明，这个基于睿迅课堂教学平台自主设计的平台对学生词汇记忆帮助很大，前测平均分为 28 分，一周后的中测为 73 分，两周后的后测达到 85 分。当然，学生也会遗忘，在单词学完之后进行阅读学习（课文），集中阅读，一星期两个单元，目的是确保单词不遗忘。这样一个平台，加上高考英语的改革，再把整个高中英语教学进行重新整合，即高一年级上学期学完第一、第二册课本和第三、第四册词汇，下学期第三、第四、第五、第六册全部学完。整个高一年级围绕词汇和阅读展开，高二年级抛开课本，进行补充阅读，同时开设语法和写作专题，到高三年级时进行高考题的适应性训练。这种资源整合，不仅节省了时间与精力，还能实现学生更深程度的学习。

在教学资源需求分析中，教师对优秀课堂实录、优秀教学案例的需求比较大，这些资源是教师备课、上课及个人专业发展中的重要资源。在创新班的教学过程中，教师在基于标准的教学和四课型教学设计的基础上，结合自身学科、课型特点开展个性化教学，创新生成了许多信息技术与教学深度融合、体现学生自主学习和高效课堂的优秀课例，为学校全面提升教学质量，培养创新人才，做出了应有的贡献。应教师的专业发展需求，学校组织教师进行优秀课例汇编，展示教师团队的优秀教学成果，决定从 2015 年起每年编印一本《移动学堂 改变课堂——郑州二中创新班优秀课例集》，同时也编制一本《郑州二中高中部优秀课例集》，用于非创新班教师的优秀教学成果展示，加强教师之间的交流与分享，满足教师对个性化资源的需求。

第三节　教师教学行为

创新班建设是郑州二中长期发展计划中的一个重要组成部分，既着眼于学生的长远发展，又着眼于学生的升学考试。信息化的迅速发展既为教师适应课标新技能、转变教学理念与方式创设了一片肥沃的土壤，又为学生的自主学习与个性化学习提供了技术支撑。为缓解学生学业负担，在保证学生学习成绩的前提下，同时提高学生在时间、空间和思想上的自由度，学校围绕技术与教学的深度融合开创了创新班，主要以信息化教学为主，在 2011 年下半年开始正式招生。在这些创新班中，学生都是在移动自主学堂的形态下交流与学习。在无线网络环境下，以学校自主研发的学生学习支持服务系统为支撑，以电子白板为教学终端，以平板电脑为学习终端，教师能够充分发挥学生学习的积极性、主动性，利用计算机进行上课、作业、测评、查找资料等，实现个性化教学；减轻学生的学业负担，在保证学业质量不下降的基础上，促进学生在其他方面的素质和品质的培养，从而实现教师教学方式与学生学习行为的根本转变。

教师是课堂教学的组织者和决策者，教师较高的行为素养是有效课堂教学的关键。当今的我们正处于新课改的关键时期，新课程要求教师更新教学理念、转变教学角色、提升教学技能，因此，教师的教学行为必须要与之产生相应的变化，才能提升学生的创新思维品质，才能使课堂顺利而有效地进行。在移动自主学堂形态下，我们从教学理念、角色转变、教学技能三个方面对教师教学行为的变化进行了研究，探知了新技术、新环境对教师专业发展及教育教学质量的影响，从而促进了移动自主学堂新型教学方式的实施，提升了学生的学习质量。

一、 教师教学理念

教学理念是教师在对教育工作本质的理解上对教学活动的看法和对教育持有的基本观念和理性信念，是教师从事教学活动的信念。传统的教学理念较为落后，主要体现在以下几个方面：在学生观上，错把学生当作容器，把知识的传授与继承作为教学的最高目标，忽略了学生的主体性；在教育途径上，只重视学校教育，忽视了家庭与社会的结合；在教育内容上，知识结构一成不变，不能与时俱进，不能反映学科新进展；

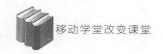
在教学方法上，以注入式教学为主，忽视了启发式教学；在教学过程上，强调了教师的主导地位，忽视了学生的主体作用；在教学评价上，单一的评价标准限制了学生的创新思维。这样的教学理念严重阻碍了教师的自身发展与学生的全面发展。教师的教学理念反映的是教师对教育、学生以及学习等的基本看法，形成之后在一段时间内较为稳定，它不仅影响教师的教学行为，而且对教师的学习和成长也有着重大的影响。因此，新时代下的教师必须拥有先进的教学理念，才能不被社会淘汰，才能在自我设定的教育教学活动中培养出适应社会发展的全面而有个性的创新人才，才能在自己的教育事业中取得丰硕的教育成果。

对于最先进的教学理念，《国家中长期教育改革和发展规划纲要（2010—2020年）》提出："把育人为本作为教育工作的根本要求。人力资源是我国经济社会发展的第一资源，教育是开发人力资源的主要途径。要以学生为主体，以教师为主导，充分发挥学生的主动性，把促进学生健康成长作为学校一切工作的出发点和落脚点。关心每个学生，促进每个学生主动地、生动活泼地发展，尊重教育规律和学生身心发展规律，为每个学生提供适合的教育。努力培养造就数以亿计的高素质劳动者、数以千万计的专门人才和一大批拔尖创新人才。"

结合21世纪人才的需求及郑州二中"培养全面而有个性的创新人才"的育人目标，我们认为移动自主学堂形态下的教师所具备的教学理念主要包括如下几个方面。

（一）以人为本的理念

以学生为中心，重视个性教学，因材施教；树立学生主体意识，改变教学方法；把重视人、爱护人、尊重人、提升和发展人的精神贯彻到教学全过程。在移动自主学堂应用下设计的基础先学课中，教师每节课前都会向学生推送课前小练，检测学生对知识的掌握情况，进而确定本节课上课的重点，体现了学生的主体地位。

（二）全面发展的理念

重视德、智、体、美、劳全方位的发展，关注学生发展的全面性与完整性。移动自主学堂支持的多活动与多互动的教学环境，能让学生将自己最真实的一面展示出来，教师要善于发现每位学生的优点，鼓励启发他们。

（三）素质教育的理念

根据社会需要，全面提高学生的核心素养，主要包括道德素质、身体素质、智力素质、审美素质、科学素质、劳动素质等，注重形成学生的健全个性，使学生在知识、能力、素质三个方面和谐发展，提高个人整体发展水准，做一个健康与博爱的人。移动自主学堂相当于一个小的社会环境，学生在其中可以自主交流生活与学习经验，彼此共进步、共发展。

（四）开放性理念

科技不断发展，教育与时俱进。信息化教学手段给教育带来巨大的挑战与机遇：教育空间不断延伸，学生的生存与发展空间不断拓展，教育格局被打破，教育方式、教育过程、教育资源、教育内容、教育评价等的开放打造了一种全新的教育模式，多样性的教学应运而生。泛在网络支持下的开放性自主学堂，需要教师用一个开放的理念来支持整个教学过程。

（五）创造性理念

创造是社会发展的前提，教育教学过程应该是一个创造性的过程，以点拨、启发、引导、开放和训练学生的创造力为目标，使用创造性的教学手段和方法充分挖掘和培养学生的创造潜能。教育者只有坚持创新，敢于创新，才能培育出新一代的创新人才。技术支持创新思维，能让抽象思维具体化。

（六）个性化理念

尊重每位学生的个性差异，鼓励个性发展，把培养全面而有个性的创新人才目标渗透到教育教学的每个环节和要素之中，从而对学生的人

格素养产生深刻的影响。移动自主学堂中的随时监测功能给教师提供了因材施教的条件，让教师更加关注学生的个性发展。

在信息科技化时代，教学技术的不断盛行，促进了教师创新思维的产生，也为基于技术的教学策略运用提供了保障。教师只有具备先进的教学理念，才能不断创新教学思路；只有将创新融于教学的各个环节，才能不断地获取各种新的知识与信息，从而提高自身的创新能力与知识素养。这样的教师，才能适应现代教育发展的需要，也只有这样，才能培养出适应社会发展的新一代创新人才。

二、 教师教学技能

教学技能是指教师运用已有的教学理论知识，通过练习而形成的稳固、复杂的教学行为系统。教学技能是教师职业所必备的教育教学技巧，对于实施教学的创新、达到良好的教学效果具有积极的作用。从表面上来看，教师教学技能是促使学生有效学习的教学技巧；从深层剖析来看，它是教师专业修养和职业个性品格的表征，是教师能力的重要标志。每位教师要想成为名师，拥有自己的教学风格，那就必须要遵循教学技能发展的规律，跟随时代的变迁不断探索与创新。

教学技能的娴熟对教师专业发展至关重要。从教学过程的角度来看，教学技能包括课前、课堂和课后的教学技能。教师必备的教学技能一般包括以下几种：导入技能、提问技能、教学语言技能、讲解技能、强化技能、变化技能、板书技能、演示技能、备课技能、结束技能、课堂组织教学技能。这些都称之为传统的教学技能。但随着教育信息技术的不断涌现及对不同类型人才的需要，传统的教学技能已不能充分发挥这些技术在教学活动中的作用。

2013 年，党的十八届三中全会通过的《中共中央关于全面深化改革若干重大问题的决定》提出："深化教育领域综合改革。全面贯彻党的教育方针，坚持立德树人，加强社会主义核心价值体系教育，完善中华优秀传统文化教育，形成爱学习、爱劳动、爱祖国活动的有效形式和长效机制，增强学生社会责任感、创新精神、实践能力。"

《国务院关于深化考试招生制度改革的实施意见》指出："规范高中学生综合素质评价。综合素质评价主要反映学生德智体美全面发展情况，是学生毕业和升学的重要参考。建立规范的学生综合素质档案，客观记录学生成长过程中的突出表现，注重社会责任感、创新精神和实践能力，主要包括学生思想品德、学业水平、身心健康、兴趣特长、社会实践等内容。严格程序，强化监督，确保公开透明，保证内容真实准确。"

高考的选拔，将不断走向更多元化、更全面的学生综合能力的评价。除了学业水平之外，学生的思想品德、身心健康、兴趣特长等方面也将被更多地关注。如何更加客观地记录、评估学生在这些维度的表现、成就已成为各大高校研究的热点。上述政策的出台，使创新人才的培养和教师的教学技能都受到了全新的挑战。

为了顺应信息化教学与教育改革，我们认为教师在传统教学技能的基础上，还应该具备新的教学技能，包括如下几个方面。

（一）课前导入技能

移动自主学堂提供的课前检测功能为教师的课前导入提供了技术支持与参考。基于学生课前掌握状态与课堂知识类型等的导学技巧，能引导教师不断调整课堂，帮助学生主动学习及发现、应用和探究。借助技术的导入，如图片、视频等，能有效调动学生的学习兴趣。改变传统以知识传递为主的教学过程，是在整个过程中以引导探究为主，让学生主动学习和发现。

（二）教学情境创设技能

教学情境创设技能是指教师根据教学需要，利用组织活动或多媒体的手段创设有利于激发学生兴趣的各种情境，让学生沉浸在生动的、启迪性的教学环境中，建立知识的新旧联系，达到一定的教学效果。其主要方式有联系生活实际、运用直观媒体、创设活动情境等。移动自主学堂不仅能实现现场配音、配乐等功能，还可以对教学情境进行实录与重播等。所以，技术能帮助实现教师的各种创意情境。

（三）现代化信息技术技能

各种教学媒体的出现，需要教师具备一种技术思维，面对不同的技术，敢于去尝试。传统的教材主要是描述性的文字和简单的图表，随着教育技术的介入，我们能够用录音、录像、动画等有声有色的素材辅导教学。对于这些多媒体素材如何能有效地使用到课堂中呢？多媒体技术与多种信息形态的融合呈现，优化了教学过程，丰富了教学效果。

（四）教学资源的开发与利用技能

泛在网络技术在教育上的应用，给教学技能带来了很大的变化。网络的交互性、开放性和较大的信息容量都对教学资源的重构提出了很高的要求。资源的开发与利用要求教师必须熟知本学科的课程纲要及教学内容。在此基础上，教师要根据学生的认知特征开发有益于学生发展的课程资源，为学生的学习与实践服务，加强课程内容与学生实际生活的联系，关注学生的兴趣与经验，促进自身的专业成长。移动自主学堂中的大量教学资源，需要教师利用教学资源的开发与利用技能来实现课程资源的建设，让资源得到细分与整合，开发出具有校本特色的教学资源，进行个性化教学。

（五）教学科研技能

苏霍姆林斯基认为，如果你想让教师的劳动能够给教师带来乐趣，使天天上课不至于变成一种单调乏味的义务，那你就应当引导每位教师走上从事研究这条幸福的道路上来。现代社会要求教师必须具备教学研究技能，这样才不会被时代淘汰，才会实现个人价值。要培养出具有创新精神的学生，教师需要锐意创新，从而使教育创新，而教育研究的根本目的就是创新。技术的盛行使得教学中的问题层出不穷，而从事教育研究的目的主要是解决实践中的问题。移动自主学堂是一个充满技术与挑战的课堂，课堂中新技能的出现，本身就是一个教学科研的过程，需要教师不断地去研究来胜任这种模式的教学。如何从传统型教师转变为有知识、会研究、善创新的研究型教师，是值得教育学者们深思的问题。新课程改革为教师的研究提供了一个良好的平台，努力做一位研究型的教师是时代的需求。

（六）教学评价与反馈技能

传统的、单一的教学评价已不能关注到学生的全面发展。正确的课堂评价行为对学生有着导向、激励、交流的作用；多元化的教学评价与反馈技能是教师教学技能中重要的一部分。高考更需要注重学生综合能力的评价，除了学业水平之外，学生的思想品德、身心健康、兴趣特长等多方面都需要得到认可，这就需要教师拥有良好的教学评价与反馈技能，积极地评价学生各方面的能力素质，帮助学生认清自己，发展学生多方面的潜能。移动自主学堂的展示反馈与练习评价环节也给教师提供了多元化评价的条件，但教师必须具有多元化的教学评价与反馈技能，才能在教学过程中激发学生的兴趣，开发学生的潜能，使其得到全面发展。

三、 教师角色转变

信息技术的日新月异，泛在网络技术在教育中的渗透，增加了教育者与学习者之间的联系与交流，改变着教育者教学的观念与方式，同时对教师的角色也产生了深刻的影响和强烈的冲击。

移动自主学堂的四课型教学设计的理念与过程充分展现了现代教学模式和教师教学观念及角色的变化。四课型的各环节设计均体现了以学生为中心的教学理念，展现了教师的引导、创设、自我反思和自我突破的能力。表 3-2 是郑州二中教师教学设计的部分环节，充分展现了四课型教学设计的运用。

表 3-2 《游褒禅山记》的教学设计

学科	语文	教材名称	必修 2	授课时间	12 月 22 日
课题	游褒禅山记		年级	高一年级	课时	1 课时
环节	教师活动(教学内容的呈现)		学生活动(学习活动的设计)		设计意图
课前预习	1. 预习任务 (1)阅读资源中重点字词提示,疏通文义,掌握重点字词的用法和常见的文言现象 (2)借助学习指导书,厘清文脉,绘制本文的结构导图和作者的游踪图 (3)完成睿迅课堂中的预习检测,自查文言知识掌握情况 (4)阅读资源中的预习课件完成思考问题 2. 接收反馈信息 通过睿迅课堂预测,把握学情,针对学生自主预习中的字词疑难点重新设计题型,在课堂上进行练习评价		完成睿迅课堂中的预习检测题,将结果反馈给教师		了解学生对文中字词和文意的理解情况,以便有针对性地设计课堂评价,初步达成学习目标 1
导入新课	1. 在初中学过哪些用文言文写作的游记 2. 这些游记的常见写法中应该以什么为重点内容 3. 我们今天学习王安石的《游褒禅山记》(板书);这篇游记与我们过去学过的那些游记不同,它的重心不在表现山水之美,可谓是"醉翁之意不在酒",而是借记游之事阐述治学之道和人生哲理;宋代理学盛行,王安石是北宋人,这篇文章也打上了鲜明的时代烙印;今天就让我们一起走进这篇经典之作——《游褒禅山记》,感受哲理游记的别样魅力吧		1. 有《小石潭记》《始得西山宴游记》《满井游记》《醉翁亭记》等 2. 抓住景物的特点,浓墨重彩、精描细绘,表现山水之美		回顾教材,了解游记的常规写法,做好铺垫,同时通过提问和集体回答,调动学生的积极性,为课堂讨论热身

续表

展示反馈	基础先学，任务回顾 1. 依据学习指导书，厘清课文结构思路，绘制作者旅游线路图 2. 整理游洞经过，体会文章详略得当的特点，谈一谈作者这样安排详略的用意 3. 组内交流预习成果，用关键词概括本文的结构思路；口述作者的游踪；分析游洞经过的详略安排的用意 点拨：写前洞意在为游后洞做铺垫；重点写后洞，意在揭示一般游人就易避难的心理，为下文的议论做铺垫（为借景说理提供依据）	利用平板电脑展示预习成果 1. 结构思路：名—记游—感慨—补叙 2. 旅游线路：山—院—洞—碑 3. 前洞—夷以近（平旷）游者众（略）；后洞—险以远（窈、深、寒）—至者少（详）；叙写经过（略），抒发"悔"意（详）	充分发挥小组合作研讨问题的作用，在交流分享中提高学生自主分析和解决问题的能力，达成学习目标2
点拨思辨	精心选材，为观点服务 1. 研读文章三、四段的说理部分，具体说说作者在游褒禅山的过程中都产生了哪些感受？请任选其中一点感受，结合文本，联系实际谈谈看法 2. 古人在游记中写感受常用一句话来概括全文的主旨，请找出本文中能概括全文主旨的一两句话 点拨：作者记游褒禅山不为记游，而为发表议论：治学处事，首先要有百折不挠的意志，也要有深思而慎取的态度	1. 感受 (1)非常之观常在险远 (2)尽吾志也而不能至者，可以无悔矣 (3)志、力、物三者不可或缺 (4)学者不可以不深思而慎取之 2. 主旨 尽吾志而不能至者，可以无悔矣；此所以学者不可以不深思而慎取之也	通过小组讨论，鼓励学生发表不同的见解和看法，体现课程标准个性化阅读的理念，同时通过点拨，提升学生的思想认识，达成学习目标3

续表

练习评价	完成睿迅课堂中的测试题	基础知识测试反馈，错题再做，学生质疑、反思、总结	解决课前预习中的疑难问题，统一认识；对学生解题中的困惑点和疏忽点进行反复强调，强化实现学习目标1
总结与拓展	结语：无论治学还是处事，要想收获成功，必须具有坚定不移的志向，百折不挠的毅力，不避险远，不畏劳苦，锲而不舍；要想探求真理，必须具备锐意求新的精神，挑战权威的勇气，不畏人言，不法祖宗，开拓进取；王安石的坎坷经历和一生追求令人喟叹；作为后来者的我们更应以之为镜，为实现自己的理想抱负奋斗不息	拓展阅读《石钟山记》《夏人褒禅山》《立志乃成功秘诀——读〈游褒禅山记〉有感》	帮助学生拓宽眼界，树立正确的人生观，强化学习目标3

自我反思：小组自主研讨和分享交流的效果良好，培养了学生的合作意识，还需要提高学生独立解决问题的能力

通过观察与分析《游褒禅山记》的教学设计可以发现，在新课程标准指导下移动自主学堂的教学过程中，学生的主体地位很明显，教师的角色也发生了重要转变，具体体现在以下三个方面。

（一）以教师为中心转向以学生为中心

教师不再是教学活动的控制者与支配者，而是学习活动的组织者、引导者、参与者。以学定教，教师由教学的支配者向学习的设计者、监督者、促进者、引导者和激发者转变。

（二）以灌输为中心转向以诱导为中心

学生不再消极被动地接受知识，而是通过自主活动、自由探究主动建构有意义的学习；学生真正成为学习的主人，成为知识意义的建构者。教师在传授知识的同时，利用"以活动促发展"的教学理念设计教学活动，引导学生利用现有知识经验同化或重建内在知识结构，注重激发学生的学习动机，实现学生间的合作交流。

（三）以静态掌握为中心转向以动态研究为中心

教师由静态知识的掌握者向动态知识的研究者转变。教师需要不断地反思、研究与改进自己的教学行为，自我突破、自我发展，在教学策略上提高自己教学行为的有效性和合理性。教师作为一个研究型学者，在动态的教学研究中不仅培养了自己终身学习与不断自觉反思的习惯，又密切了教师之间的合作关系，为自己的专业成长提供了持久的动力。

四、 教师教学行为的分析

为深入了解移动自主学堂下创新班的教师行为变化情况，我们进行了实地访谈与调查。访谈与调查阶段共为期半年多，分为四个阶段。

第一阶段：评估资料收集阶段(2015 年 6 月—2015 年 7 月)。

具体任务：收集与学校发展相关的文本资料，包括学校发展前一轮的规划、新一轮发展的规划、前一轮发展的自评报告与督导报告、课程设计方案、教师队伍建设相关信息等方面的内容。

第二阶段：问卷调研阶段(2015 年 8 月—2015 年 10 月)。

具体任务：通过睿迅课堂教学平台的问卷平台投放在线问卷，通过教师问卷了解教师在教学过程中的教学观念、教学技能、教学角色等变化。

第三阶段：现场调研阶段(2015 年 11 月)。

具体任务：对学校发展中与课程建设、教师发展、学生发展各个部分紧密相关的内容进行现场调研，现场调研部分包括课堂深度观察、教师半结构式访谈等内容；通过抽样的方式了解教研组日常开展教学活动

的情况。

第四阶段：数据分析撰写阶段(2015 年 12 月—2016 年 2 月)。

具体任务：通过收集线上问卷、教师访谈情况、现场看课情况等数据综合地进行数据分析，通过客观与主观两种类型的数据对教师的行为变化进行全面的诊断评价，为教师的专业发展提供数据支持和参考。

（一）访谈

2015 年 11 月，我们对创新班 47 位一线教师进行了访谈，访谈主要是了解一线教师对学校信息化建设与移动自主学堂的使用情况。从访谈结果来看，教师们非常肯定学校的信息化建设工作，对移动自主学堂的使用也是非常满意的。教师们主要从教学理念创新、教学手段创新、教材处理创新三个方面谈了自己的感受，以下内容摘自部分教师语录。

1. 教学理念创新

高二生物学教师胡老师：郑州二中具有先进的教育教学理念，学生能够自主发展，快乐成长。只有在创新教育理念的指导下，授之以渔，才能变教为学，变被动为主动，变"师道尊严"为师生平等的师生观，变应试教育观为素质教育观。

高二语文教师杨老师：在我的语文课堂上，学生的思维得到了解放，学校的讲堂变成了真正的学堂。平板电脑中大量的书籍、报刊、优秀视频等大量资源使课堂从注重教师的教转向学生的学。

高二英语教师毛老师：教师不再高谈阔论，而是尊重学生，以发展学生的兴趣和自主学习能力为切入点。

高一英语教师陈老师：如果没有创新班和平板电脑，我还像以前一样，在高考制度的重压下，日复一日、年复一年重复着让师生都感到沉闷和窒息的教学。而今，我终于在信息技术革命中成为受益者。我们的创新班很好地诠释了素质教育的主旨，我们的移动课堂实现了让学生在学的同时提高素质，关注学生未来的发展，真正让学生受益终身。

2. 教学手段创新

高二生物学教师胡老师：思维导图帮助教师和学生对知识进行系统

归纳总结；睿迅课堂教学平台可以很好地记录学生的学习轨迹；通过反复操练错题本以达到真正纠错的目的；利用发达的网络技术，学生可以随时随地学习，及时上网查找资料、搜集信息，真正做到了高效快捷。利用传统方法培养出来的学生是"标准件"或者优秀的"克隆者"，但是这种创新教学手段培养出来的是不同的优秀人才。根据不同的教学内容，采取不同的教学手段；根据不同学生，因材施教，布置不同的作业，实施个性化教学，让不同的学生在不同的起点上都能得到最大限度的提升。例如，教师可以引导学生进行讨论式学习、探究式学习、自学式学习、合作式学习，甚至可以通过辩论会的方式达到学习的目的。

高二英语教师毛老师：利用睿迅课堂教学平台提高学生的做题速度，强化了学生对错题的纠错；利用做题系统训练学生的思维过程并跟踪记录；利用资源发布给学生推送大量的学习资源；利用思维导图帮助学生整理知识和培养学生思维的条理性；利用平板电脑的网络优势，给学生提供大量的学习资源。当然，在学生使用这些资源时，教师要首先掌握这些技术，具备先进的教学手段，从而接触到更多的新知识和新思维。教师们反映，在使用前对移动学习终端用于教学充满了好奇和疑惑，但是在使用后，他们慢慢地喜欢上了这种教学方式，甚至离不开平板电脑。移动学习这一创举，极大地提高了教学质量，改变了教师的教学理念。同时，教师不再是主讲者，他们把课题还给了学生，学生真正成为学习的主人。

高一英语教师张老师：在教学方式上，已打破了传统的教学格局，移动自主学堂的教学能充分调动学生学习的积极性。教师利用无线网络把资源推送给学生，学生可以利用网络查找资料进行先学，将"要我学"变成"我要学"，大大提高了学生学习的积极性。学校研发的睿迅课堂教学平台自带的学习测评系统能把学生在校期间的所有考试保存下来，教师能利用这些后台数据进行统计分析，制定个性化教学策略。同时，后台也会自动对每位学生的试卷进行分析，把考试中出现的错题集中起来，把薄弱的地方直接反馈给学生，提高学生的学习效率，减轻了教师改作业的负担。

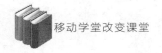

3. 教材处理创新

高二生物学教师胡老师：处理教材时，能根据知识点之间的关系对教材内容进行调整和重组，使之能更符合学生的认知规律和发展需要，这样有利于学生通过知识点间的内在联系进行系统的构建和掌握。

高一物理教师张老师：在掌握平板电脑的基本使用方法后，就要思考另一个问题，如何使用平板电脑上好每一节复习课、新授课、实验课和习题课。如何在同一节授课中，应用更合理的、更有效的教学设计，对教材进行重新组合，利用软件让学生理解得更全面、更透彻。

（二）问卷调查

调查问卷主要采用睿迅课堂教学平台的问卷功能，利用问卷在线填写、现场课堂观察、教师半结构式访谈三种方式共同展开。2015 年 10 月 12 日—11 月 20 日，问卷对象主要是创新班一线教师，回收教师问卷 47 份，有效率为 100％。问卷对象中男教师有 19 位，占 40.4％；女教师有 28 位，占 59.6％。教师的年龄结构如图 3-3 所示。教师性别分布、年龄分布都比较均衡，故调查结果具有一定的代表性。

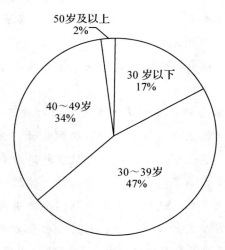

图 3-3　教师的年龄结构

从问卷调查结果来看，在教学观念的六个指标题目中，96.3％的教师选择"非常同意"，他们认为当前的教育是以人为本的、个性化的、创新性的、全面发展的素质教育。在教学技能上的六个指标题目中，82.1％的教师选择"非常同意"，14.7％的教师选择"同意"，他们能利用先进技术调动学生学习的积极性，增加课堂上的活跃度，促进学生思考探究。可见，在移动自主学堂中，教师善于利用技术激发学生的学习兴趣。在角色转换上，97.2％的教师能在课前、课中、课后以不同方式引导学生学习，充分体现了教师引导、学生为主的角色地位。

不管在访谈还是在问卷调查，或是在第三阶段的现场调研过程中，我们都能看出，教学过程中教师以人为本的教学观念，善于引导、启发、创设的教学技能，教师引导的角色，能使学生在多样的实践活动中积极地学习。教师利用先进技术创设各种情景，让课堂有声有色，充满活力，提高了学生的课堂参与度。

第四节　学生学习行为

学习行为是学习者在教学环境的作用下，通过学习表现出来的动作和反应等，是学习者的情感、思想、态度、情绪、能力、动机等内在心理过程的外在表现。随着网络技术的应用，教学活动变得越来越协作化、个性化、多样化，呈现出与传统教学所不同的特性。学习者的学习行为也体现出多层次、多结构化等特征。在移动自主学堂的实践中，教师若能清楚地了解学生的学习行为变化，可以更有效地了解移动自主学堂的应用情况，并随时进行技术改进，同时也能为教学设计提供参考，使其更符合学生的认知结构。我们从学习能动性与学习方式两个方面来研究学生的学习行为变化，进而了解移动自主学堂的实践情况。

一、　学生的学习能动性

能动性是指有机体对内部或外界的刺激做出的有选择的、积极的反

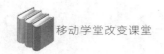

应或回答。人的能动性与无机体、高等动物、有机生命体的能动性有差别，我们称之为主观能动性。其特点是通过思维与实践的结合，自觉、主动、有计划、有目的地反作用于外部世界。学习能动性是人类特有的一种潜能，实际上，它是通过改变自己一般的倾向性而重新塑造自己的一种能力，在自我决定方面有更多的自由，对行动者的选择有激励作用。[①] 学习能动性是学生对学习的一种热心的、进取的、积极的主观态度，是学生在自己主观意识的支配下，自觉、有目的、自愿地学习。学生的学习能动性是影响学业成绩最关键的因素。在素质教育的背景下，如何提高学生的学习能动性，是目标教育阶段的主要任务。移动自主学堂的实践，在改变教师教学观念、提升教师教学技能与转变教师角色的同时，对学生的学习能动性产生了哪些影响呢？

首先，移动自主学堂提高了学生学习的兴趣。移动学习终端上浩瀚的知识海洋，让学生充满了好奇，在学习上的应用也越来越感兴趣。桌面上，有"世界文学名著""古诗词鉴赏""优秀美文"等供学生赏读；有"睿迅课堂教学平台"供学生自测；有"DocAS""Keynote""Page"程序等供学生处理学习资源；有"未解之谜""掌上地球"等供学生开阔眼界，探索科学；还有各种阅读软件帮助学生知晓天下动态等。这些已填充了他们的学习与生活，让他们知道去学习，懂得了如何去学习。

其次，移动自主学堂开启了学生的智慧之门，促进了他们个性化的学习。在教师的引导下，他们在社团课活动中绽放个性；他们在创新大赛中建立合作意识，表现出丰富的想象力；他们在平板电脑的各种软件使用中表现出专注、兴趣和创新；他们用 Keynote 做的课件把他们的想法形象、唯美、淋漓尽致地展现在大家的面前；他们把用 Number 做的各种自主管理图表娴熟地应用于自己的班级自主管理和学生会等校务管理工作中；他们把用 Eucreations Interactive Whiteboard 自制的各种教学短片上传后进行共享；他们用 Mindo 或 MindCreator 做的思维导图把知识有效分类、整理；他们用 Graph 做各种函数的图像帮助自己理解；还

---

① ［美］伊斯雷尔·谢弗勒：《人类的潜能》，石中英、涂元玲译，2页，上海，华东师范大学出版社，2006。

有对语音录入、万能扫描王、搜索引擎等的有效利用。遇到问题时，他们会借助平板电脑询问教师。可见学习的热情提高了学习的效率与质量。

最后，自主合作学习成为他们交流的方式。每次写作文前，教师首先推送学习资源，学生掌握作文理论。学生利用思维导图进行作文构思，然后进行写作，写作的方式有两种：一种是文字输入，另一种是在作文纸上写作，然后拍照。接着进行作文写作交流，师生之间可以互相批改，师生选出典型作文与范例作文进行展示。优秀作文可以在师生论坛上得到评论。在语文课上，学生利用课件向大家介绍自己喜爱的歌词、书籍；在数学课上，学生争先恐后地介绍自己的问题解决方法；在历史课上，学生分组向大家讲课。学生从被动听课到主动认知，从知识局限到知识拓宽，从零散知识到知识体系，最终形成自己的思维脉络。学生自己动手制作 PPT 课件，自主完成 DocAS 预习。同时，课后睿迅课堂教学平台及时进行成绩评估反馈，使学生成为课堂真正的主人。

移动自主学堂给学生提供丰富多彩的资源，利用各种软件平台实现了学生创意的想法，利用学习服务支持系统拓宽了学生的交流空间。各种个性化、多样化的服务激发了学生学习的兴趣，提高了他们的主观能动性，使他们能够有目的地规划自己的学习流程，从"要我学"变成"我要学"。

二、 学生的学习方式

面对各种教学改革，从扩大教育规模到变革教育体制，甚至是教育评价改革、课程改革等，都是为了应对社会快速发展和急剧变革所带来的对人才培养和公民素质的新要求。在知识社会的今天，各种着眼于质变的教育变革均以学习方式的反思与创新作为战略性基点，把是否有利于学习方式的变革作为衡量教育改革的标准。

（一）学习方式转变的主要内容

在一对一数字化学习环境下，在移动自主学堂的学习过程中，学生学习方式转变的主要内容如下。

1. 传统学习方式与数字化学习方式的比较

在数字化学习环境中，人们的学习方式发生了重要的变化。数字化学习方式与传统学习方式不同[①]，学生的学习不是依赖于教师的讲授对课本进行学习，而是利用数字化平台和数字化资源开展协商讨论、合作学习，并通过对资源的收集利用、探究知识、发现知识、创造知识、展示知识的方式进行学习，如图3-4所示。

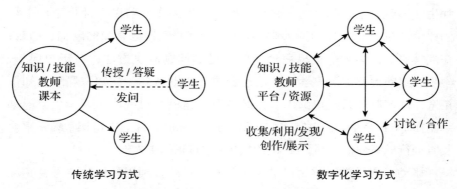

传统学习方式　　　　　　　　　数字化学习方式

图3-4　传统学习方式与数字化学习方式的比较

2. 学生具有终身学习的态度和能力

在信息时代，个体的学习将是终身的。终身学习是指学习者根据社会和工作的需求，确定继续学习的目标，并有意识地自我计划、自主努力、自我管理、通过多种途径实现学习目标的过程。[②] 要实现终身教育和终身学习，教学方式必须进行深刻的变革。数字化学习为人们从接受一次性教育向终身学习转变提供了机遇和条件，但学习者只有具备终身学习的态度和能力才能享有这种机遇，使终身学习成为可能。

3. 学生具有良好的信息素养

数字化学习是信息时代的重要学习方式，要求学生具备良好的信息素养，信息素养也是终身学习者具有的主要特征。只有具有良好信息素

---

① 何克抗：《e-Learning 的本质——信息技术与学科课程的整合》，载《电化教育研究》，2002(1)。

② 陈鹏：《现代远程教育培养个体终身学习能力的策略探究》，载《河北大学成人教育学院学报》，2008(4)。

养的学习者才会把终身学习看成自己的责任。他们寻找信息、获取信息是为了解决问题和制定决策，为了在所关心的领域开发出新的知识。

信息素养是指能清楚地意识到何时需要信息，并能确定、评价、有效利用信息以及利用各种形式交流信息的能力。为此，信息素养包括三个基本的要点：信息技术的应用技能；对信息内容的批判与理解能力；运用信息，具有融入信息社会的态度和能力。

4. 充分发挥信息技术作为认知工具的作用

数字化学习的关键是如何有效应用数字化技术的优势达到课程学习的目标。因此，在信息技术与课程整合中，要构建信息技术促进学生获取信息、探索问题、协作讨论和解决问题的认知工具：作为课程学习内容和学习资源的获取工具；作为情境探究和发现的学习工具；作为协商学习和交流讨论的通信工具；作为知识构建和创作实践的工具；作为自我评测和学习反馈的工具。

在信息技术与课程整合过程中，真正把信息技术作为学生的认知工具交给学生，才能使学生在数字化学习环境中，学会借助数字化学习资源提供的虚拟情境进行探究发现学习，学会借助信息通信工具进行协商讨论学习，学会使用信息加工工具进行问题解决学习。

（二）学习方式转变的培养方法和途径

在移动自主学堂环境下，创新班的教学实践以数字化学习方式为主。学习方式的培养方法和途径主要有以下四种。

1. 自主学习

要采用自主学习方式，就必须注意培养学生自身的能力，所以培养自主学习能力要以学生自身为主体。自主学习能力不是教师"教"出来的，而是学生自己发展的。我们主要从以下几个方面来培养学生的自主学习能力。

第一，指导学生充分了解自身的客观条件并进行综合评估。比如，通过成绩测试了解自己目前的水平；通过心理和智力测试了解自己的智力水平、学习风格、个性特征、情感特征等。

第二，指导学生明确自身的需要，尤其是学习的最终目的，这是学

习者制订具体学习目标的依据。研究表明，有目的的学习效果比没有目的的学习效果要好得多。

第三，指导学生善于拓宽信息渠道、掌握获取信息的技能，以便在选择学习内容、学习材料等方面具有更高的自由度。

第四，指导学生与教师或同学共同探讨学习方法、交流学习体会、交流学习材料，并在必要的情况下相互帮助。

第五，指导学生善于与他人交流情感、偏爱，并在必要的情况下寻求适当的帮助。

2. 合作学习

合作学习的意义在于培养学生的合作精神、交往能力、创新精神、竞争意识、平等意识，激励学生自主学习。

合作学习的方式有两种：一是面对面的合作，包括同桌合作、小组合作、自主协商合作等；二是利用网络和平台，使用短消息功能，自主选择教师、同学进行合作学习。

合作学习的要点包括如下几个方面：明确学习目标；认可既定目标；恰当选择内容；提前进行指导；控制小组差异；同等成功机会；积极相互帮助；完成个人职责；表扬学习成果；总结学习结果。

3. 探究学习

探究学习的意义在于发展学生的主体性，使学生自主地学习个性发展所需要的知识，把人类群体的智力资源有效转化为个体智力资源；培养学生的可持续发展能力，使学生学会学习；培养学生健康的社会情感和创造精神。而这些品质都是终身学习社会所必需的。

探究学习的方式体现在对于在学习中出现的疑难问题，充分利用数字化学习的便利条件，借助网络资源和学校资源，进行基于问题探究的自主学习。

探究学习的要点包括如下几个方面：一是提出问题，学生投入对科学型问题的探索；二是收集数据，学生重视实证在解释与评价科学型问题中的作用；三是形成解释，学生根据实证形成对科学问题的解释；四是评价结果，学生根据其他解释对自己的解释进行评价；五是检验结果，学生交流和验证他们提出的解释。

4. 个性化学习

个性化学习是指针对学生个性特点采取恰当的方法、内容、起点、评价方式，以更好地培养学生的独立性、反思性、主动性与创造性。个性化学习的方法包括如下几个方面。

第一，构建教师个性化教学模式。为了让学生进行个性化学习，结合本学科的教学特点，构建基于个性化信息技术平台的教师备课系统和学生作业评价系统。

第二，提高学生个性化学习能力。开发个性化学习平台，运用音像、影视、多媒体技术和网络技术，创设良好的学习环境，增强学生获取信息的能力和自行获取新知的能力。

第三，优化学校学习信息化环境。畅通校园网，建立大容量的学校网站，并逐步开发建立各学科组的网站，为个性化学习提供信息通道；开发制作网上学习软件，建设开放式学习数据库。

第四，开展在线协作学习。在线协作是一对一数字化学习的重要特征之一，要达到有效的个性化学习更离不开协作。在一对一学习环境中，教师和学生借助平板电脑的移动学习终端及相关软件，利用网络实现虚拟环境中的协作学习。例如，在语文作文课上，学生可以将自己的作品上传到平台上，同时也能看到其他同学的作品，并且可以编辑修改；自己的作品也可能被其他同学点评，根据他人的点评建议在此平台上再做修改，并逐步完善。在不断地互动交流过程中，学生的写作能力得到很大提高。

第五，学习任务多元化，体现差异性。在人的发展过程中，由于生活环境的不同，每个人的发展速度、水平及优势存在着差异，所以一对一学习环境中的个性化学习要针对个别差异性进行设计。教师提供层次性的学习资源，让学生根据个人水平和兴趣有选择地学习，实现了因材施教，让学生在自己"最近发展区"获得自身最大的发展，促进了学生的个性化发展。

第六，完善评价体系，强化差异性评价。个性化学习要建立在学生

个性发展的基础上。学生根据自己的能力进行选择性学习，这就要求学习内容具有层次性。而评价也需要因人而异，因学习内容而异，并且需要贯穿在整个学习过程中。一对一数字化学习的侧重点应是突出个性评价，以形成重过程性、综合性、差异性、特色性和真实性的个性化学习的评价体系。

三、 学生学习行为的分析

学生学习能动性的变化和学习方式的转变，都能从学生的学习行为上得到体现。我们主要从访谈与观察的角度出发来分析学生学习行为的变化。

（一）访谈语录

高中某班白某某：平板电脑给我们提供了海量的学习资源，我们的视野得到了开阔。对于以前必须在教师指导下完成的学习过程，我们现在完全能够自主完成，我们自主学习的能力得到了提高。另外，平板电脑中很多强大的软件也满足了我们不同的学习需要：iWork 可以让我们拥有良好的学习编辑软件；iBook 可以帮助我们阅读和购买电子书籍；APP Store 可以让我们选择喜爱的各种各样的学习程序进行下载；Mind-creator、Mindo 软件的使用可以帮助我们归纳、分析、整理笔记。这些都让我们感到学习是一件很有意思的事情。

高一创一班李某：在平时的学习中，移动学习终端是我们最好的助手，我们用它了解了许多课外知识，极大地开阔了我们的视野。我们在睿迅课堂教学平台上做题时，可以自动收集错题，这不仅提高了学习效率，还节省了很多时间。拍照、录音功能使上课记笔记更加方便，极大地提高了我们的学习动力。

高一创二班王某某：平板电脑成了我的得力助手。有了它，同样的上课学习时间，我能完成以前两倍的学习任务。在创新班，老师向我们传递最多的就是创新思想，要敢于尝试、敢于思考、不局限于教材，自己动手掌握更多自己感兴趣的知识，做自己感兴趣的事。

高一创二班孙某某：学校给了我们更多自由支配的时间，在学习上我也有了很大的进步。学习上有了困难，大家都会热情地帮助与鼓励我。而且我也可以自己去探索真理，发现真理，感悟真理，提升了创新和自我发展的能力。

高一创二班王某某：老师上课会适当拓展一些知识点，但不深讲，我就可以自己上网找资料去了解。班里的学习氛围很浓烈，课堂上同学们总有很多问题，敢于质疑，敢于挑战权威。与初中最不相同的是问问题，一下课同学们争先恐后地问老师问题：没听懂的，或自己做课外题遇到的，抑或是自己对某个知识点的质疑。同学们思维活跃，课堂不再是老师的独角戏，而是老师和同学们共同参与。

高一创二班高某：这里让我感到最快乐的是班中的那种氛围。同学们互帮互助，乐于进取。利用平板电脑了解新闻，与时俱进，同时浏览大量信息，发展了筛选信息的能力，养成了每天浏览新闻、纵观大局的习惯。

高二创二班胡某某：在创新班，我学到了很多。在班级管理上，我懂得了承担责任；在学习上，我学会了利用零碎时间，利用工具获得知识、拓宽视野，并且利用平板电脑查找资源，及时纠正自己的错题。让我感悟最深的是，我学会了独立思考，能够自己总结知识，做思维导图，梳理知识点，通过这些来培养自己的创新思维。

（二）校园观察

无论在课间，还是在中午、傍晚的休息时间，我们都能发现校园的一些角落里坐着一些学生，有的在独自欣赏平板电脑里的文学世界；有的在进行激烈的讨论；有的在查找课堂遗留下来的各种问题。可见他们都沉浸在自己的知识世界里。

无论在与学生的交谈中，还是日常的行为观察中，我们都能感受到学生对知识的渴望。平板电脑中丰富的知识世界激活了学生的兴趣，有了兴趣，有了方向，所以任何时候，学生都有事做，他们的自主能动性明显增强。校园文化与环境为他们的自主学习与合作学习提供了便利的平台。

第五节　教学模式创建

　　信息技术已经渗透到社会的各个领域，改变着人们的生活、学习和教育方式。信息化、数字化已成为时代的象征，对于教育领域来说，更产生了深远的影响，给教学运行机制与教育理论引进了新的观念与思想。信息化教学作为教学的一种手段，不仅改变了传统的教学观念与方式，更赋予了教学方法、教学过程、教学模式新的内容。移动自主学堂在信息化时代应运而生，它是如何促进教学的呢？我们在探究教学模式变革及趋势的基础上了解信息化教学模式的特点，并结合移动自主学堂的特征与郑州二中的实际情况，制定出了四课型渐进式教学模式。该模式为创新班教师的教学实践提供了指导，并根据教师自身的教学需求，探讨了教师的个性化教学模式。

一、　教学模式变革

　　所谓教学模式，就是在一定的教学理论、学习理论和教育思想的指导下，在一定的环境中开展教学活动的稳定结构程序和结构框架。它突出了教学各个要素之间的关系和功能，具有有序性和可操作性。教学理论与教学思想是教学模式存在的基础，指导着教学的过程与方式，决定着教学活动的目的，控制着教学要素之间的有机联系，指引着教学过程的设计思路。教学模式能在一定层次或程度上解决教学过程中的问题，揭示教学规律，优化教学过程，达成教学目标，实现教学理论与实践的结合。教学模式反映着教学实践过程中教学各要素的动态和整体综合性质，一般具有多样性、可操作性、开放性、稳定性、针对性、策略性、个性化等特征。

　　时代不同，教学模式也在不断演变。古代最典型的教学模式就是传授式，其结构是"进、听、读、记、练"，灌输学生知识，让学生机械地去记忆，重复机械地学习，学生对答与教材完全一致。19 世纪以后，从赫尔巴特的四段教学模式到杜威的五步教学模式，再到第二次世界大战之后，教学模式层出不穷。生产力水平、教学目标、社会需求和科技水平的不同会造就不同的教学模式，它们具有复杂性与多样性，如以教为主的传统教学模式、以学为主的近代教学模式、学教并重的新型教学模式。不管以教为主还是以学为主的教学模式，都是二元对立思维，将教与学隔离起来谈论。赫尔巴特的四段教学模式是以教为主的教学模式的代表，单纯注重知识的传授而忽略学生积极主动性的发挥及个性的发展。杜威的五步教学模式打破了只注重学生的积极主动性和学习探究能力而忽视知识的连贯与系统性的局面，影响了教学质量。20 世纪 50 年代以后，随着科技的发展，人们对教学理论的研究不断深入，学生观、教师观、知识观也随之不断变化，开始将以学为主和以教为主的教学模式结合起来，优势互补，互相促进，做到既能体现学生的主体作用，又能发挥教师的主导作用，既注重学，又注重教。教师不仅成为学习的传授者，而且成为引导者、促进者与合作者，这就是新型的学教并重的教学模式。它将知识的传授与学生创新能力的培养系统科学地结合起来，将课堂教学与学生自学结合起来，如活动教学模式、愉快教学模式、自学辅导教学模式、主体性教学模式、探究研讨教学模式、反思性教学模式等，这些都极大地丰富和促进了教学理念的发展和实践。正如我国教育专家何克抗教授提倡的寻找一种既能发挥教师的主导作用又能充分体现学生主体地位的以自主、探究、合作为特征的教与学方式的教学模式，代表了素质教育教学模式的开端。① 而现代教育信息技术的使用为新型的教学模式提供了可靠的技术支持，是创新教学模式的突破点和切入口，对教学模式的变革起着引导与决定性的作用。

在知识经济与信息时代，高新科技制约着教学模式的发展与迁移，时代在进步，模式就在不断变迁。2010 年 9 月，美国纽约时报发表了一篇关于课堂教学技术演变的文章，文中阐述了从简单到复杂、从单一到

---

① 李佩武、李子鹤：《论教学模式及其演变》，载《教育探索》，2010(8)。

多元、从机械到智能的课堂教学技术的变化过程，也越来越强调教学元素之间的互动性。纵观古今模式的演变可知，教学模式的演变方向为由单一向多元、由归纳型向演绎型、由重教向重学、日益科技化等。教学模式的发展趋势如表 3-3 所示。

表 3-3　教学模式的发展趋势

发展趋势	表现形式
由单一到多样	单一：讲授—接受模式、赫尔巴特的四段教学模式、杜威的五步教学模式 多样：基于知识组织和表征的教学模式、基于活动的发展性教学模式、基于问题解决的教学模式
由归纳到演绎，再到两者并重	归纳：以教育实践经验总结为主 演绎：布鲁纳的发现教学模式、罗杰斯的非指导性教学模式、布卢姆的掌握学习模式
由单维构建到多维构建	单维：教的模式、学的模式 多维：学教并重的模式
由刻板接受到灵活探究	刻板：赫尔巴特的四段教学模式、杜威的五步教学模式 灵活：布鲁纳的发现教学模式
由被动到主动	被动：教师占主导作用，强调教学的科学性与系统性 主动：学生的主体性与创造性占主导地位
由传统方法到现代技术手段	传统：黑板、粉笔、模型、挂图等教具 现代：电子白板、班班通、投影机、移动设备等

信息化教学已经成为当代教学的主要方式。信息技术为教学模式的创新提供了平台，而新型教学模式的发展已成为影响学校教学质量的重要因素之一。如何利用好信息技术，开发出新型教学模式是教育领域研究的一个重要命题。传统教学模式向以网络为中心的信息化教学模式的转变是现代教学的需要，所以要充分发挥信息技术在教学中的优越性，达到教育信息技术与教学模式的高度融合，构建信息化学习环境，使学生真正成为知识的主体建构者，进而促进有效教学。

二、 信息化教学模式

若要探究移动自主学堂的教学模式，了解信息化教学模式的类型及特征是很有必要的。为顺应社会发展的需要，适应信息高速公路和多媒体计算机对人们工作、交流、思维和生活方式的转变，信息化教学模式已成为教育界值得关注的焦点。

信息化教学模式既是对传统教学模式的继承，又是信息技术环境下对教学新模式的探究与重新建构的过程，同时也是将技术应用的条件与各类教学模式的结构成分进行整合的过程。信息技术的使用为教学模式的发展与重构提供了丰富的工具、资源以及合作与交流的平台。

在传统教学模式的基础上，信息化教学模式根据学生对知识信息的内部心理加工过程和现代数字化教学环境对知识信息的传递方式，充分利用先进的教育技术手段，调动尽可能多的信息资源、教学媒体，构建了一个自由、愉悦、良好的学习环境。在教师的组织、监督和引导下，信息化教学模式可以充分激发学生的兴趣，调动学生的积极性与主动性，开发学生的创造力，让学生能够在各种情境的引导下真正成为知识信息的主动意义建构者，从而达到良好的教学效果。信息化教学模式的特征在于从利用现代媒体技术构建理想的教学环境的角度，探讨如何充分发挥学生的积极性、主动性和创造性。以泛在网络为主的技术带来了传统教学所无法替代的超文本性、高互动性、网络特性、多媒体特性，改变了学生在课堂上的地位，使学生真正成为知识的主动建构者，积极地去探究。在这种模式下，学生占主导地位，是意义建构者；教师是课堂教学的引导者、促进者和组织者。表3-4是传统教学模式与信息化教学模式的比较。[1]

---

[1] 改编自洪文峰、李凤来：《信息化教学的理论与实践》，25 页，长春，东北师范大学出版社，2005。

表 3-4　传统教学模式与信息化教学模式的比较

内容	传统教学模式	信息化教学模式
教师角色	课堂的主宰者、知识的垄断者与传授者	教学创设者、引导者和帮助者
学生地位	知识的被动接受者	学习的主动意义建构者
教学方法	以教师讲授为主，包括个别辅导式、讨论式	启发学生协作、讨论，积极主动地探究
课程设置	科目单一化、分学科、固定学时	多元化、多学科、不同学科之间的整合
学习行为	重视知识点的掌握，以事实为中心	培养学生的整体素质，以问题为中心，促进高阶思维的形成
合作交流	学校与社会相分离	合作学习促进学习和问题解决，现代媒体技术将学校与社会联系起来
评价方式	基于学生掌握知识的多少，对分类技能和学科知识进行评价	基于学生在交流思想、呈现信息、解决问题、学会如何学习等多方面能力的提高，以行为为基础进行综合性的评价

　　信息化教学模式主要是以学生为中心的。学生能在教师组织与创设的情境、会话和协作等的学习环境中对当前学习内容进行意义建构，形成自己特有的知识体系，从而解决遇到的实际问题。科技不断发展，信息技术不断更替，信息化教学模式的主要表现形式也在不断演变。信息化教学模式的发展趋势如图 3-5 所示。

　　在四个坐标区域上，Ⅰ区主要集中了传统的计算机辅助教学(CAI)，强调以个别化教学为主的模式，以教为中心代替了传统的以教师为中心，因为技术的使用部分替代了教师的直接教学任务。到了 20 世纪 80 年代，由于建构主义学习理论在多媒体技术的发展和教育技术的应用，国际信息化教学模式的焦点由Ⅰ区转移到Ⅱ区，强调了以学为主的教学模式。到了 20 世纪 90 年代以后，在线课程等网上教育的盛行，出现了多种虚拟学习环境下的教学模式，转向以合作学习为中心(Ⅳ区)。由传统发展而

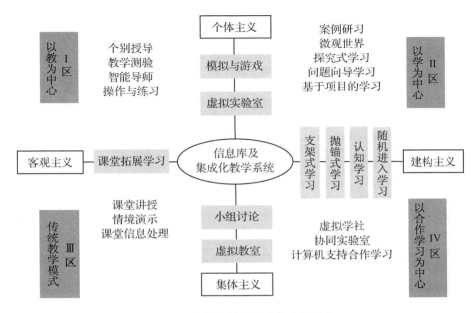

图 3-5　信息化教学模式的发展趋势

来的教学模式主要位于Ⅲ区，关键是增加了多媒体教学，然而虚拟教室的出现进一步拓展了其内涵。位于最中心位置的是信息库及集成化教学系统，综合了不同类型的信息化教学模式。表 3-5 从教育方式的类型出发对以上各种不同的信息化教学模式进行了分类，并概括了各类教学模式的特征。

表 3-5　信息化教学模式的分类与特征

类型	典型模式	特征
个别授导类	个别授导与练习、教学测试、智能导师	计算机作为教师，内容特定，高度结构化
合作学习类	计算机支持合作学习、协同实验室、虚拟学伴、虚拟学社	计算机与网络作为虚拟社会，集成一定程度的情境、信息、学习工具
情景模拟类	模拟与游戏、微型世界、虚拟实验室	计算机产生模拟的情境，可操纵、可建构

类　型	典型模式	特征
调查研究类	案例研习、探究性学习、基于资源的学习	计算机提供信息资源与检索工具，利用低度结构性资源
课堂授导类	电子讲稿、情景演示、课堂作业、小组讨论、课堂信息处理	计算机作为教具及助教，播送、收集与处理信息
远程授导类	虚拟教室，包括实时授递、异步学习、作业传送、小组讨论等	网络作为传播工具，集成一定程度的信息与学习工具
学习工具类	效能工具、认知工具、通信工具、解题计算工具	计算机作为学习辅助工具，具有多种用法
集成系统类	集成学习环境、电子绩效支持系统、集成教育系统	授递、情景、信息资源、工具的综合

　　不同类型的信息化教学模式体现着不同时期技术的演变及特征。技术支持下的信息化教学模式不断更新，充分利用教学资源，创设教学情境，并在媒体支持的交互性环境下让学生主动参与、积极探究；实施个性化与协作式教学，培养学生的创新精神，提高学生的社会适应性与自我发展的能力。但同时也提高了对教师的要求，教师需要提高教育技术水平，提高信息素养。

三、 四课型渐进式教学模式

　　无线网络为移动学习提供了保障，可以实现随时随地的学习，开展"Anyone""Anytime""Anywhere""Anystyle"的4A学习模式。大数据为客观评价学习效果及教学质量、科学实施因材施教等指出了方向。慕课与翻转课堂已成为信息化环境下教与学模式研究的热点。但如何构建基于无线网络和大数据、吸收慕课和翻转课堂的优点，又结合我国基础教育班级授课制实际的课堂教学支撑平台呢？为此，我们设计并构建了移动自主学堂的教学模式，即四课型渐进式教学模式。

　　以移动自主学堂为核心的四课型渐进式教学模式是信息化教学模式

的一种形式，是根据郑州二中的基础设施和使用技术的特点所构建的一种教学模式。[①] 其特点是在无线网络环境下，以郑州二中自主开发的学生学习支持服务系统为支撑，以电子白板为教学终端，以平板电脑为移动学习终端，在教师主导作用下充分发挥学生学习的积极性、主动性，从而实现以教为中心向以学为中心的转变。

四课型渐进式教学模式的每个环节的内容、时间由教师根据实际情况灵活确定。具体来说，教师提前为学生发送导学案和学习资源，学生先进行预习和自学，之后在课堂上进行展示反馈。在这个基础上，由学生或者教师进行点拨，经质疑、讨论后，进入练习评价环节；之后学习平台自动分析评价结果，并通过系统自动统计测试成绩，再将学生个体错题纳入错题本；学生改错后自动记入学习记录，有效实现了知识断点再续。它以现代教育教学理念为指导，确定了学生的主体教育观，正确认识了教师的角色作用与各教学元素间的相互关系，强调教学情境的创设，充分发挥现代教育技术的功能优势，体现教学活动模式的多样化。四课型渐进式教学模式四要素如图 3-6 所示。

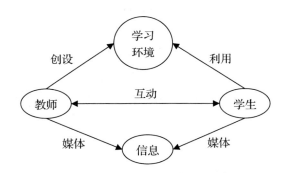

图 3-6　四课型渐进式教学模式四要素

学生、教师、信息、学习环境作为四课型渐进式教学模式的四个要素，相互联系、相互作用，构成了稳定的教学结构，其关系如下：第一，教师由知识的灌输者与传授者变成学生意义建构的促进者、引导者与帮

---

① 王瑞：《信息化环境下移动课堂教学模式探究》，载《中国教育学刊》，2015(12)。

助者。第二，学生由知识的灌输对象和外界刺激的被动接受者转变为新型加工的知识意义与主体的主动建构者，个人的知识体系不再是照搬教材，而是自己主动建构的结果。第三，教学过程是通过问题探究、情境创设、意义建构、协作学习等多种方式的以学生活动为主体的过程。第四，媒体的作用主要是构建高交互的教学环境，构建学生探究学习及解决实际问题的认知工具，学生以此来搜索信息、解决问题、协作交流与学习等。

在移动自主学堂中，教师可以通过平板电脑向学生展示测试中每道题的正确率与错误率以及每道题的答案解析；学生利用平板电脑搜索资源来解决教师在课堂中对他们提出的问题和布置的任务。在现代化教学手段的帮助下，教师的教与学生的学所占的比例也发生了很大的变化，很多知识不再需要教师口传身授，学生完全可以通过自主学习来完成知识的学习和技能的增加。不仅教师可以利用移动学习终端发送资料，而且学生也可以搜索资料，并能运用思维导图软件对资料进行整理，然后根据教师收集、整理的信息做进一步提炼。"思维导图全脑快学模式"融合了当前最前沿的思维技术、记忆技术、心理技术，并结合了中小学各学科考点及学习规律，可以较好地解决学生的学习问题，不但能快速提高学生的学习成绩，而且能使学生的综合素质得到有效的发展。

四课型渐进式教学模式整合了六个支撑要素：数据采集分析，跨区域、全时段泛在学习环境构建，教师资源的聚合、再现与分享，教学需求的及时响应与开发，学生对学习资源的主动自觉地合理使用，学习全过程的记录与即时反馈。它充分利用了现代技术的优势，体现了现代教育教学的要求，为教师的教学设计提供了理论参考与实践指导。

四、 教师的个性化教学模式

在四课型渐进式教学模式的指导下，教师根据自己所教学科的特征与班级学生的认知特点，探索出了个性化教学模式，如互动式作文教学模式、基于问题学习的教学模式、基于探究发现的教学模式等。

（一）互动式作文教学模式——杨老师的个性化教学模式

该模式的具体结构程序为：确定主题—推送资源—创设情境—思维导图归纳—生成作文—提交作文—系统分配—批改作文—自我欣赏—同桌互赏—小组共赏—师生点评—点拨生成—回归理论。互动式作文写作系统如图 3-7 所示。

图 3-7　互动式作文写作系统

高三年级语文教师杨老师从高二年级开始一直尝试这种作文教学模式，学校为此专门开发了一套作文系统，作为这种模式的技术支撑。长期以来，语文作文教学普遍的做法是写作和批改分两次进行，学生写作，教师批改，一周以后教师讲评。这是以教师教为主的传统教学方式在作文教学中的体现。许多教师也尝试让学生批改，却因技术问题不能得到及时反馈，影响了批改质量。采用这种教学模式，写作和批改一次完成，学生的作文过程和批改过程都被系统记录下来；学生可以看到班级任何一位同学的作文，在批改他人作文和互动交流分享过程中，学生的作文素养和情感、态度、价值观都得到极大提升，作文效率也大大提高。系统的资源分享、测评统计、论坛发布等功能促进了学生新作文的生成。

高三年级英语教师毛老师也在进行这种教学模式的实验。两位教师的教学实验都取得了显著成效。

（二）基于问题学习的教学模式——闫老师的个性化教学模式

该模式的具体结构程序如下。

课前：发送资源—接收资源—基础先学—意义生成—反思提炼。

课中：展示反馈1—发现问题—分析问题—解决问题—展示反馈2—发现问题—分析问题—解决问题—展示反馈n—发现问题—分析问题—解决问题—提炼归纳—练习评价。

闫老师是高二年级创新班数学教师，他对四课型渐进式教学模式进行了一些修改，采用的是基于问题学习的教学模式，即在课前将本节课需要用的预习自学资源推送给学生，学生根据推送的资源并结合教材进行先学，再由学生根据自学的情况完成推送材料上的习题。在课堂上，学生借助移动学习终端将先学的成果展示出来；在展示的过程中，针对学生学习不到位的内容，也就是学生在学习中产生的问题，教师再进行重点点拨，最后对本节所学的内容进行反馈。这种教学模式最大的优点是学生先学的数量和质量大大提高，教师教学针对性强，课堂效率提高，教学效果较好。

（三）基于探究发现的教学模式——陈老师的个性化教学模式

该模式的具体结构程序如下。

课前：发送资源—接收资源—基础先学—意义生成—反思提炼。

课中：展示反馈—发现问题—上网探究—形成观点—展示分享—分析点拨—练习评价。

陈老师是高一年级创新班生物教师，她和闫老师的教学模式有相似的地方，都是把重点放在学生先学环节，在推送资源的内容上都有自己制作的、体现重点内容的慕课（微视频），在先学效果上也都解决了大部分内容。不同的是，由于学科的不同，陈老师对于学生在展示反馈中出现的疑难问题，没有采取点拨的办法，而是让学生即时上网搜集资源，进行探究性学习。之后学生利用学习平台的资源共享工具，展示交流学习成果，解决疑难问题。教师及时进行点评和指导，学生在探究发现和合作学习的过程中，生成知识意义，完成知识建构，同时提高了在数字化学习环境下分析问题、解决问题的能力，培养了良好的信息素养。

第六节　教师教学方案

睿迅课堂教学平台支持的移动自主学堂，为教学提供了舒适的信息化教学环境，基于移动自主学堂的四课型渐进式教学模式为教师实施个性化教学提供了实践参考。下面以郑州二中所使用的人教版高中一年级语文必修二第四单元《我有一个梦想》的教学设计为例，该教学设计为一位语文教师的真实课堂实录，分析研究教师在移动自主学堂下是如何进行教学实践的。

一、 教学设计案例

《我有一个梦想》是人教版高中一年级语文必修二第四单元的内容，是由著名的美国民权运动领袖马丁·路德·金所创作的，主要讲述的是关于黑人的种族平等，对美国乃至全世界影响都很大。详细教学设计如下。

【教学设想】

《我有一个梦想》是著名黑人领袖马丁·路德·金的演讲词，极具思想性与艺术性、鼓动性与形象性，可以让学生体悟到马丁·路德·金的崇高献身精神。文章语言平易、生动、形象。学生通过自读完全可以理解内容，教师通过课堂讨论引导，体会演讲词的特点。教师通过网络扩大学生视野，让学生进一步了解美国黑人的现状，培养追求自由、民主、平等的意识。

【学习目标】

1. 通过预习，学生能够了解马丁·路德·金演讲的背景及主要内容。

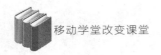

2. 通过朗诵、讨论，学生能够揣摩重点语段的含义及感情色彩。

3. 通过讨论，学生能够体会演讲词的思想性与艺术性、鼓动性与形象性相结合的特点。

4. 学生能够利用网络了解美国黑人的现状，通过小组合作制作PPT展示交流。

【学习方法】

自学、朗读、讨论、探究。

【学习准备】

1. 课前在"睿迅课堂"中推送预习资源。

2. 运用移动学习终端制作PPT。

【学习时数】

2课时。

课前预习

【预习目标】

1. 学生能够了解马丁·路德·金的生平。

2. 学生能够了解马丁·路德·金的演讲《我有一个梦想》的背景及影响。

3. 学生阅读课文，能够厘清大致思路。

【预习过程】

1. 阅读"睿迅"资源中的课件，了解马丁·路德·金演讲的背景。

2. 阅读课文《我有一个梦想》，观看马丁·路德·金演讲的英文视频，思考以下问题。

①马丁·路德·金有一个什么样的梦想？哪些段落是描述他的梦想的？

②为什么会有这个梦想？哪些段落是他产生这个梦想的原因？

③怎样才能实现这个梦想？他以怎样的方式来实现这个梦想？哪些段落、哪些语句反映了这种斗争方式？

第一课时(反馈讨论)

【课时目标】

1. 通过朗诵、讨论，学生能够揣摩重点语段的含义及感情色彩。

2. 通过讨论，学生能够体会演讲词的思想性与艺术性、鼓动性与形象性相结合的特点。

【教学过程】

1. 检测预习

(1)查看睿迅课堂资源反馈的阅读人数情况。

(2)提问(针对预习内容设计问题)。

①马丁·路德·金是怎么去世的?

②马丁·路德·金演讲的导火索是什么事件?

③预习思考的问题。

2. 深入探讨

(1)马丁·路德·金的梦想是什么?

①生扫读,找出含有"梦想"字样的段落(17~25段)。

②自由放声读17~25段,用简洁的语言概括"梦想"的内容。

明确:消除种族歧视,实现民主、平等、自由。

③对比表述。既然如此,何不直接表达成"我梦想有一天,消除种族歧视,实现民主、平等、自由。"不是更简洁明了吗?不是更好吗?何必用9个段落来表达,与文章对比,从而体会演讲词的鼓动性与形象性相结合的特点。

④听原音演讲,感受气氛。

马丁·路德·金是用心在演讲,用生命在呼唤。

⑤请一位男同学再现马丁·路德·金当年的风采。

⑥生点评。

⑦生齐读17~25段。

(2)怎样实现梦想?

①马丁·路德·金炽热的梦想深深扎根于每一位黑人心中。如何才能实现这一梦想呢?马丁·路德·金主张怎样的斗争方式?

(非暴力抵抗)(板书)

②1955年,26岁的马丁·路德·金第一次领导黑人抵制蒙哥马利市公共汽车隔离制度时,就举起了"非暴力抵抗"的旗帜,他也因此在1964年获诺贝尔和平奖,演说中哪些段落体现了他的这种主张?

③应用怎样的语调读？用平和、理智、语重心长的语调读（生读）。

④马丁·路德·金的这一主张深受印度圣雄甘地非暴力思想的影响，南非黑人运动的领袖曼德拉也成了继两人之后的非暴力抵抗倡导者。他们都深信：真理、友好、仁爱是超越一切暴行的力量，爱心是唯一的武器。的确，以暴制暴只能使暴力升级，当你用暴力去解决问题的时候，早晚会产生超越它的对抗性暴力。放眼国际，巴以冲突几十年来一直无法解决，近几年愈演愈烈，甚至采用人体炸弹，以暴易暴，导致的只能是双方更大的牺牲。

那么，非暴力抵抗是否等于消极而软弱的等待呢？不，请看演讲中何处体现了他们斗争的决心。

⑤10～14段（板书，决心坚定）。

众生齐读（充满激情，有气势）。

（3）小结。

《我有一个梦想》是20世纪最为激荡人心的声音之一。穿过近半个世纪的时间隧道，我们仍能感受到悲愤而热烈的情感。即使在这一场波涛汹涌、黑人的不满情绪一触即发的集会上，马丁·路德·金仍然以他惯有的理性和基督之爱向人群宣讲。这是一个非暴力提倡者的理念之花，演说中处处闪耀着民主、平等、自由、和平的思想光芒，并大量运用反复、排比、比喻等修辞手法。大量形象的描述，正体现了演讲词的思想性与艺术性、鼓动性与形象性相结合的特点。

3. 品评课文使用修辞的句段，重点赏析排比句

（1）分组找出本文中出现的修辞句段，重点讲解排比句。

①第2段"一百年后的今天……一百年后的今天……一百年后的今天……"表达的是一百年来黑人的悲惨境遇。采用排比句式，多侧面、多角度地强化了黑人境遇的悲惨，地位之低下，生活之贫困，给听众留下了极为深刻的印象。

②第5段"现在是从……现在是把……现在是为……"作者要表达的是，现在是美国政府"兑现诺言"的最佳时刻。使用排比句式，则把这次示威游行的目的神圣化，是从"荒凉"走向"阳光普照"；是把"流沙"改为

"坚石"，增加了这次游行的正义的分量。

③第 20 段连用五个"一起"在分句之间排比，表达了黑人团结协作，将民权运动进行到底的决心和信念。通过排比句的使用，则使这个信念坚定、执着、充满了义无反顾与视死如归的悲壮，唤起了所有读者与听众的共鸣。

(2)运用这样的排比句进行演讲有什么效果？

排比在议论类文本中的主要功能是使内容集中，中心显豁；说理透辟，条分缕析；节奏鲜明，抒情畅达。排比语句的使用，能使作者表达的内容更加丰富，思想更加深刻，语气更加强烈，感情更加充沛，能产生排山倒海的气势和一泻千里的激情，进而增强演讲的表达效果。

4. 学生自由朗读，体会归纳演讲词的特点

【板书】

我有一个梦想

马丁·路德·金

消除种族歧视　　　　　　思想性

实现民主、平等、自由　　鼓动性

非暴力抵抗　　　　　　　艺术性

决心坚定　　　　　　　　形象性

多用整句(排比，气势强大)

多用短句、呼唤语(感召力，煽动性)

多用修辞格(比喻、排比、反问等增强感染力)

5. 布置作业

拓展延伸：经过 100 多年的斗争，美国黑人的现状是怎样的？(也可以选取本单元另外几篇课文的专题研究："我所了解的蔡元培时期的北大""马克思小传"或"马克思和恩格斯的友谊"。)

要求：网上查找资料，筛选编辑，小组合作在平板电脑上制作 PPT。

第二课时(拓展延伸)

【课时目标】

小组合作制作 PPT，在班班通上展示分享，拓宽视野，展现才华，

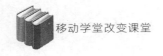
并为写作提供素材。

【教学过程】

1. 展示

(1)全班 49 人，分为 12 个小组，逐一展示。

(2)将作品发送到睿迅班级群组中分享。

2. 评比

在相同专题的各组中，学生评价，选出最佳内容奖、最佳制作奖、最佳演说奖、最佳合作奖。学生作品打包附上。

二、 教学内容分析

新教材语文必修二第四单元安排的是演讲词。[①] 演讲词是一种在特定的场合下面对着听众，就某个现象或问题发表意见，抒发感情或阐述事理的说话方式。演讲词能够产生一定的作用或影响，达到教育和宣传的作用。演讲词属于议论文的范畴，但它一般不讲求说理的严密性和思维的逻辑性，而总是以某一种精神鼓舞人，以真切的感情打动人。优秀的演讲词具有明显的艺术性和科学性，它既是一篇优秀的文学名著，又是一篇优秀的论说文，但与其他的应用文或议论文又有所不同。随着科技时代的发展，演讲成为每个现代公民必备的一门学问。而在高中阶段，体会演讲的魅力，学习演讲的技巧，有利于学生个性才华的展现和演讲能力的提高。《我有一个梦想》是一篇在全世界范围内都极具影响力的演讲词，表达了作者对美国社会种族歧视和种族隔离的愤恨，号召人们为自由平等而奋斗。作者用诗一般的语言热情洋溢地描述了自己的梦想：把美国建成一个自由平等的国家，并坚信各族人民共唱自由之歌的一天终会到来。这篇演讲词极具活力和鼓舞力，因此成为经典。学生阅读此文，可以学会如何厘清思路，把握贯穿始终的感情脉络，体会激情澎湃的演讲词风格，这对于演讲词单元的学习至关重要。此外，这篇演讲词

---

① 刘长永、杜学军：《高中新课程教学案例与评析　语文》，187 页，北京，新华出版社，2005。

多次运用排比、重复、比喻等修辞手法，极具感染力，增强了演讲的表现力，这一点关键要靠诵读和学生自己的体验来实现。学生学习这篇课文，能够培养依据自己的诉求目的，动之以情，晓之以理，说服听众接受自己主张的能力。从该教学设计的目标与实施过程来看，它符合课程标准对演讲词教学的要求，能够让学生切身体验演讲词的感染力，了解到了演讲词的思想性与艺术性、鼓动性与形象性相结合的特征，并通过自我演讲的方式，将理论化为实践，培养学生的创新思维与演讲的能力。

三、 教学过程分析

《我有一个梦想》是演讲史上比较经典的篇章之一。该教学设计紧扣单元目标要求，围绕着四课型渐进式教学模式的四个环节来设计，充分利用了移动自主学堂的功能，体现了以学生为主的课堂，教师只是一个组织者与引导者；充分调动了学生的积极性，激发了学生的兴趣，让他们主动去探究、去协作、去实践。

（一）基础先学环节

教师在上课之前先利用睿迅课堂教学平台的教学资源推送功能，将预习资源(有关马丁·路德·金的生平、演讲背景及影响等 PPT 和英文演讲视频)推送到每位学生的平板电脑上，并布置好课前预习目标，即需要了解的内容。学生接收教师推送的资源，再根据自己已有的知识框架，激活旧知，重新建构。在教师提供的学习资源的基础上，学生根据预习目标要求，结合着自己的知识盲点，利用搜索引擎工具和班级讨论社区，解决实际问题。睿迅课堂教学平台可以实现情境资源共享：教师创设情境，利用睿迅课堂教学平台资源反馈阅读人员的情况，再次思考本节课的内容，以学定教，因材施教。

（二）展示反馈环节

在学生充分预习的基础上，教师提出了马丁·路德·金是怎么去世的、马丁·路德·金演讲的导火索、马丁·路德·金有一个什么样的梦

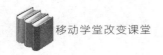

想、为什么会有这个梦想等几个问题，通过提问与平板展示学生的学习成果，了解学生预习的情况及预习过程中出现的一些问题，及时调整教学内容。

（三）点拨思辨环节

教师带领学生从朗诵、讨论、揣摩重点语段等几种方式去体验演讲词的感染力，从以理服人、以情动人、以精彩的语言激励人三个方面，具体阐释了这篇出色的演讲词的特点。教师先让学生通过扫读、自由读、对比读，再用平和、理智、语重心长的语调读，最后充满激情与气势的众生齐读等多种阅读的方式去体验文章中大量的反复、排比、比喻等修辞手法以及大量形象的描述，体会这篇演讲词激越的情感和精彩的语言，探讨马丁·路德·金如何实现这个梦想。多种不同方式的引导朗读，让学生在欣赏中体会这些情感，在诵读中演绎这些情感。利用小组讨论，自由点评运用排比句的效果，每个小组选择一句话，表达本小组观点，其他小组补充说明，然后教师做最后的点评。

（四）练习评价环节

经过前三个阶段的学习，学生已经有了自己的知识体系。在此基础上，让学生自己去创造、发明、探究新的知识技能的应用，促进个性化的学习。该教学过程安排的是专题研究，将理论化为实践，进行深入学习。学生在"我所了解的蔡元培时期的北大""马克思小传""马克思和恩格斯的友谊"中选择一篇专题研究，网上查找资料，筛选编辑；小组成员在平板电脑上合作制作 PPT，并进行分享。这个环节的设置，不仅调动了学生的兴致，也激发了学生的创造潜能，将整个课堂的教学效果直接迁移到学生个人能力的提升上，由理论到实践，体现了以人为本的教学理念。

整个教学过程始终贯穿以教师为主导、以学生为主体的教学理念，充分有效地发挥教师的主导作用和学生的主体作用，在课前充分利用推送资源 PPT、英文演讲视频等有关资料，提供预习目标，结合网络资源，帮助学生梳理文章脉络；课堂以自主探究、小组合作为主，品读、赏析、分享精彩语段，教师引导、点拨，最后总结演讲词的特征及文章的感染力。合理安排课堂空间，提高了课堂互动效能，充分调动了学生的积极性、自主性和思维能力。最终，以读促实践，扩展提升，达到学以致用的目的。

四、 教学评价分析

教学评价主要是依据教学目标对教师的课堂教学设计、各教学环节的组织和实施过程以及教师在课堂教学中的各种教学行为、活动和教学效果进行分析、检测、诊断、判定的一种手段和方式。教学评价是贯穿于整个教学过程的，包括教与学的评价。恰当的评价方法直接影响到学生的学习态度和学习动机，同时也影响到教师的教学内容与方法。下面从教学目标、教学内容、学生参与度、培养方式、教学方法、教学手段六个方面对本节的教学设计进行评价。[1]

（一）教学目标

评价标准：教学目标符合课程标准的要求；目标定位要准确，体现多元化与层次化；目标要符合学生实际；目标要清晰具体，有可操作性。

课程标准对《我有一个梦想》的教学要求是在阅读与鉴赏中，了解诗歌、散文、演讲词、小说等文学体裁的基本特征及主要表现，了解作品所涉及的有关背景材料，用于分析和理解作品。细化目标如下。

知识与技能目标：阅读课文，准确找出表达作者梦想的段落，简要概括出作者的主要观点，准确总结出演讲词的逻辑性强与观点鲜明的特点；找出文中的排比句、比喻句，通过诵读和仿写，体会作者愤怒、热切的情感，体会演讲词强烈的说服力和感染力。

过程与方法目标：通过对演讲词的基本特征、主要表现手法的学习，自主探究，合作交流，提高自己的语言概括能力和语言表达能力，学会

---

[1] 梁丽芬：《对教学评价的探索》，35～37页，呼和浩特，远方出版社，2005。

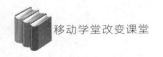

写演讲词。

情感态度与价值观目标：感受作者生生不息、为民请命的崇高献身精神，树立远大的理想，并为实现梦想而不懈努力。

本节教学设计的目标与实施手段，符合课程标准的要求；朗读的方式多样化、层次化，符合学生实际，操作性强。

（二）教学内容

评价标准：教学中对原理、概念、定义的表述正确；重难点突出；教学的深度与进度符合学生水平；注意学生的知识结构与认知结构；联系生活。

通过对教学内容的分析，参照该教学设计中的语言表达，可以看出：对教学原理、概念的表述准确无误，重难点突出；在教学前的预习先学及检测中，根据学生的掌握程度，符合学生水平，联系生活实际，注重学生认知结构的重建。

（三）学生参与度

评价标准：学生在课堂上积极参与回答问题与讨论；学生能提出有意义的问题，独立自主地学习。

学生参与度是课堂教学评价的重要指标之一。在整个教学过程中，学生不是被动地接受知识，而是以已有的知识体系为基础，通过与环境的相互作用主动建构的。该教学设计要求学生扫读、自由读、对比读，再用平和、理智、语重心长的语调读，最后众生充满激情与气势地齐读，利用平板电脑展示分享、小组讨论等多种方式让学生积极地投入学习过程、独立自主地学习。

（四）培养方式

评价标准：激发学生积极思考，培养学生的创造力，注意发展学生的智能。

在练习评价环节中，学生自主选择一篇专题研究，在网上查找、筛选和编辑资料，在平板电脑上合作制作 PPT，在班班通上展示分享。这不仅扩展了学生的知识，也提升了学生的演讲技能，培养了学生积极思考与创新的能力。

（五）教学方法

评价标准：有利于促进学生的学习和形成学习动机；注意对学生启发引导；注重实验教学；教学情景的设计合理。

在整个教学过程中，技术的支持实现了教学方法的多样性：课前预习、扫读、自由读、对比读等；教学内容由表及里，充分调动了学生的学习动机。

（六）教学手段

评价标准：教学媒体的使用恰当，有利于重难点突出；教学手段多样化，充分调动学生的感官。

睿迅课堂教学平台、班班通、无线网络技术、移动技术的使用，使整个教学有声有色，教学过程层层递进，教学手段多样化，实现了教师与学生之间、学生与学生之间的高效互动、协作交流，让课堂气氛更加活跃，强化了学生的主体意识。

从整个教学评价的分析上可以看出，基于移动自主学堂的课堂教学，能充分调动学生学习的积极性，使学生主动参与到学习活动中，并能敢于质疑、提出问题、解决问题，且善于合作、交流、主动探究，有强烈的求知欲，使学生学习的广度与深度都得到了提升，既得到了知识，又发展了能力。

第七节　师资培训管理

师资队伍建设是移动自主学堂顺利实施的关键因素，与传统教学模

式下的师资队伍建设相比较，数字化教学环境下移动自主学堂的师资队伍建设增加了许多新内容。

一、 教师选聘与管理

（一）教师选聘

教师聘任制是事业单位内部具体工作岗位的管理制度，是相对于委任制而言的，是用人单位通过契约与人员确定聘任关系的一种方式。一般的做法是由用人单位采取招聘或竞聘的方法，经过资格审查和全面考核后，由用人单位与确定的聘任人选签订聘书，明确双方的权利义务关系和受聘人员的职责、待遇、聘任期等。受聘人拟任工作岗位或职务一般通过竞争取得，确定聘任关系的形式可以是签订聘任合同，也可以是签订聘约；可以是颁发聘书，也可以是签订目标责任书。在事业单位人事制度改革中，对某一职工既要通过聘用制确定基本人事关系，又要通过聘任明确具体岗位职务。简要地说，就是学校确定教师的工作岗位和工作职责。

郑州二中在每学年结束时进行下一学年的岗位聘任工作，基本形式就是实行双向选择，具体来说就是学校公布教师岗位和骨干教师岗位，并公布岗位职责和任职条件，教师填写本人的岗位任职意向表，之后由年级根据岗位职数、任职条件、本人意向以及对本人德、勤、绩、能的全面了解，对其进行业务考核，最后决定是否聘用。

创新班教师岗位属于学校骨干教师岗位，在年级双向选择时处于优先选择的地位。

（二）创新班教师岗位描述及运行规程

学校信息化创新班是学校实施素质教育，开展教学改革试验，培养创新人才的示范班级、特色班级，创新班的移动自主学堂对于学校可持续发展、特色发展具有重要意义。为保证创新班健康发展，不断提高创新班的教学质量和水平，基于创新班教师团队建设的实际需要，我们对创新班教师岗位和班主任岗位进行描述，并对岗位运行规程进行规范。

1. 概念界定

（1）创新班教师

创新班教师是指在高中部创新班担任高考科目教学的教师。

（2）创新班教师及班主任岗位职责

担任创新班教学工作的教师具有双重职责：一是具有郑州二中科任教师的共同岗位职责，即履行《郑州市第二中学教学管理规程》和《郑州市第二中学安全文明管理规程》中描述的教师岗位职责；二是具有创新班教师特有的岗位职责。本文描述的创新班教师岗位职责指的是创新班教师特有的岗位职责。

创新班班主任也具有双重职责：一是履行《郑州二中班主任管理制度》和《郑州市第二中学安全文明管理规程》中描述的班主任职责；二是具有创新班班主任特有的岗位职责。本文描述的班主任岗位职责指的是创新班班主任特有的岗位职责。

2. 岗位设置

（1）任课教师

（2）班主任、副班主任

3. 各岗位职责描述

（1）任课教师的任职条件和岗位职责

①任职条件

德：热爱教育事业，热爱学生，热爱郑州二中，有职业理想和事业追求，遵守师德，遵纪守法，爱岗敬业。

勤：原则上应有三年以上的高中教学工作经历，特别优秀的教师可经学校评聘小组研究破格聘用。一经聘用，不得在聘任期内间断工作。

绩：教学效果好，绩效考核优秀。

能：具有实施新课改、培养创新人才的意识和能力，具备良好的教师专业技能，包括信息技术与教学深度融合的能力，适应创新班的教学模式。

②岗位职责

第一，熟悉并认同创新班移动自主学堂的教学理念、教学模式、管

理要求。

第二，根据创新班管理规程和工作安排，定期或根据需要参加各层次专业培训、学习、教研等提升活动，达到活动的预期目标，完成并上交活动计划、总结、报告等文字材料。

第三，按照创新班管理规程开展教学活动。

第四，指导学生自主学习、个性化学习。

第五，定期总结本人个性化的课堂教学模式、教学风格、教学效果，以电子文档形式进入教师业务档案，并收入教学资源库。

第六，开发、积累教学资源。

(2)班主任、副班主任的任职条件和岗位职责

①任职条件

创新班班主任在符合任课教师任职条件的基础上，应同时具备如下条件。

第一，具有担任创新班班主任并做好工作的愿望和能力。

第二，具有担任班主任工作并且取得很好效果的经历。特殊情况由学校聘任小组专题研究后破格聘任。

第三，担任本创新班高考科目教学工作。

第四，具有实施素质教育、培养创新人才的班主任工作意识和相应能力。

创新班副班主任参照班主任条件，可放宽班主任经历条件。

②岗位职责

创新班班主任应履行如下职责。

第一，熟悉并认同创新班班主任管理的理念、规程和要求。

第二，引导学生树立远大理想，树立积极向上的人生观和价值观。

第三，在班级开展学生自我教育、自我管理、自主发展工作。

第四，创建优秀班集体，形成人人有事做、事事有人做的集体氛围。

第五，早晨带本班学生跑操，课间带学生做操，负责组织、管理工作。晚上抽查晚自习和学生宿舍，及时解决问题。

创新班副班主任协助班主任做好上述工作，并具体负责一方面工作。

4. 考核评价

对上述岗位从德、勤、绩、能四个方面进行定期考核，动态评价。根据考核结果，确定每个岗位教师的格次，依次为优秀、良好、合格、不合格。对于考核结果为不合格、违反教师职业道德、出现重大责任事故，以及学生和家长意见大，整改后效果不显著的，应立即从岗位撤换下来。

5. 聘任管理

创新班教师及班主任岗位聘任每年进行一次，在全校范围内进行竞聘，择优任用。创新班教师及班主任实行动态管理，对于已经在岗的创新班教师及班主任，根据绩效考核结果决定是否续聘。创新班教师如果没有得到续聘，则原来享有的优惠政策随之取消。

（三）创新班的管理

1. 总体认识

管理的要点包括五个方面：第一是管理者本身有积极性、主动性、创造性；第二是岗位职责的明确与合理分工；第三是管理制度的制定落实；第四是运行机制的引入；第五是考核与奖惩。

在岗位聘任时，要明确岗位职责、工作标准、任职条件、工作制度、运行机制、考核与奖惩等，能做则做，不能做就不要申请这个岗位。

2. 管理体系

要形成一个科学的管理体系，这个体系中的成员上下联动，自主工作，相互配合，务实高效。这是创新班管理的逻辑起点。

实行创新班五级管理体系。

第一层级：校长。负责整体的规划、设计、组织、考核、奖惩。

第二层级：主管副校长。负责具体的规划、设计、组织、考核、奖惩以及德育工作。

第三层级：教师发展中心主任、教科室主任。负责创新班教学运行、交流接待、活动开展、总结提升等工作，以及专业发展、绩效考评、学生成绩分析、资源建设等工作。另外，学生发展中心主任负责创新班班主任常规管理，这项内容属于共性工作，要及时将考评情况汇总，纳入

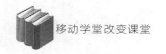

创新班教师和班主任考核与档案管理。

第四层级：年级主管。开学前由学校选聘，专门负责本年级创新班的管理工作，可以和年级长重合，也可以选聘他人。

第五层级：班主任、任课教师。开学前由学校选聘，在明确岗位职责、工作标准、任职条件、管理制度、考核与奖惩等岗位要求的情况下，开展双向选择工作。班主任全面负责本班德育和教学管理工作；任课教师负责本学科教学工作。

这五个层级的关系是下一级向上一级负责，平级之间相互配合、沟通。校长负总责，出大思路，宏观调控；主管副校长负执行责任，细化思路，安排落实，改进提升；主任负主管责任，根据既定方案，自主开展分管工作；年级主管负年级责任，做好团队建设，落实年级工作，形成年级特色；班主任和任课教师负班级建设、学科教学责任，要创新工作思路，落实工作任务，做好创新班的基础工作。

3. 运行机制

建立项目负责制、责任追究制、退出机制，建立骨干岗位加分制、奖励与晋升机制，建立例会、报告、交流、考评机制。

二、 教师培训与教研

（一）教师培训

教师信息化教学能力提升工程是开展信息化教学应用活动的关键环节。学校在教师积极参加教育行政部门组织的各种信息化教学能力培训活动的基础上，围绕实施移动自主学堂，开展了多种形式的校本培训活动。具体包括三个方面：一是有关建构主义理论、教育信息化理论、道德课堂理论的教育理论培训；二是关于课堂教学流程的培训；三是关于教育技术应用的培训。从形式上来说，还有教师全员培训、新教师培训、创新班教师的深度培训等。

1. 培训课程的开发与实施

教师信息化教学能力培训的首要任务是根据移动自主学堂教学的实

际需要开发培训课程，并且确定课程实施与评价的方法。学校通过教学理论类、硬件类、软件类、教学实践类、资源建设类、数据分析类几个方面的课程对教师进行系列培训。课程设置及评价的计划安排如表 3-6 到 3-11 所示。

表 3-6　课程设置及评价之一

课程类别	课程编号	课程名称	课时（小时）	形式	课程目标	评价方式
A 教学理论类	A1	教育信息化的发展与规划	1	讲解、交流	解读《教育信息化十年发展规划》（2011—2020 年），通过学习与交流，明确教育信息化的重要战略意义，树立参与教育信息化的意识	通过对模糊认识的深入探讨，形成积极参与的正确认识；能够结合自身实际，站在区域、学校的大背景下，写出一篇高质量的关于学校信息化发展顶层设计的感想
	A2	数字化学习初探	2	讲解、交流	通过学习、交流、体验活动，明确数字化学习的特征、内容，理解数字化学习在课堂教学中的作用，能够利用数字化学习的优势进行教学设计	通过交流、座谈，建立数字化学习的意识；通过查看教学方案设计，加深对数字化学习的认识与运用
	A3	建构主义学习理论与教育信息化	1	讲解、交流	通过学习、交流，了解建构主义理论对当前课堂教学改革的积极作用，树立正确的知识观、学习观、教学观	通过交流、座谈，深化对当代建构主义的认识和理解，并在交流分享中深化认识

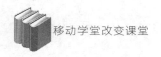

续表

课程类别	课程编号	课程名称	课时（小时）	形式	课程目标	评价方式
A 教学理论类	A4	生本、生态、生成教学理论	1	讲解、交流	通过学习、交流，明确并认同"三生"教学理论的基本思想，形成主动应用于教学实践的意识	通过交流、座谈与书面呈现教学设计的方式，深化目标达成情况，并在交流分享中深化提升认识
	A5	构建数字化学习环境下的移动自主学堂的研究与实践	2	讲解、交流	通过学习、交流，了解郑州二中移动自主学堂的理论基础、教学模式、运行机制，在此基础上，对本单位、个人信息化教学进行优化，引起思考	通过对郑州二中项目案例的认识了解，深化对信息化教学的实践思考；结合自身实际，解决在教学中利用信息化促进教学有效性提升的问题，写出不少于1 000字的感想

表 3-7 课程设置及评价之二

课程类别	课程编号	课程名称	课时（小时）	形式	课程目标	评价方式
B 硬件类	B1	苹果部分掌上终端设备的使用操作技巧	1	体验、互动、交流	通过对苹果 iPhone、平板电脑、iPod 等设备基本功能的学习，能够了解该终端的基本功能，并能熟练操作，应用到教育教学中	在创设的教学情境中，能够熟练应用硬件设备，独立、有效地解决其中的问题

续表

课程类别	课程编号	课程名称	课时（小时）	形式	课程目标	评价方式
B 硬件类	B2	苹果台式机、笔记本、Apple TV 等设备的使用	1	体验、互动、交流	通过对苹果 iMac、MacBook Air、Apple TV 等设备基本功能的学习，了解该设备的基本功能，并能熟练操作，应用到实际教学中	通过情境体验、实际操作，实现对相应设备熟练操作的目的

表 3-8 课程设置及评价之三

课程类别	课程编号	课程名称	课时（小时）	形式	课程目标	评价方式
C 软件类	C1	苹果教育软件的下载、分类及有效使用	1	讲解、体验、交流	熟悉苹果软件下载的基本操作；能够在教学中有效地利用部分软件，促进学生学习	通过苹果终端设备，创建自己的 Apple ID，并下载指定的学习软件；通过体验相关软件的基本功能，能够围绕学生自主学习，设计该软件并科学、有效地使用
	C2	Keynote 软件的基本功能及操作	2	讲解、互动、体验、交流	通过对 Keynote 软件的学习，掌握其基本功能，并能运用到教学中	熟悉 Keynote 软件的基本功能，并能熟练操作；通过同伴互助，解决教师备课环节中可能遇到的共性问题；在课堂上分享一节完整的 Keynote 软件作品

169

续表

课程类别	课程编号	课程名称	课时（小时）	形式	课程目标	评价方式
C 软件类	C3	Page、Number 软件的基本功能及操作	2	讲解、互动、体验、交流	通过对 Page、Number 软件的学习，掌握其基本功能，并能运用到教学中，能够学会用 Page、Number 软件方便、快捷地处理日常生活、工作中的问题	熟悉 Page、Number 软件的基本功能，能够按照主题要求完成任务，并分享给指定的同伴；会用 Page、Number 软件完成指定任务操作；会借助便携的终端设备完成快速分享的目的；通过培训，能理解并实现在各个苹果设备之间的资源共享
	C4	iBooks Author 软件的基本功能及操作	4	体验、讲解、互动、交流	通过案例体验，整体感知 iBooks Author 软件的基本功能和操作，能够制作较完整的教学资源	制作出适合于本学科的教学资源，进行交流；通过展示、交流，能够在技术层面对作品给予评价
	C5	iTunes U 软件的基础操作及应用	2	讲解、体验、互动	熟悉 iTunes U 软件的功能，能较为熟练地操作并结合自己的学科背景，创建完整的教学课程	创建并管理课程；实现课程内参与的学员之间方便交互；实现资源的上传、下载等功能
	C6	苹果其他教学软件的了解及使用	2	体验、互动	掌握 Mindo、全能扫描王、DocAS、inClass 等软件的使用技巧	能够熟练操作 Mindo、全能扫描王、DocAS、inClass 等软件

表 3-9　课程设置及评价之四

课程类别	课程编号	课程名称	课时（小时）	形式	课程目标	评价方式
D 教学实践类	D1	教师课前准备过程中信息技术应用策略	1	讲解、互动、体验	通过学科教师的案例分享，了解并掌握学生学习支持服务系统、试题导入工具、教学资源的使用	能够熟练使用学生学习支持服务系统、试题导入工具及教学资源导入的基本方法；制作一节完整的课例，分享课前推送给学生的资源，并说明与教学设计的关联性
	D2	教师课堂教学中信息技术应用策略	1	讲解、互动、体验	通过对"四课型渐进式自主学堂"课型模式的学习与案例分析，了解信息技术与教学融合的方法，并合理、科学地使用	按照课型模式，设计一节课，并分享交流：设计思路、依据、技术如何提高课堂有效性、目标如何达成等
	D3	教师课堂教学中评价环节的设计与应用	1	讲解、互动、体验	通过学习课堂评价的原则和方法，能够运用信息技术手段进行科学有效的评价	展示交流：作业设计如何实现有针对性的反馈、课堂各个环节评价方式的思考与具体策略、如何实现主观与客观试题的有效评价及反馈等

续表

课程类别	课程编号	课程名称	课时（小时）	形式	课程目标	评价方式
D 教学实践类	D4	课堂观察与案例分析(全部高考科目)	N	体验、交流	通过对部分执课教师进行有效的课堂观察，初步理解和掌握技术与教学融合的原则和方法	体验课堂教学中技术运用的实效性；与执课教师交流沟通，形成自己对信息技术与教学融合的认识，通过指定平台进行分享

注：D4 课程中的"N"表示需要提前确定观课课程数，观课结束后与执课教师进行交流。

表 3-10　课程设置及评价之五

课程类别	课程编号	课程名称	课时（小时）	形式	课程目标	评价方式
E 资源建设类	E1	中小学信息化教学资源建设与应用	1	讲解、交流	通过学习、交流，明确信息化教学资源建设的意义、内容和方法，能够运用到教学实际中	制定本单位信息化教学资源建设方案，并进行交流分享
	E2	郑州二中信息化教学资源建设案例分析	1	讲解、互动	通过交流、分享，在具体案例分析中认识资源建设在信息化教学中的重要作用，了解资源建设的基本方法	通过对郑州二中资源建设案例的评议和深入探讨，理解针对学校实际进行个性化资源建设的理念和方法

表 3-11　课程设置及评价之六

课程类别	课程编号	课程名称	课时（小时）	形式	课程目标	评价方式
F 数据分析类	F1	大数据时代背景下的数据分析	2	讲解、交流	通过学习、交流，了解大数据时代的特点，认识数据分析在信息化教学中的重要作用	通过交流、座谈，阐述本人对数据分析在教学中应用的理解，树立让数据说话的大数据意识
	F2	基于学习平台的数据分析	2	讲解、互动	通过学习、交流，了解学习平台产生的各种数据，以及这些数据对于改进教学、促进学生学习的积极作用，学会初步的数据分析方法	通过对学习平台产生的具体数据的分析与交流分享，掌握数据分析的一般方法，并将这些方法应用于工作实际
	F3	基于增值评价的数据分析	2	讲解、互动	通过学习、交流，了解基线分析、增值评价的基本概念、意义，学会从增值评价报告中进行相关内容的数据分析，生成具有说服力和科学性的分析结论	通过对增值评价报告中产生的具体数据的分析与交流分享，掌握数据分析的一般方法，并将这些方法应用于工作实际

2. 教师培训的实施策略

学校在教师信息化教学能力培训方面，采取了以下实施策略。

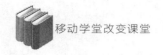

（1）集中培训模式

集中培训模式包括三种：一是对全体教师的集中培训；二是对全体创新班教师的集中培训；三是对骨干教师的集中培训，针对通识内容、重难点内容进行集中辅导、答疑。

（2）师徒结对模式

采取师傅带徒弟的方法进行结对培训，充分发挥骨干教师传、帮、带作用，在教学实践中培训提升。

（3）三位一体模式

三位一体模式要求学校骨干教师在全校教师范围内进行培训交流，实现培训者个人专业发展和在学校发挥示范引领、带动其他教师共同成长的积极作用。

（4）任务驱动模式

任务驱动模式就是以教师学员为中心，以现场问题解决为工作任务，通过探究式学习、工作现场学习等多维互动式学习方式，在任务完成过程中实现技能提升的培训方式。

（5）实践导向模式

实践导向模式，就是要坚持培训面向实践，走进实践，服务于实践。培训要扎根于教师的工作现场，与具体的教学情境和教学活动紧密相连，以解决教师在教学过程中遇到的问题为中心来组织培训活动，以提升教师的实践性知识与能力为重点开展培训活动。

（6）混合式模式

混合式模式是将传统的教师面授培训方式与现代信息技术支持的网络自主学习、网络交流互动，以及线下集中面授与研修有机融合的一种培训模式。在网络研修方面，教师自主学习网络课程，并充分利用教师工作坊、网络研修社区进行研修活动。

（二）教师教研

郑州二中在教学研究方面主要是开展了基于教研组的学科建设活动以及大力推进四课型渐进式自主学堂的实践活动。创新班教师团队在常规教研之外主要开展了如下工作。

1. 创新班教师团队教研例会

创新班教师团队的教研例会每两周一次，由主管副校长、主管主任等管理团队负责组织开展，主要内容是工作总结与工作安排、经验交流与分享、教育信息化动态通报、信息化能力提升培训等。

教研例会是凝聚创新班师资队伍，提升教师信息化教学水平，推进信息技术与教学深度融合的宣传动员会、工作推进会、典型表彰会、能力提升会，对移动自主学堂乃至学校整体教育教学工作具有重要的促进作用。

2. 学科教学资源网建设

为加快推进学校学科建设的深入开展，促进教师专业发展，促进学校教育教学质量的持续提升，为学生提供更多更好的学习资源，根据学校教育信息化的总体安排，从 2016 年秋季开始，在全校范围内开展学科资源平台建设工作，平台现已建成投入使用。

平台建设由教师发展中心负责实施和管理。由各教研组长负责本组平台的建设和管理。学校信息化研发团队负责技术支持；平台运行形式为嵌入郑州二中网站；平台网页设置 1 个首页、12 个分页，由 12 个学科组建设管理。

平台网页内容设置包括首页和分页两个部分。具体内容如下。

首页分为两个模块。第一个模块是首页上方的资源模块，分为精品、视频、高考，语、数、英、理、化、生、政、史、地、综合、生涯、创客，试卷、课件、教案、学案、指导书、练习册、预习、作业，高一、高二、高三 4 个分栏目。第二个模块是在首页的主体部分，为宣传与展示模块。主要栏目包括新闻与动态、通知与公告、学科三年规划、专题活动、教师论坛、成果展示、专业发展、教师风采、校本课程等。

分页按照语、数、英、理、化、生、政、史、地、综合、生涯、创客的顺序设 12 个学科模块。分页的资源模块内容为：试卷、课件、教案、学案、指导书、练习册、预习、作业，高一、高二、高三，微视频、课例视频 3 个分栏目。

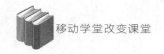

平台网页操作层面的责任主体包括三个方面：主管副校长是校级责任主体；主管主任是处室责任主体；教研组长是教研组责任主体。

教师发展中心安排一名兼职教务员负责首页管理及分页管理。教研组安排一名教师做管理员，具体负责学科分网页的操作。在教研组内任课教师人人有责。组内做的每一件资源、每一个作品、每一篇文章都要署名，这样一方面是尊重知识产权，另一方面是用于考核评价。

3. 优秀课例征集汇编

每一学年汇编一册创新班优秀课例集，作为信息技术与教学深度融合的成果展示，同时也是典型经验的交流与分享。

4. 教学微视频大赛

教学微视频是学校资源建设的一个重要内容，也是学生课堂学习中预习先学资源包的必备资源。学校从 2016 年初开始每年进行一次教学微视频大赛活动。

活动的目的是推动学校微视频教学工作的全面开展，不断提升教学微视频的制作数量和质量，探索微视频教学的实践策略和运行规律，让微视频教学成为学校常态化、特色化的教学形式，为学校内涵发展、品质提升和质量提高打下坚实基础。

大赛成果申报人为郑州二中在职教师，成果为个人或与他人合作编制的系列教学微视频。教学微视频以一个知识模块为基础，由一组微视频组成，每个微视频一般不超过 10 分钟。

为保证评选活动公正、公开、公平进行，为尽可能地让教师的教学资源得到最大程度的传播，学校采用如下方式评选：将教师的全部微视频作品上传至郑州二中教育集团微信平台微视频栏目，由高中部全体师生每人一票进行在线评选，按照各奖项数量进行投票。每位学生、家长、访客的权重系数为 1，每位教师的权重系数为 2，每位中层领导的权重系数为 3，每位校级领导的权重系数为 5，由系统自动生成评选结果。获奖名单在郑州二中官网和微信平台公布，按照校级优质课赛讲级别记入教师业务档案，并纳入教研组学科建设考核。获奖作品将长期保留在微视频网站栏目。期末举行颁奖大会，由学校领导颁发获奖证书和奖品。

5. 公开课、示范课、优质课制度

学校在创新班推行了公开课、示范课、优质课制度，用以促进信息化教学应用的顺利开展。

所有创新班教师每学期要上一节公开课，领导和教师均可听课，课例资料进入教师业务档案。

每学期各学科一位骨干教师根据学校安排可上一节示范课，起到示范引领作用，计入学校考核奖励，课例资料进入教师业务档案。

每学年举行一次全校优质课赛讲活动，评出一、二、三等奖，计入学校考核奖励，课例进入教师业务档案。

6. 开展同课异构活动

郑州二中与天津四十一中是姊妹学校，两个学校都在实验班采用了信息化教学方式，并且使用的是一个学习平台；两个学校在信息化教学方面紧密合作，开放共享，结成了信息化教学共同体。

两个学校每年举行一次创新班同课异构活动，每次三至四个学科，活动地点依次轮换。两个学校都非常重视每次活动，整个学科组为讲课教师集体备课，通过讲课、评课活动促进了学科教研水平的提升，也促进了信息技术与学科教学深度融合，实现了相互学习、共同提升的活动目的。

三、 教师交流与评价

（一）教师交流

教师的合作交流在新课程标准、学生核心素养、教育信息化的背景下显得尤为重要。合作交流的本质是从封闭孤独走向开放共享，可以说这种转变是教师的进步、教育的进步。

素质教育、面向未来的教育使教师的教学方式、学生的学习方式、学校的管理方式都发生了深刻变革。新的教育理念要求教师更多地履行多样化的职能，教师的职业角色正在从知识传授者转向学生学习的促进者、帮助者，教师不仅帮助学生成长，同时自己也在教学中不断获得发

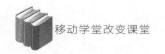

展。教师走向成功的前提条件是摆脱职业孤独，走向合作交流。

通过合作交流，教师获得心理支持，共同分享成功，分担问题；从同事那里获取教学信息和灵感，产生新的想法；潜移默化地影响学生；尝试用多种方式来促进学生的学习。教师试图单独实施革新时，往往不会发生革新的变化，而教师之间的交流与合作可以支持、促进教育变革。

1. 同伴互助

同伴互助是指在两位或两位以上教师之间发生的、以专业发展为指向、通过多种手段开展的，旨在实现教师持续主动地自我提升、相互合作并共同进步的教学研究活动。创新班教师的同伴互助主要体现在以下几个方面。

(1)沙龙会谈，指引教师共同分享教学经验，进而促进教师专业化成长

组织教学沙龙活动能够促使教师深度会谈，就教学中存在的问题与同事进行深层次研讨，实现教研经验的共享。具体内容如下。

第一，营造氛围，创设环境。加强教研组建设，制订教研计划，组织教研活动，营造浓厚的教研氛围，为教学沙龙活动开展创设支持性环境。教师自愿结合，组成教研小组，确定教研任务，合理分工，共同研究，整理成果，以便在教学沙龙活动中进行交流。教师可以撰写教学反思札记，总结教学经验，归纳教学方法，以便在教学沙龙活动中交流。学校为教师开展教学沙龙活动创设良好的环境。

第二，精心组织，加强管理。每一期沙龙都要确定活动主题，让教师精心准备。教师每学期必须参加一定数量的教学沙龙活动，每次参与教学沙龙活动都必须提出教学中存在的突出问题，参与改进措施的研讨，并进行记录和总结。

第三，专家引领，科学指导。教师获得专家的专业引领，可以加快自身的专业成长。学校注重邀请专家交流经验，开阔视野；邀请专业教研人员参加本校的教学活动，就教学研究的主要问题进行研讨；教师在专业教研人员的指导下修改教研工作管理措施。

(2)一课多研，提高教学质量，促进教师专业化成长

一课多研是以自我设计实践—同伴互助提升—反思加工实践三个环

节开展实施的。具体步骤如下。

由一位教师自己独立备课、上课，其他教师听课；同伴之间进行评课，肯定成绩，找出不足，提出措施，并反思自己与他人的教学，取长补短，共同提高；在反思同伴建议的基础上，这位教师再次设计实践，其他教师再次听课、评课。这种"一课多研"以提高课堂教学效益为切入点，以听、评课为主要途径，把教学反思作为重要内容。

（3）专业对话，直接推进教师专业化成长

专业对话是指教师在专业领域对教学活动涉及的各种问题，与同事进行交流、切磋研讨，对一些问题相互理解，达成共识。专业对话是借助他人力量和团体力量促进自身成长的较好形式。教师之间多项互动、智慧共享的"对话"是"研究共同体"的有效运作机制。研究表明，教师之间的广泛交流是提高教学能力最有效的方式。对话的过程，是教师从各自理解的原有知识背景出发，通过多向多次的互动所达成的一种视角交融；而视角交融的结果是教师认知结构的不断改组和重建，从而产生与创造新的知识、新的理念。对话的过程实质也是一种学会教学、学会研究、学会合作的过程。教师进行最多的是校本专业对话，对话的方式主要包括以下几个方面。

第一，信息交换。教师通过信息发布会、读书汇报会等形式，彼此交换信息，扩大信息量，提高认识。

第二，经验共享。先进经验是指成功的、典型的、具有效法意义的教学经验。教师通过分享经验，借鉴他人的经验，反思自己的教学。分享经验的主要途径是召开经验交流会。学习外地先进经验的最好方法是上网查询，既便捷又经济。

第三，专题讨论。教师围绕某些问题畅所欲言，提出各种意见和看法，丰富彼此的思想，共同提高对问题的认识。例如，开展学生学习方式的变革专题研讨会。

第四，阅读教育刊物，与同行对话。教师阅读经典著作，与过去的教育家对话，是教师成长的基本条件，也是教师的教育思想形成与发展的基础。教育智慧的形成，在一定意义上说，就是跨越由这些经典著作

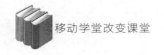

构成的桥梁的过程。

第五，网上对话。教师通过互联网与同行、专家交流、讨论，可以先收集一些新课程改革、信息化教学中的话题放在网上，使教师对话更具针对性。网上对话的形式定期开放，甚至每周都有这种沟通。

2. 资源共享

资源共享就是基于网络的资源分享，这是学校创新班教师队伍合作交流的一种典型做法。资源利用效率的最大化就是分享，资源的丰富、完善、提升、创新也需要通过分享来实现。在资源共享的过程中，教师之间的合作交流增多了，教学资源丰富了，教学效率提升了，教师专业素养发展了，团队的凝聚力也增强了。

资源共享的主要形式有以下几个方面。

第一，教学微视频、教学设计、导学案、PPT、试题、作业等教学资源共享。共享的形式为：一是在学习平台上使用，系统自动存储在资源库，其他教师可以随时调取使用；二是教师本人通过学校学科资源平台上传教学资源，经过认证和审核进入资源库，供全体教师使用。

第二，学科教师分工合作编写指导书和练习册等教辅材料供全体学生使用，实现教辅资源共享。学校已经连续三年编写出版了《郑州二中自主学堂》系列丛书，包括各年级、各学科的指导书和练习册，供郑州二中学生日常学习使用。编写的方式是以学科教研组为单位，在合作交流的基础上编写出学科指导书和练习册。

第三，好文推荐类的资源共享。教师将个人在教育理论、学科教学、信息化教学等方面的好文章通过教师群或者短消息平台发给全体教师或者特定教师，实现好文分享。

第四，应用软件类的资源共享。教师将信息化教学中便捷实用的应用软件通过教师群或者短消息平台发给全体教师或者特定教师，实现软件分享。

第五，教学随笔类的资源共享。教师将本人的教育叙事、教育感悟、信息化教学心得等教学随笔通过教师群或者短消息平台发给全体教师或者特定教师，实现教育思想分享。

（二）教师评价

1. 教师评价的含义

教师专业发展是教师接受教育和不断接受再教育的过程，是教师教育的新的命题，教师作为教师专业发展的主体是主动发展的过程。教师评价，即教师专业发展评价，是在现代教育发展观的指导下，以帮助教师改进教学和专业发展为根本目的，强调通过评价来找出差距，改进工作质量，实现最终的教师专业发展。一切评价活动都是围绕着促进教师的专业发展开展的，核心思想是以评价促发展。

面向信息化的教师专业发展评价是在综合教师专业发展评价的基础上，在教师评价中运用信息技术，使评价理念和技术相融合。信息环境下教师专业发展的评价主要有两个方面：一是技术层面。信息技术为教师评价提供了新的思路和有力的技术支持，使教师的评价能够在电子化、网络化的环境中，通过建立电子教档实现教师教学档案的电子化管理与交流，通过利用网络双向交流工具为教师的评价提供丰富的信息反馈。二是人本层面。为了促进教师专业发展，各种培训模式层出不穷，但是效果如何，对教师的实际教学有多少帮助，值得教师和培训者进行自我评价，为其提供充分的支持。

2. 教师评价体系

2014 年 5 月，教育部办公厅下发了关于印发《中小学教师信息技术应用能力标准(试行)》(以下简称《能力标准》)的通知。《能力标准》成为规范与引领中小学教师在教育教学和专业发展中有效应用信息技术的准则，是各地开展教师信息技术应用能力培养、培训和测评等工作的基本依据。

《能力标准》根据我国中小学信息技术实际条件的不同、师生信息技术应用情境的差异，对教师在教育教学和专业发展中应用信息技术提出了基本要求和发展性要求。其中，应用信息技术优化课堂教学的能力为基本要求，主要包括教师利用信息技术进行讲解、启发、示范、指导、评价等教学活动应具备的能力；应用信息技术转变学习方式的能力为发

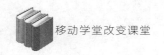

展性要求，主要针对教师在学生具备网络学习环境或相应设备的条件下，利用信息技术支持学生开展自主、合作、探究等学习活动所应具有的能力。本标准根据教师教育教学工作与专业发展主线，将信息技术应用能力区分为技术素养、计划与准备、组织与管理、评估与诊断、学习与发展五个维度。

3. 教师评价的方法和工具

学校目前普遍采用的教师评价的方法是课堂观察、课堂绩效评定、学生学业成绩、成长档案袋评价、学生或家长评价、同行评议或协助、教师自评、纸笔测验、问卷与面谈、后设评价等。而随着教育信息化的发展，信息技术在教师评价中的应用，极大地推动了教师评价形式的发展。在评价过程中，教师成长档案袋出现了一种新的形式——电子档案袋。运用电子档案袋等信息技术为教师评价注入了一股新鲜的活力。

郑州二中于 2015 年制定了教育质量综合评价改革实施方案，并配套自主开发了包括教师专业发展评价在内的系统工具——教育质量综合评价系统。评价方案涵盖学生评价、班级评价、教师评价等方面的评价内容。教师评价模块包括教育质量观评价、教学行为评价、教学过程评价、教学效果评价、专业发展评价等。教师本人要按照学期叙写自我评价报告，对一学期的教育教学工作进行总结评定，自我评价后的附件用以支撑正文材料。

教育质量综合评价系统依托现代网络信息技术而对教育教学过程进行真实性评价，关注评价的发展性、反思性功能，是一种有效的质性评价。

第八节　特色课程建设

郑州二中在实施移动自主学堂的过程中，按照学校课程建设方案和创新人才培养模型，开设了丰富的校本课程供学生选择。其中，特色课程是生涯教育课程和创客教育课程。

一、 生涯教育

生涯教育是郑州二中移动自主学堂发展到一定阶段的必然产物，是学校根据创新人才培养模型而分步推进的课程和教学改革的一个重要组成部分，其目的是促进学生全面而有个性的发展。

（一）生涯教育的内涵

生涯教育(career education)是美国 20 世纪 70 年代提出的教育改革理念。这个教育理念的提出者马兰(Marland)认为，生涯教育是从幼儿教育延伸到高等教育及继续教育的整个过程，亦是统整传统对普通教育与职业教育的不当分野，让教育回归为开创个人生涯发展的原始本质，以确实扭转当时美国教育的偏失。

美国政府当时提出的生涯教育目标主要包括：增进学校与整体社会之间的关系；使学校课程与社会生活需求更为相关；提供每个人成长过程中所需要的咨询与辅导，以促进其生涯发展；使教育观念从学校延伸到家庭、社区及工作场所；培养学生更具弹性的知识、技能与态度，以应社会快速变迁之需要；消除职业导向教育与普通及学术教育之间的鸿沟。

《国家中长期教育改革和发展规划纲要(2010—2020 年)》提出："建立学生发展指导制度，加强对学生的理想、心理、学业等多方面指导。"也就是说，除了学校的教学、管理两项基本职能之外，特别加入"发展"职能。而所谓学生发展，即生活、生涯与生命主题的认知发展与相关能力、素质的提升。其实，把学生发展细化为生活、生涯、生命之"三生"，其实是对"生涯"内涵的强调。就生涯本身的内涵而言，其已经含有生命、生活的内容。

生涯教育是什么？我们赞同学者谢伟的以下观点。

生涯，就是生命的涯际。生涯教育，就是生命教育，是针对生命过程实践的教育，而不仅仅是以生命为对象的关注。作为生命生涯的过程实践，生涯可以从三个维度加以理解：时间维度、空间维度、状态维度。

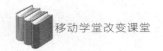

　　就生涯的时间维度而言，古今中外皆有哲人或经典述及。这些生涯理念、理论，都说明了生涯的时间观。特定的生涯时段，有特定的生涯使命等待完成。如果很好地完成每个阶段的任务，生涯会得以顺利展开，个人潜能会获得充分展现；各个阶段的生涯任务不会免修而消失，如小时候没有养成的好习惯，会持续对人生制造麻烦；推迟完成的生涯任务称为"补课"，所有的补课成本都是越来越高昂。职业管理学家萨柏(Super)的理论指出，如果在成长阶段，没有建立良好的习惯系统、人际互动素养，那么在"建立"期就很难有"好奇心""勇气""整合能力"以顺利完成对"属于自己的世界"的探索，从而无法找到一个内心认同、愿意承诺与付出的职业生涯定位。如果已经步入不惑之年，进入生涯的"维持"期，这时要是没有足够的创造力累积，想要学习"与时俱进"的新知识体系，其难度之大往往会让这个阶段的人望而却步，最后只好为未来的遗憾埋下伏笔。

　　就生涯的空间维度而言，人在不同的生命阶段都会扮演不同的角色。所谓生涯，就是扮演好应该扮演的角色的整合。萨柏认为，人有六大角色会对生涯产生决定性影响：子女、学生、休闲、公民、工作、持家。在 3 岁前，如果子女角色没扮演好，没有获得来自父母足够的爱与照顾，没有培养起足够的信心，那么对未来将会产生严重的消极影响。3 岁后，学生角色出现，建立良好的学习习惯，培养合规律的学科思维，将是这个阶段的关键角色。另外，通过休闲建立更广泛的人际网络，使自我资源、信息空间得以拓展。总之，生涯教育的本质，其实就是这些角色平衡推进的过程。

　　就生涯的状态维度而言，在每个生涯时段、每种生涯角色中，人的体验状态是不同的。这是一个情绪变量，用来衡量生涯的幸福感。生涯教育，并不是一个工具主义的"投资—回报"逻辑，生涯教育就是生涯本身。我们并不是为了过好"建立期""维持期"才过好"成长期"的。过好成长期本身，就是生涯。所以，生涯教育不是把自己当作工具与目标的过程，生涯教育就是每一个充实、快乐的当下组合起来的整体。

　　由生涯的时间、空间、状态三个维度可以看出，生涯其实深刻地涵盖了生命与生活，甚至要比"生命教育""生活教育"中的生命与生活更有活力与整体性。所以，基础教育阶段加入"发展"职能，可以直接过渡为"生涯发展"职能。而且，从生涯的时间维度可知，生涯教育越早执行，越有价值。

（二）基础教育阶段开展生涯教育的意义

中国传统的教育是把"教书""育人"合而为一的，即经师与人师是合一的。在教授学科知识的同时，教师也在为学生做人格熏陶与塑造。但是，随着时代演进，种种因素使然，"人师"越来越难得、难做，教师越来越标准化为一种岗位。这就使得学生"发展"的职责在慢慢离开教育体系，标准的教育体系里只剩下"教书"使命。

教育体系中的相关者（教师、学生、家长等）都不再关心学校的育人目标，而只关注成绩提升的绩效目标。这种绩效主义的结果，导致整个基础教育的体系中弥漫着"分数"的味道，使学生在"三观"形成的关键阶段被持续进行一元化的价值熏陶。基于这种一元化的标准，学生之间往往以分数分等级，形成相互敌视的亚群体，这进一步加深了价值观的扭曲。等到进入大学，当"自由"的空间到来的时候，学生面对多元的选择空间，突然茫然无措。

《教育部关于普通高中学业水平考试的实施意见》明确提出："要加强学生生涯规划指导。"基础教育阶段广泛开展生涯意识启蒙教育，这样可以激发教育相关者重新审视、思考教育的关注"人"的本质。当然，这样的良好初衷要发挥作用还需要激励体系配套。这个配套体系就是新高考改革，即高一时的"6/7 选 3""取消文理分科""取消一、二、三本批次划分""高校三位一体招生"等。也就是说，让基础教育的最终出口多元化，以此来强化基础教育实施过程中关注人的多元化发展与成长。

通过系统的生涯教育启蒙，学生、家长、教师如果都能深化一种"生涯观"——时间观、空间观、状态观，那么就会适当减少对分数的关注权重，而分一些能量关注个人的全面成长与发展。再配合新高考改革，生涯教育就可以有效地促进基础教育体系中学生的多元成长。

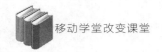

（三）高中阶段生涯教育的必要性、目标、原则和内容

1. 高中阶段生涯教育的必要性

高中阶段是学生世界观、人生观和价值观形成的关键期，也是学生选择未来人生发展方向的关键期。开展普通高中生涯教育是贯彻选择性教育思想，促使学生全面而有个性地发展，实施素质教育的重要组成部分，旨在促使学生认识自我条件，发现自我兴趣特长，明确自我发展方向，从而指导学生积极主动地进行高中三年的学习，并为下一阶段学习、生活与工作做好必要的准备，帮助学生实现自我发展理想和成人成才。

2. 高中阶段生涯教育的目标

生涯教育的基本目标旨在帮助学生探索自我、发现自我、开发自我，从而实现自我并不断地超越自我。学校的任何活动都应该和学生的未来生涯发展紧密衔接，各领域的教师亦应强调该领域对学生个人生涯发展的可能贡献，以协助学生运用个人潜能及社会资源，提升生涯规划与终身学习能力，使之进一步适应社会环境的快速变迁，开创个人美好的人生。

3. 高中阶段生涯教育的原则

普通高中生涯教育，坚持以学生为本，帮助学生树立正确的理想信念，促进学生身心健康和谐发展；坚持面向全体学生，遵循学生成长规律，尊重个体差异；坚持全员参与，把生涯教育与日常教育教学有机结合；坚持统筹安排，合理规划不同年级阶段生涯教育的内容与重点；坚持校本实践，从学校和学生的实际出发，因地制宜开展教育，并将其持续贯穿高中三年教育过程。

4. 高中阶段生涯教育的内容

高中阶段生涯教育的内容包括学业规划和职业规划。学业规划是学生根据自我兴趣特长、学业水平、专业性向、生涯发展意向，科学合理地安排高中三年的课程修习计划。职业规划是学生对自我未来生涯发展做出较为全面的设想和计划。学业规划是实现职业规划的基础，职业规划是学业规划的目标和方向。

(1)自我认知

自我认知是开展高中生涯教育的基础，也是帮助学生适应新环境的主要方法。主要是让学生认真了解自己的性格特征、兴趣爱好，认识自己的优势和不足；积极看待自己的独特性和价值，学会表达、调节情绪的方法，掌握有效的沟通技能；树立正确的世界观、人生观和价值观，唤醒自我生涯规划意识，学会对自己的选择负责。

(2)学业规划

学业规划是高中生涯教育的主要内容。主要是指导学生在了解初中和高中课程、学科知识体系、学习要求的差异和自我认知的基础上，更好地适应高中阶段的学习；树立积极的态度，发掘学习潜能，发展学科特长，寻找适合高中阶段与自身特点的学习方法和策略；科学安排三年必修和选修课程的修习计划，明确自己的学考、选考意愿；制订参与社团活动、志愿者活动、社会实践、体育锻炼等计划，培养和发展自己的兴趣与特长，处理好学习与生活的关系，科学合理地安排课余时间，养成正确的学习休息方式。

(3)职业规划

职业规划是高中生涯教育的重要组成部分。主要是让学生在了解国内外主要高校的专业信息与社会职业需求、了解专业发展趋向和人才市场需求的前提下，培养专业性向，选择合适的发展方向；在选择合适的选修课程和实践活动、了解和体验不同职业特点、丰富职业体验经历的过程中，不断明确学习成长目标，为专业性发展、职业倾向选择提供判断依据；在了解并掌握升学和就业所需技能的基础上，培养创业精神，树立积极向上的人生态度，努力做一个对社会有贡献的人。

（四）高中阶段生涯教育的实施途径

1. 开展多种形式的生涯规划指导

学校利用成熟的测评工具对学生的人格特征、兴趣偏好、职业倾向等内容进行测试，科学地利用测评结果帮助学生更好地认识自我；为每

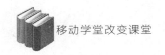
位学生配备专职或兼职的生涯规划导师，逐步建立以专职教师为骨干，班主任、学科教师共同参与、互相配合的指导队伍；重视家长在学生生涯规划中的影响力，通过家委会、家长开放日、家长会等多种方式丰富指导内容；加强学生个别咨询，建设专门的咨询场所，完善学生表达和咨询的途径与方法，帮助学生解决生涯规划中遇到的实际问题和困惑。

2. 开发内容丰富的生涯规划课程

学校根据学生的特点和需要，从高一年级起开设高中生涯规划相关课程，开发合理的课程纲要和校本化教材，注重课程资源的积累；加强学科渗透，将生涯教育渗透到各个学科，通过对本学科核心素养、发展趋势和职业对应等内容的教学，引导学生科学合理地制定生涯规划；加强实践教学，鼓励学生进行以生涯探索为主题的社会实践，引导学生总结实践经验，撰写实践体会和报告。

3. 引导学生制定科学合理的规划

学校指导学生根据自己的性格特征、兴趣爱好，结合学业基础，详细制定高中三年学业规划，科学合理地选择高中学业水平考试的选考科目、层次和进度，统筹安排三年学习内容；帮助学生制定和梳理生涯规划过程中的长期目标和短期目标，增加学生执行的有效性；收集每位学生的发展规划，并为他们建立成长档案袋，对学生不同阶段的规划目标达成情况进行跟踪和反馈，从而为下一步生涯教育提供指导。

4. 探索学生生涯体验的多种途径

学校主动利用家长、校友及其他社会力量等资源，针对学生普遍关心的问题，举办各项专题讲座；建立学生生涯规划体验基地，充分利用爱国主义教育基地、校外活动基地、博物馆、科技馆、高校、企事业单位等场所，帮助学生多渠道了解与体验不同专业和职业的特点，为选择专业和职业提供判断依据；开展多样化的校园文化活动，利用班会、校园广播、校内杂志等多种途径开展生涯教育，鼓励学生组建具有生涯体验性质的社团，定期开展多种形式的社团活动。

二、 创客教育

创客教育是郑州二中移动自主学堂发展到比较完善阶段而开发与实施的一种教育活动，旨在转变学生的学习方式，引导学生从浅层学习走向深度学习，从知识的学习走向知识与应用并举的学习，从而培养学生的创新精神和实践能力。

（一）创客教育的概念

1. 核心概念的界定

创客教育是培养创客的教育活动。创客，译自英文"Maker"，本义为"制造者、创造者"。关于对创客教育的理解，我们采用祝智庭教授的观点，即创客有广义和狭义的区别，创客教育也应有两层概念。广义上的创客教育应是一种以培育大众创客精神为导向的教育形态；狭义上的创客教育则应是一种以培养学习者，特别是青少年学习者的创客素养为导向的教育模式。[①] 而创客素养是指创造性地运用各种技术和非技术手段，通过团队协作发现问题、解构问题、寻找解决方案，并经过不断的实验形成创造性制品的能力；它与学习者人际沟通、团队协作、创新问题解决、批判性思维和专业技能等方面的能力有关，也决定着学习者在未来是否能够适应社会与工作，获得自我实现。

我们采用的是狭义的创客教育的概念，即一种以培养学习者，特别是青少年学习者的创客素养为导向的教育模式。

2. 创客教育的研究现状述评

(1)国外关于创客教育的研究

对创客及创客教育的研究最早出现在美国。美国政府在 2012 年初推出了一个新项目，称在未来四年内，将在 1 000 所美国中小学引入创客空间，配备开源硬件、3D 打印机和激光切割机等数字开发和制造工具。创客教育已经成为美国推动教育改革、培养科技创新人才的重要内容。

---

① 祝智庭、雒亮：《从创客运动到创客教育：培植众创文化》，载《电化教育研究》，2015(7)。

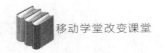

全球创客运动的蓬勃发展，为教育的创新改革提供了新的契机。创客运动与教育的融合，正在慢慢改变传统的教育理念、模式与方法，创客教育应运而生。

在欧美国家，"创客教育"已经渗透在日常教育中，很多学校都设置专门的创客课程，并开设学生"创客空间"，给学生提供"让想象落地"的平台。

（2）国内关于创客教育的研究

国内能够检索到的关于"创客教育"的第一篇文献是吴俊杰等人发表在 2013 年第 4 期《中小学信息技术教育》上的文章《创客教育：开创教育新路》。文中结合北京景山学校 STEAM（科学、技术、工程、艺术、数学）教学实践，给出了一个简易的创客教育模型。北京景山学校最早在校内建立了创客空间，并开设了从小学到高中的创客课程，将原有的机器人课程教学资源做了整合，让机器人小组的学生从竞赛的压力中解脱出来，做一名自由的"少年创客"。浙江温州中学也搭建了创客空间，创建了创客教育课程。

2015 年 1 月，创客教育进入了发展期。2015 年是中国创客教育的元年。教育部在《关于"十三五"期间全面深入推进教育信息化工作的指导意见（征求意见稿）》中提出，有效利用信息技术推进"众创空间"建设，探索 STEAM 教育、创客教育等新教育模式，使学生具有较强的信息意识与创新意识，养成数字化学习习惯。

2015 年 6 月 19 日，在"2015 深圳制汇节创客教育论坛"上，来自国内外大、中、小学，以及权威教育硬件装备厂商的专家、学者、校长、教师及创客代表，从创客与教育融合的角度分享了他们对创客教育的理解及创客教育实践的经验，并共同探讨了创客与教育融合发展的趋势以及相关创客课程与校园创客空间的建设理念。

在区域推进创客教育方面，2015 年 11 月，郑州市教育局出台了《郑州市教育局关于开展创客教育的实施意见》，要求积极开展创客教育的实践与探索，让每一间教室都成为创客空间，让每一位学生都成为创客。2016 年 10 月，深圳市教育局印发了"深圳市中小学创客教育课程建设指南和深圳市中小学创客教育实践室建设指南(试行)的通知"，要求积极构建课程体系，开展创客教育。

（二）创客教育的本质与功能

"互联网＋"时代为基础教育的构建与重组提供了新的思考方式，也为应试教育到创新教育的变迁提供了有利环境。关于创客教育的本质与功能定位有多种观点，我们赞同张茂聪等人的观点。[①]

《中共中央国务院关于深化教育改革，全面推进素质教育的决定》明确指出：培养学生的创新精神和实践能力是素质教育的重点。然而，学生的创新精神、实践能力不足依然是当前教育工作面临的突出问题。学生的创新精神和实践能力的培养是实现素质教育改革的突破口，是有效提高教育质量的重点和难点。早先，陶行知先生倡导"面向生活、手脑并用"的教育理念。如今，创客教育在促进信息技术等科技与教育相融合的同时，也丰富了教育资源，拓宽了教育活动的界域，创新了教育教学方式，是陶行知思想的时代体现，也是创新实践能力培养、素质教育改革的新抓手。

1. 创客教育的本质

透过表象看本质，创客教育实则是一种系统的教育理念，其教育目标是培养具有创客精神和素养的全人；教育内容是在掌握知识技能的同时，通过实践与创造激活知识和技能，使"知、情、意、行"结合，"学、思、动、用、创"统一；教育方法灵活多样，需要依据教学情境灵活选用，有启发式、案例式、项目式、参与式等教育方法；教育评价强调多主体、过程性、发展性；教育时空由封闭走向开放；教育主体由单向主导变为平等交互；教育资源更富现代化、信息化。总之，创客教育理念的内涵是创新、实践、合作、共享。创客教育理念先进性的检验要植根于实践，因此，创客教育又可以具化为一种彰显该理念的教育方式、一门用该种教育方式开展的课程或教学；它根基于传统教育，是传统教育

---

① 张茂聪、刘信阳、张晨莹等：《创客教育：本质、功能及现实反思》，载《现代教育技术》，2016(2)。

的发展与革新。

2. 创客教育的功能

创客教育之所以风靡教育领域，取决于其重要作用：面向教育系统内部，它有促进学生发展、推动教学改革的显性功能；放眼于社会及未来，它有孕育创新文化、改善生产生活质量，实现整个社会的全面、协调、可持续发展的隐性功能。

(1)在"学、思、动、用、创"的结合中实现学生的全面发展

创客教育兼顾默会知识，深化知识学习。创客教育兼顾多维目标，能够提高学生的综合素质。创客教育着眼于创造性实践活动，从创新观点的提出到创新成果的形成，无不体现和发展着学生的创新、创造和实践的能力。

(2)在教育理念更新和教育方式优化中实现教育改革创新

创客教育能够增进教育系统的开放性，正改变着教育教学活动。创客教育兼具当下由占有式教育向发展式教育、由划一化教育向个性化教育、由权威型教育向民主型教育、由封闭型教育向开放型教育以及由文本化教育向生活化教育转变的教育改革特征，是实现教育改革发展的有效路径。

（三）创客教育课程建设方案

1. 创客教育的指导思想

创客教育以培养未来创客为目标，是时代与社会发展的需求，也是学校主动应对生产方式重大变革以及跨时代人才需求的行动表达，代表了教育与时俱进的发展方向。

创客教育是基于制造力培养创造力、基于行动力培养想象力的教育活动，是基于所有学生的普及性教育活动。推进创客教育，让学生人人成为创客。

2. 创客教育课程目标

(1)创客教育课程的总目标

第一，创新精神的培养。创客教育课程鼓励学生积极发现问题、充分

感知细节、勇于尝试变化、执着追求成果、精细应用工具、专注静心打磨。

第二，创客能力的习练。创客教学过程要求学生全局统筹、搜集信息、调动资源，应用信息手段组织协作、积极分享；充分鼓励并引导学生应用信息工具辅助创造实践，并为学生的信息化实践创造条件与保障。

第三，产业知识的启蒙。创客教育课程适当融入产业创新前沿知识，让学生在实践中了解工业设计、生产工艺、产业生态、技术成果转化、互联网知识产权协议、知识产权交易等产业基础知识，使学生初步具备一些产业常识和基本的产业参与能力。

（2）创客教育课程的具体目标

创客教育课程的具体目标如表 3-12 所示。

表 3-12 创客教育课程的具体目标

具体目标	初中	高中
创新精神	能够使用适龄工具进行精细观测，并通过模型制作和实验来进行尝试优化	能够使用适龄工具完成较复杂的设计、制作、优化改进全程，初步形成独立统筹复杂创客实践的自组织智慧
	在创作实践中能严谨踏实、刻苦钻研、不怕困难、持之以恒	在实践过程中逐步完善自我规划、自我管理、自我优化的能力
创客能力	会利用适当的工具和技术探索与发现问题，能够对问题进行初步的定性和定量分析，会用常见信息技术手段完成所需要的普通信息的采集和数据化整理	能够综合多方面的信息发现更深层次的问题，并能够根据解决问题的需要设计解决方案；会用常见信息技术手段完成一般信息以及专业学术信息、产业数据信息的搜集、整理
	逐步形成批判性思维，敢于质疑，掌握从尝试中探索问题的方法，形成在实践中迭代优化方案的经验；掌握较复杂的编程思维，应对较复杂的人机对话问题	逐步形成对较复杂的问题进行辩证思考、统筹应对的工程化思维能力，会综合运用多种工具和方法开展实践，完成目标；能够比较自如地应用编程与智能工具应对一些生活中的现实问题及智能设备控制

具体目标	初中	高中
创客能力	能够尝试对加工对象的结构特点、材料属性进行开放性的创想和功能创新设计，并能够遴选多种材料开展多方案尝试	能够基于结构知识和材料知识，提出多种组合的有创变价值的可行性解决方案，并能够独立规划相对应的工具和加工方案
	能够使用多种适龄工具开展多层次的深加工，并能熟练参与、统筹多人合作的复杂加工，能够适当应用科学原理开展创客实践	能够选择应用数字化工具、传感技术工具等辅助加工制作，并能够利用相关科学原理进行方案优化；能够应对较复杂的多人多步骤加工，对各环节的联动变化进行统筹加工
	形成角色和责任意识，能够通过协商进行合理分工，主动担当、相互协作，并能够通过交流，形成和分享彼此或共同的成果	养成理性面对真相、不迷信权威、独立思考、开放协作的行动习惯；形成勇于依靠科学知识、行动尝试和团队合作来挑战困难、解决问题、改善生活、造福他人的实践价值观
产业知识	了解知识产权和技术成果转化的相关知识，形成智慧成果的价值意识，形成与企业各类型职业人士对话的体验，形成产业生态价值观	了解产业发展的新挑战和新机遇；能够站在未来人类社会发展的角度来认识产业创新；能够将个人价值实现与国家未来、社会发展联系起来思考

3. 创客教育课程要素与课型结构

(1)创客教育课程要素

创客教育课程要素如表 3-13 所示。

表 3-13　创客教育课程要素

要素	对应属性	要素内涵
生活	现实性、成品性	创客教育课程设计的学习内容和目标都与现实生活紧密结合，与学生的生存、成长环境直接相关

续表

要素	对应属性	要素内涵
材料	工具性、成品性	创客教育课程应遵循"先材料、后工具，先结构、后创意"的认知规律和生产规律，不可忽略或跳过对材料与结构的认知和研究，更不可为求简便而由教师取代学生对材料和结构进行思考
工具	工具性、成品性	创客教育课程必然是在专门的创客空间中借助工具来开展实践和学习的，其过程也一定应该包含工具应用练习的内容；课程设计尊重各类型工具练习与应用的时间规律，留够时间与过程给学生，让学生在制造成品的工程中持续练习操作，避免精力分散、技能流于表面
过程	周期性、工程性	创客教育课程设计应该充分考虑到过程和全局，应该意识到过程本身就是创客教育的重要组成部分，帮助学生研究过程、安排过程、控制过程、优化过程；过程应该成为创客教育贯穿始终的重要内容
资源	现实性、工程性	为学生提供信息与工具资源保障以及指导学生遴选资源的教学行为作为创客教育不可或缺的内容；没有独立的对资源组合方式的选择与判断，创客教育就会失去其重要的训练价值
分享	周期性、工程性	学生自发的相互分享交流是学生创客学习的重要动力来源、信息来源，甚至评价手段；相互分享所带来的乐趣和成就感将激发学生精细优化、持续创新；采用平台和机制确保畅通的交流分享是创客教育者必须思考和解决的问题

(2)创客教育课型结构

创客教育课型结构如表 3-14 所示。

表 3-14　创客教育课型结构

创客类型	课程内容	课型类别	课型特点
信息技术创客	Scratch、可视化编程、Arduino、APP Inventer、机器人等	传统技术技能学习课型	一课一技能，一课一成果，逐步叠加形成复杂技能

续表

创客类型	课程内容	课型类别	课型特点
艺术设计创客	陶艺、微电影、Autodesk 3D设计、定格动画制作等	传统艺术创作学习课型	循序渐进，逐步加深技法和鉴赏水平，逐步形成复杂技能
创意制作创客	玩具、模型制作、生活用品优化、工具改造、文创作品加工等	创意制作学习课型	独立创意，优化设计，精益制作，逐步迭代

4. 创客教育课程设置

(1) 创客教育课程形态

创客教育作为一种独特的创新学习模式，应主动适配各个学科。从涉及领域来看，可以有物质生产领域的创客教育课程，也可以有精神生活领域的创客教育课程；从成果属性出发，可以有与生活物品优化相关的课程，也可以有与文化产品改造相关的创客教育课程；从教学阵地来划分，可以有从综合实践课、美术创作课、信息技术课等"术科"出发的创客教育课程，也可以有由语文、数学、物化等"学科"发起的创客教育课程。因此，创客教育课程的教学阵地可以切入学校教学组织的多个空间，包括如下四个方面。

学科延展：由语、数、物、美术、信息技术等学科组开发并在对应课时实施，利用学科课堂开展创客教育。

跨学科融合：由语、数、物等学科组综合开发并在对应课时实施，将学科知识融入创客教育进行学习。引入 STEAM 教育理念，通过创客活动，使学生有机会综合学习与运用数、理、化、艺术等多学科的知识。

校本研修：落地到社团活动、校本活动阵地，根据学校特色、教师能力、学生特点适当选择主题、工具和特色项目开展创客教育。

校外实践：借助校内外教育资源开展半天至一天的实践活动。

(2) 创客教育课程载体选择

创客教育课程是一个需要多种载体支持的综合课程，空间、工具、教材、习材、加工对象等都是其不可或缺的课程载体，选择恰当的学习载体是教师课程设计的重要着眼点。

Scratch 可视化编程软件、3D 打印技术、数字化加工设备、定格动画系统等成为创客教育课程载体的主要选择对象。创客教育可选择课程载体类型如表 3-15 所示。

表 3-15　创客教育可选择课程载体类型

阶段	载体类型			基本要求
	思维习练	审美习练	工具习练	
7～9 年级	Scratch、游戏设计软件等；3D 打印与空间结构等；发明创意思维游戏课程	Autodesk 设计、3D 故事设计软件等；激光雕刻、陶土制作等；建筑木艺、纸雕、布雕等	APP Inventer、Arduino 系列、机器人、数字化工具使用与合作等；三模制作；小发明等	以整合、创作、细节加工、精益制作为基本诉求，在工具应用和加工精度方面可以提出更高要求
10～12 年级	Scratch、传感器与物联网、智能化设备、智能家居、智能电器、学科实验、学术小组项目、跨领域研究	Processing、各类设计软件、3D 扫描与打印；生活用品创新制作；玩具制作、文具制作、礼品制作等	APP Inventer、Arduino 系列、机器人；大型工具的使用与合作；三模制作；大型智能机械联合协作等	以探究、实现、发现问题、解决问题为基本诉求，更加突出在项目复杂性和合作交流方面的要求

5. 创客教育课程开发

我们采用多种形式开发学校的创客教育课程。

(1)团队开发

成立专项课程开发组进行开发，整合校内具备相关经验、兴趣、天赋、技能的骨干教师组建专项课程开发团队，借助相关专家和教研员的力量，制定基于校本需求和特色的开发目标与开发机制，有规划、有步骤地推进工作。

(2)个体生成

发动学科教师或科组从各自兴趣点出发，尝试调动自身和外界资源，

采用"草根"生成的方式，即在一线实践中通过一堂课的尝试、调整、成型的方式来进行自主开发。

（3）协同开发

整合优质的专业和产业资源，形成创客教育课程协同开发平台，围绕一些重大核心资源(如高校实验室、企业研发中心、高科技数字化新工具产品等)，集合学生需求，进行创客教育课程开发。

（4）引进改造

直接面向专业的创客教育课程开发和服务平台引进成熟的课程产品，并根据学校师生自身特点进行适应性改造和建立相应的教学配套。

6. 创客教育课程实施

创客教育具有民主性、开放性、生活化的鲜明特征，能够极大地变革学校教与学的风格、习惯，重构学校教学工作的组织模式与合作关系，从而让学习过程走向平等沟通、多向交互，在师生与同学间建立崭新的学习合作伙伴关系。因此，创客教育课程实施应该探索崭新的教学理念与教学机制。

（1）创客教育课程实施理念

①生活教育理念

"教育即生活"，创客教育更是源于生活、归于生活的教育方式。教师应该特别重视引导学生跳出书本、走近生活、积极创想、反复实践。

②创客思维理念

课程实施过程应该突出训练"发现问题、创意假设、实践求证、力求解决"的创客思维模式，为学生创造有利于独立思考、自主判断、自我调适的创客实践过程，并组织相配套的思维任务、头脑风暴、创意碰撞，让学生在连续的观察、研究、协作、分享、优化等过程中形成创客能力。

③深度学习理念

课程实施过程应当突出"沟通优化、行动生成"的创客实践准则，突破传统手工劳技课的个人实践习惯，倡导以交流沟通贯彻始终，遵循建构主义教育理念，将分布式学习与自主建构结合起来，将实践探究与合作学习结合起来，让学生更深入地发现问题、应对问题，形成真正有深度的学习。

④STEAM 学习理念

课程实施过程应当突出"开源协同、跨界整合"的 STEAM 教育战略，有意识地加强跨学科、跨领域、跨系统、跨技术平台的整合，将科技、艺术、人文、自然、社会和自我等各方面的内容，企业、高校、社会、专业机构等资源，以及学科知识、学习体验有机地融合起来，逐步开发出更加具有"创客＋"特点的课程，帮助学生走出课堂、走向社会、全面发展。

⑤过程评价理念

课程实施过程应当突出"立足能力、重视过程"的创客教育评价原则，研究技能、知识、情感、态度、方法、价值观等要素在创客实践过程中的表现对应点，将各要素水平放在动态过程中进行检测评价。课程实施过程更加注重个体差异，采用发展性评价方式，不仅评价学生的创造完成情况，而且扩展到对学生探究的态度、思考的热情、合作的能力等方面，充分利用信息技术工具进行评价数据采集与分析。

⑥生长教育理念

"教育就是生长"，创客教育更是强调以"生长、创变"为主题的教育模式。课程实施过程应特别强调"迭代创新、持续优化"的创客实践准则，在学习实践中推动学生不断生成样板模型，不断发现新问题，生成新方案，寻找新方法，迭代新样板；应重视学生在课程学习中的重要角色价值，注重应用参与式、合作式、启发式、探究式、案例式、项目式等多样化的教学方式，充分激发学生自主学习、自主成长的潜力。

（2）创客教育课程实施要点

①回归真实世界的现实情境创设

由于传统学校教育主要基于教材开展教学，因此，大部分教师对如何将生活情境引入课堂并不十分熟悉。教师要想创设回归生活的现实情境，需要主动在专家指导下研究生活，发现有价值的课程载体和教学切入点，真正让自己成为具备创客素养的创客导师。

②基于高品质任务设计的教学

创客任务是一种全新的学习任务，它融合了必要的知识与技能、结

合了解决现实问题的策略与过程思考，为学生的创客学习过程搭建了必要的"脚手架"。但这就要求教师全面提高创客任务的设计、表达、组织、评价等多种专门能力。同时，由于任务式学习也是传统教学中不常见的方式，这也对教师组织课堂提出了更高的要求。

③围绕精益迭代的课程组织

迭代式学习过程是不断重复、螺旋上升的过程，学生的学习实践开始于不成熟的想法或灵感，经历设计、制作、调试、改进、修饰……最终完成作品。在此过程中，对作品的把玩、反思是很重要的组成部分，它要求学生经常评估目标，反复探究新的可能，不断调试修改。但这个过程本身也为教师的教学增加了组织难度，要求教师提高对创客学习过程的组织管理意识和能力，掌握好时间与质量的平衡。

④借助多种手段为学生提供资源保障

创客学习是一个"浸泡"在资源中的过程，需要以工具、材料资源为核心，综合应用跨学科知识与技能，大容量地采集和整理相关资讯，持续搜集整合师生交流的意见和建议。这些各种类型的资源，都要依靠教师来组织提供，这对资源保障的手段提出了较高的要求。因此，需要建立专门的互联网信息互通平台，打通专业和产业资源渠道保障机制，规划好学生群体的资源应用秩序……这些都是创客教师需要重视和提高的方面。

7. 创客教育的学习评价

(1)评价原则

①过程性原则

就创客本身的特性来讲，技能水平的评价当然是不可或缺的，但从中小学教育的立场来看，我们应更加重视过程性评价，要对学生创作实践活动的每一个阶段，包括提出创意、引出思考、形成问题、搜集信息、制定策略、协作整合、创作实践、技能操作、反思总结、表达说明、分享交流等全过程进行评价。过程性原则要求我们真实有效地记录学生在动手实践过程中的情况，及时发现问题，及时反馈与纠正；要重视在评价中反映出学生在态度、价值观、方法、能力等方面的变化和进步，关注学生能否在问题的提出和解决过程中主动获取知识和应用知识来实现想法。

②全面性原则

全面性原则要求我们既要评价学生创意表达、发现问题、探究问题和解决问题的能力，收集、处理和利用信息的能力，自我规划、自我管理和自我发展、合作交流和表达等能力；又要评价他们的科学态度和创新精神、科学的价值观、合作精神与责任感，还要包括学生各种个性化体验和感悟等，以达到评价的全面性。

③多元化原则

根据创客实践过程和协作的需要，评价者不仅仅可以是教师，也可以是学生或学生小组，甚至可以是家长或社会企业、科研机构有关人员等。多元化原则要求我们要使学生在相互评价中学会总结和反思、发现自我、欣赏别人；要将学生的自评与互评相结合、教师评价与家长和社会评价相结合，使评价成为多方合作和交互活动的过程。

④激励性原则

激励性原则强调评价的改进与激励功能，淡化甄别和选拔的功能。它要求我们尊重和爱护学生的个体差异；发现和肯定学生所蕴藏的潜能，帮助学生树立理想、信念；帮助学生找到自己能力中的强项，不断发现和发掘学生的潜能，真正使评价的过程成为促进学生发展的过程。

（2）评价内容

学生创客学习过程的评价指标系统可以分为三层：核心层、中间层和外表层。具体内容如下。

①核心层：问题发现和方案规划能力

这一层主要关注学生形成想法的能力，包括如下内容：学生在创客实践过程中观察、实验、调查研究和查阅资料等方面的表现；提出创意、规划方法、设想过程、形成方案的能力；在方案形成期与各方面进行信息互动、科学论证的能力等。

②中间层：工具技能和实践操作能力

这一层主要关注学生实现想法的能力，包括如下内容：原型创作、参照验证、修正优化的能力；针对所使用的工具，在基本技能、熟练程

度、应用效率等方面展现出的能力以及 STEAM 素养等；在实践操作过程中展现出的主动求知的学习热情、实事求是的科学态度、严谨细致的实践素质以及敢于质疑的审辩思维、百折不挠的强者心态、求新求变的创客精神等。

③外表层：交流沟通和资源协作能力

这一层主要关注学生分享想法的能力，包括如下内容：用口头、书面等方式表达自己想法的水平；用信息工具收集、分析和处理各方资讯的能力；在合作中主动提出设想建议，积极鼓励他人，尊重并理解他人的观点和处境，运用各种沟通方法发掘资源并组织合作等能力；到一定年龄段后，学生表现出的自我评价和自我督导的行为能力，与他人一起交流和分享信息、创意与成果的能力。

(3)评价方式

①任务进度单

任务进度单是对学生完成创客任务过程中所展现出来的一系列表现、水平、状态的记录和资料汇总。它强调在实施过程中对各方面信息进行自然记录和系统收集，能够充分展现和揭示学生完成项目任务过程中的表现。

学校可以根据实际情况设计编制评价工具，适当纳入学生的研究方案、观察日志、调查表、实验记录、成果说明、自我总结、同学评价、家长反馈等。

②观察访谈

教师对学生的实践过程进行观察和访谈，了解学生的思维方式、思考过程、观点看法、合作组织策略、探究问题途径等，同时对学生的自我表达进行评价和记录并做适当指导。

③成果展示

教师用微型博览会、校内外比赛、班级交流等方式展示学生成果，要求学生在公众面前进行演示或生动的表演，可以让学生充分展示自己的独特性和表达能力；让学生在展示中进行鉴赏甄别，从观众的评价中进行聆听、反思，感受成功和挫折。在展示与交流中，学生能够学习他人的探究成果，激发进一步探究的欲望。另外，学生可以采用绘画、制作、文章展示、口头演说和讨论会等多种方式进行展示。

（4）评价实施

①制定标准

我们根据创客教育课程目标和实施过程制定相应的评价标准。评价标准包括评价指标和评价细则。

②收集材料

教师要尽可能保留并收集学生参与创客教育课程的各种信息材料，这些材料包括合作组织方式、方案设计、流程报告、数据统计、过程访谈等，以此作为评价的重要依据。

③全程评价

全程评价就是对各个阶段开展评价，具体包括如下三个方面的评价。

尝试与方案设计的评价包括对学生的行动热情、计划能力、方法意识、困难预估、抗挫力等的评价。

实践过程的评价包括对情感、态度、价值观、工具应用能力、协作能力、过程记录能力等的评价。

实践成果的评价包括对成果质量、分享展示过程中的表现、成果功能价值、创意表达水平、过程研究组织效益等的评价。

④评价表达方式

我们鼓励采用多维度、多元化评价表达方式。一种是多主体的评价，包括学生自评、互评、组评、班评、教师评价、家长评价、专家评价等。另一种是阶段性评价、结果性评价等。表达方式可以是语言评价、等级标示、学分评价、角色认定、比赛获奖等。

第九节　技术学科融合

实现教育信息化的手段是要充分利用和发挥现代信息技术的优势，其途径和方法则是信息技术与教育教学的深度融合。郑州二中在构建移

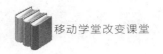

动自主学堂的过程中注重利用和发挥信息技术优势，在信息技术与教学深度融合方面进行了一些探索和研究。

一、 信息技术与教学深度融合的含义

信息技术与教学深度融合是指将信息技术有机地融合在各学科教学过程中，使信息技术与学科的课程结构、课程内容、课程资源和课程实施等融合为一体，从而更好地达成课程目标，提高学生的信息获取、分析、加工、交流、创新、利用的能力，更好地培养学生的协作意识和自主能力。[①]

教育信息化本质上是用信息技术改变教学。课堂教学是学校教学工作的主阵地，信息技术与课堂教学的深度融合，是信息技术与教育教学全面深度融合的核心和关键所在，对于推进教育信息化的进程，提高学校的教育教学质量和育人水平具有十分重要的现实意义。

（一）融合不是一般的技术应用， 而是信息技术与教育教学的相互促进

一方面，信息技术要进入教育教学过程，改变教育教学模式，形成新的教学方法和模式，发挥信息技术对教育教学改革的推动作用；另一方面，要实践新的教育教学理念和模式，必须有与之相适应的信息技术提供支撑，同时教育教学也为信息技术的发展提供了新的方向。

何克抗教授提出：以前信息技术与学科教学的整合，只是从改变"教与学环境"或改变"教与学方式"的角度(最多也只是同时从改变"教与学环境"和"教与学方式"的角度)去强调信息技术在教育领域的应用，只是将信息技术应用于改进教学手段、方法这类"渐进式的修修补补"上，还没有触及教育的结构性变革。他认为要让每一位教育工作者都能自觉地认识到：不能只是停留在运用技术去改善"教与学环境"或"教与学方式"的较低层面上，而必须在运用技术改善"教与学环境"和"教与学方式"的基础上，进一步去实现教育的结构性变革，也就是要改变传统的"以教师为

---

① 周学东：《信息技术与学科教学深度融合的实践探索》，载《中国信息技术教育》，2014(11)。

中心"的课堂教学结构，构建出新型的"主导—主体相结合"课堂教学结构。这正是《教育信息化十年发展规划(2011—2020年)》之所以提出并倡导信息技术要与教育教学深度融合这一全新观念与做法的基本出发点，也是信息技术与教育教学深度融合的本质与确切内涵所在。

学校教育系统结构性变革的确切内涵就是要实现课堂教学结构的根本变革。众所周知，课堂教学结构是教师、学生、教学内容和教学媒体这四个要素相互联系、相互作用的具体体现。课堂教学结构的变革不是抽象的、空洞的，它要实际体现在课堂教学系统四个要素的地位和作用的改变上，也就是说，教师要由课堂教学的主宰者和知识的灌输者，转变为课堂教学的组织者、指导者和学生建构意义的帮助者、促进者以及学生良好情操的培育者；学生要由知识灌输的对象和外部刺激的被动接受者，转变为信息加工的主体、知识意义的主动建构者和情感体验与培育的主体；教学内容要由只是依赖一本教材，转变为以教材为主，并有丰富的信息化教学资源(如学科专题网站、资源库、学科软件等)相配合；教学媒体要由只是辅助教师突破重点、难点的形象化教学工具，转变为既是辅助教的工具，又是促进学生自主学习的认知工具、协作交流工具和情感体验与内化的工具。

（二）信息技术与教学深度融合重在应用

一方面，这种应用应该贯穿于教学活动的始终，也就是"经常用，普遍用，课堂用"，是对既有教学方法的改造与提升。另一方面，在教育教学改革与发展的过程中不断提出新的应用，实现新的应用，也就是要从教育教学的目标要求和学习者的需求出发，以促进信息技术在教育教学中的应用、教学模式和学习方式的变革为目标来安排教育信息化工作。只有聚焦信息技术在教育教学中的应用，尤其是课堂教学中的应用，为学习者提供高质量的学习体验，才能找到信息技术与教育教学的融合点，才能真正体现融合对于促进教学改革、提高教学质量的强大支撑作用。

信息技术在教育教学中的应用是永无止境的，技术的不断创新会给应用提供新的动力和条件，教育的需求和发展也会给信息技术的发展提

出新的要求。促进信息技术在教育教学中的应用，特别是在课堂教学中的应用，使学习者的学习方式便捷化、学习支持个性化，获得高质量的学习结果，是教育信息化发展的方向和本质，而且具有无限的发展潜力，是教育信息化的希望所在。

二、 信息技术应用的意义

（一）信息技术促进学生自主学习能力的发展

自主学习能力是指学习活动的自我意识、自我定向和自我监控的能力，它对学习产生方向性、控制性的影响，是形成各种能力的基础。

信息技术与学科教学融合，要求学生学习的重心不仅仅在"学会"知识上，而是转到"会学"上，逐步要求学生能利用信息技术自主解决问题。

利用信息技术的手段可以有效促进学生自主学习能力的发展。例如，电子学习档案是利用计算机媒体为学生建立的成长记录档案。成长记录档案是指用来呈现有关学生成就或持续进步信息的一系列表现、作品、评价结果以及其他相关记录和资料的汇集。电子学习档案为学生学会如何评估自己的学习情况提供了一个可操作的具体方法，同时电子学习档案的制作过程也使学生领悟到学习成绩、学习过程和情感态度的重要性，从而促进学生自主学习能力的发展。

（二）信息技术促进学生探究能力的发展

课堂教学不能完全将学生置身于一个没有援助的、完全陌生的环境中去发现或创新。利用信息技术可以创造一个适合学生实际能力的、可调控的、问题设置适宜的教学环境，促进学生探究能力的发展。

1. 模拟软件支持的探究性学习

模拟软件可以创设真实的问题情境，并能按照学科特点使学生可以及时得到反馈信息。例如，在初中数学几何教学中，由于目测存在误差，而有限次测量又难以排除无限次测量出现反例的可能性，学生对几何性质的理解不深。利用几何画板创设问题情境，引起学生的猜想与假设，让学生按照猜想与假设主动地对几何画板进行操作尝试，使图形在自己的头脑中不断地进行移动、翻转，依据反馈信息对这种操作进行抽象概括，建构新知识，从而有效地把握几何图形的性质。

2. 工具性信息技术支持的探索性学习

工具性信息技术是指文字处理软件、优秀电子表格软件、FoxBase 数据库软件、PowerPoint 多媒体编辑软件等，以及作为通信工具的局域网和因特网。这些软、硬件信息工具，使学生的探索活动摆脱了时空的限制，使他们的思维活动从简单机械的劳动中摆脱出来，使他们表征与发布信息的形式变得丰富多彩。例如，在初中生物学课"分析食物的营养成分"上，教师先教会学生各种成分的测定方法，给学生提供测试设备，然后让学生从家里带来各种他们愿意测试的食品，按照所学的方法来测出食品中的各种营养成分，并利用优秀电子表格软件记录测试结果。测试数据的大量积累、用心观察和有效使用，将研究性学习渗透到提出假设、实验设计、实验操作、数据统计分析、得出结论和陈述表达等各个环节中。

3. 信息资源支持的探索性学习

校园网提供了丰富的学科课程资源。在校园网上，各年级、各学科都有自己的网页，教师的电子教案就放在相应的网页上。学生上课不必忙于抄写板书，而是将精力更多地集中在思维活动上。网络课程还可以提供辅导学生作业的服务，对一些难度较大的问题不仅给出解题过程，而且还给出解题思路和解题方法。专题学习资源的应用使学生学会利用信息资源进行专题归纳探究的学习；学会利用网络进行自主发现、问题探究性学习；学会利用网络通信进行协商合作、讨论式的学习：学会利用信息工具进行重构知识、创新实践和问题解决的学习。

（三）信息技术促进学生合作能力的发展

信息技术促进学生合作能力发展的途径是开展基于电子作品的教学活动。电子作品是指学生在学科学习、合作学习和社团活动中，将自己的创新思维和问题解决的结果运用于多媒体计算机和网络资源表达出来的数字化作业中。例如，用 Word 做的语文小报、用 Excel 做的统计报

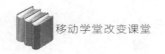

表、用窗口画板做的图画、用 PowerPoint 做的演示文稿、用 Flash 制作的动画、用 VB 设计的小游戏、用 Frontpage 制作的主页等。

基于电子作品的教学模式的理论基础是多元智力理论、合作学习理论和建构主义理论。这种教学模式鼓励学生以多种方式建构和交流知识，主要以协作工作、参与多样学习和反思性思考为主。电子作品创作有助于激励学生协作学习，使学生学会合作的技巧，明白团队工作的价值；促使学生在真实的问题情境中学习和应用知识，使学生的组织能力、交流能力、设计能力、反思能力和研究能力得到提高，有助于学生适应未来社会工作的需求。

三、 工具性信息技术与教学融合的应用

学科工具软件是一种重要的、特殊的学科教学资源。从学科工具软件的产生、发展的逻辑上来看，我们可以把它归结为信息技术与教学融合的必然产物；从学科工具软件在学科教学中的作用上来看，学科工具软件是实现信息技术与教学融合的重要软件基础，可以称得上是信息技术与教学融合的"黏合剂、催化剂和加速剂"。

学科工具软件代表了学科教学资源的未来方向，是计算机辅助教学的发展趋势。学科教师充分发挥各学科工具软件在教育教学中的积极作用，有利于充分挖掘计算机和网络教育资源的利用率和潜力，有利于把学生从网上聊天、游戏和视听娱乐导向到学科专业学习以及以计算机、网络和外语为核心的信息技术的学习与掌握上来，有利于学校和教师实施创造教育，把培养学生的创新意识、创新思维和创新实践能力落实到课堂教学实践中。而这一方面要求我们加强师资培训，另一方面要求学科教师注意积累本专业领域和相关领域的学科工具软件，加强自学研习，做到既要创造性地挖掘学科工具软件的教育教学潜力，又要注意引导，避免学生对学科工具软件的过分依赖而带来的负面影响。

学科工具软件之所以能够应用于教育教学，并发挥着越来越重要的作用。一方面得益于软件设计者独特、巧妙的教学设计和功能模块设计，另一方面有赖于现代化的多媒体与网络教学媒体的广泛应用。当然最重要的

还是学科教师独具匠心的教学设计以及学生的自主学习能力和探究精神。

（一）辅助学科教学

学科教师可以充分挖掘和利用学科工具软件的教育功能，通过网络或投影仪动态演示学科教学内容以传授知识，动态演示如何利用工具软件解决学科问题以培养学生分析问题和解决问题的能力，并完成复习旧课、讲授新课、巩固新课、课堂测验练习、布置作业等教学环节。

（二）辅助课件及其素材制作

层出不穷、功能强大的学科工具软件可以使非计算机专业的学科教师制作出优秀的、实用的多媒体课件。例如，教师可以利用 ChemSketch（化学绘图软件）制作课件和动画，优化教学设计；利用 ChemSketch 的绘图功能和导入、导出功能，制作出丰富多彩的图形、图像素材。

（三）培养学生的创新思维和创造能力

几何画板被誉为 21 世纪的动态几何。国内外有许多研究成果和典型教学案例体现了教师可以利用几何画板来培养学生的创新思维和创造能力。李克东教授提出，利用各种工具、平台让学生创造作品，以培养学生的艺术创作能力和信息组织能力。他还提出了创造思维和创造能力的两个层次：一是科学创造层次，如科学家提出新的学说，发明家发明新的产品等；二是个体自身潜能的开发和发展层次。对于中小学生来说，其创造性是指对学习者个体自我潜在智能有意义的开发和发展。这种层次的创造思维能力是第一层次的基础。

随着学科工具软件的普及，利用学科工具软件培养学生基础层次的创新思维和创造能力将成为学科教师进行教学研究与实践探讨的热点。

（四）促进学生信息素养的提升

学科教师引导学生利用学科工具软件进行课堂演示、自主学习、独立探究和尝试解决问题的教学实践本身就具有很强的示范作用。学生看

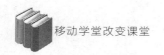

到并体验了计算机和网络的强大功能，从而激发了学习计算机和网络的兴趣和热情，这实际上是计算机和网络教育的扩展和延伸。学生在了解和使用学科工具软件的过程中提升了信息素养。

（五）基本学科软件的应用

工具软件可以在改进教学方面为教师和学生提供极大的帮助。教学中使用这些工具软件，目的并不在于这些软件技术本身，而是强调它们对教学的支持。

1. 学科通用类软件

网页制作软件：Frontpage、Dreamweaver。

动画制作软件：Flash。

音频处理软件：MP3 分割与合并、全能音频转换通。

视频处理软件：视频转换、视频切割、超级解霸。

图像处理软件：光影魔术手、Fireworks。

屏幕抓拍软件：Snagit。

2. 学科工具软件

数学：几何画板、图形计算器、数学公式编辑器。

英语：金山词霸、自然英语语音软件、英语会话精灵。

语文：作文之星、拼音贝贝、电子成语词典。

物理：物理仿真实验室、物理绘图板、物理画板。

化学：化学仿真实验室、电子元素周期表、化学金排。

地理：Photoshop、GoogleEarth。

美术：Photoshop、金山画王、PhotoImpact。

音乐：作曲大师、Cool Edit。

第十节　引入思维导图

郑州二中在构建移动自主学堂的过程中，为培养学生的思维能力，提高学生的学习效率，引入了华东师范大学的思维可视化教学应用项目，作为移动自主学堂教学形态的一个组成部分，在日常教学中普遍使用。

一、 思维可视化的概念

思维可视化是指运用一系列图示技术把本来不可视的思维（思考方法和思考路径）呈现出来，使其清晰可见的过程。被可视化的"思维"更有利于理解和记忆，因此可以有效提高信息加工及信息传递的效能。

思维可视化就是把学习过程中的思考方法和思考路径通过图示技术呈现出来。[①] 思考方法主要包括在学习过程中常用的抽象、概括、区分、推理（演绎、归纳、类比）、分析、综合等逻辑思考的方法，还包括发散、聚合、递进、抽具象转化等思考方式；思维路径主要指思考过程中的思维发展线索（包括横向展开、纵向推进、侧向切入等）。

二、 思维可视化的教学意义

思维是人脑对客观现实间接和概括的反映，反映的是事物的本质和事物间规律性的联系，这是人与动物的本质区别。传统的教学模式把时间主要用在"感知记忆"层面，思维可视化教学重新聚焦在思维层面，让教学回归对人的教育。在传统教学模式中，"知识加工"和"问题解决"的思考过程往往是不可见的，而且教师和学生都更多关注答案，忽视答案的生成过程。然而，学生思维的发展并不来自"答案的累积"，而来自"生成答案的思维方法和过程"。"答案的累积"只是增加学生的"感性答题经验"，而不能提高学生的"理性解题能力"，所以当题目或题型一变，学生便无法应对。

因此，要提高教学效能，我们就必须变"强调答案"为"强调答案的生成过程"，变"依靠感性经验答题"为"运用理性思考解题"，而这就要求我们必须要把"看不见的"思维的过程和方法清晰地呈现出来，以便更好地理解、记忆和运用。

---

① 刘濯源：《基于"未来课堂"的思维可视化研究》，载《中国信息技术教育》，2013(1)。

在教学过程中，要提高教学效率，把枯燥、令人乏味的知识展现出来，图像的作用比较明显，把原本不可见的思维的过程、方法、规律等可视化呈现，把隐性思维显性化，更能实现增强记忆与加深理解的过程。思维可视化得到了教育者们的高度肯定，对于提高教师的专业能力与学生的学习力都有关键性的作用。

在未来课堂的研究与应用中，思维可视化是其核心要素之一，主要解决知识与经验的自我建构、思维训练和习惯养成问题，既能有效地提升思维效能，又能将各种信息有机地组织架构起来，改变原有的线性、连续性思维方式，有利于教师对学生思维过程的洞悉和了解，有助于学生自主学习能力的培养，特别是对学生在碎片化的时间或资源状态下有效、自主的学习有着特殊意义。

三、 思维可视化的应用

（一）思维可视化运用的图示工具

思维可视化运用的图示工具包括如下四个方面。

思维导图：适合知识系统梳理、层级知识结构。

流程图：适合绘制解题流程。

鱼骨刺图：适合绘制解题流程。

学科规律模型：揭示复杂知识背后的本质关系。

（二）思维导图的绘制软件

思维导图的绘制软件包括 Mindmanager、Mindmapper、FreeMind、Sharemind、XMind、Linux、Mindv、iMindmap 等。这些绘制软件不但可以绘图，而且还可以将图示以动态的形式分步呈现出来，使内容开发者或学习者的思路更加清晰。

（三）思维可视化的教学用途及实践意义

思维可视化的教学用途为：展示教学内容，呈现知识结构；体现思维过程，解释理论体系；设计教学过程，实现知识建构；个人学习管理，小组头脑风暴。

思维可视化的实践意义为：培养学生的学习兴趣；培养学生的学习方法及自学能力；帮助学生构建知识网络；有利于开展学生思维训练。

（四）思维导图的绘制规则及应用核心

点：确定主题，集中发散——问题、焦点、目标、主题。

线：思路清晰，逐层展开——阶段、过程、步骤、分支。

面：归类分组，充分全面——范围、全面、完整、周全。

体：配用添色，立体可观——整体、立体、色彩、联想。

（五）思维可视化的教学应用

思维可视化的教学应用包括如下四个方面。

第一，阅读自学，课前预习。用思维导图预习法，学会抓关键词、要点，并画出一张导图。

第二，合作讨论，头脑风暴。将某一个知识点或现象进行集中与发散思考，发挥每个组员的主观能动性。

第三，周、月、学期科目知识点的归纳、总结。

第四，解题模块化，作文写作。

另外，必须注意使用思维导图的三个原则：必须让学生去画；必须给学生展示及改进的机会；必须使思维导图与学科内容深度融合。

第四章

**移动自主学堂的教学
效果**

移动自主学堂的教学实践，改变了教师的教学理念、教学技能与教学模式，转换了教师角色，同时也对学生的学习行为产生了深刻影响，如学生主观能动性的变化、学习方式的转变等。教与学过程的变化，势必会影响到教育教学效果。本章从学生、教师、学校三个角度来分析移动自主学堂给教学效果带来的影响。

第一节　学生学业成绩的变化

学生学业成绩是指学生学习完课程后，通过科学测验和评价衡量出来的结果。长期以来，普通高中的学业成绩一直是教育领域关注的焦点问题，它不仅是教育行政部门衡量学校教育教学质量的重要指标，也是促进学校发展的重要动力，同时也是社会评价一个学校的依据。我们从学生学业成绩现状、学生学业成绩的影响因素、移动自主学堂下的影响因素三个方面对移动自主学堂所带来的学生学业成绩变化做了相关分析。

一、　学生学业成绩的现状分析

高中学生正处于青春初期阶段，从不成熟逐渐走向成熟。他们的理想、信念与人生观正在初步形成，对学习的目的与动机都有了自己的认识，自我意识越来越强，再加上高中学生面临着毕业后的大学生活或者就业的选择，因此，在高中阶段，他们就把学业成绩与将来的升学或者就业紧密地联系到一起，凡事都是以考上大学为目的，对所学的知识具有明显的选择性，一切都是为了考取好的成绩。教师教学的目的性也越来越强，被高考牵着走，以学业成绩来评价和衡量学生。这些现象更加重了高中学生学习的目的性。由于他们认知能力的局限性，往往忽视了有利于自己将来发展的有关知识的学习和能力的培养。

随着社会的发展，网络与信息时代的到来，仅仅掌握知识与技能，

拥有较好的学业成绩已不能适应社会发展对人才的需求，学业成绩作为评价的单一指标已不能完全得到学生、家长、教师和社会的认可。2015年，思来氏教育咨询服务机构对郑州二中教学质量进行了评估，此次教育质量综合评估融合了"中小学教育质量综合评价体系"框架，结合郑州二中办学的校本情况，从品德行为、学业发展、身心健康、兴趣特长、社会实践五个维度进行了教育评估，具体评估指标框架如表 4-1 所示。

表 4-1 郑州二中教育质量评估指标框架

评价内容	关键指标	指标考查要点
品德行为	行为习惯	学生在文明礼貌、勤俭节约、热爱劳动、爱护环境等方面的认知和表现情况
	公民素养	学生在珍爱生命、遵纪守法、诚实守信、团结友善、乐于助人等方面的认知和表现情况
	理想信念	学生在爱国情感、民族认同、社会责任、集体意识、人生理想等方面的情况
学业发展	学习状态	学生对各学科课程标准要求的基础知识、基本技能的理解和掌握情况
	创新意识	学生在独立思考、批判质疑、钻研探究和解决问题的思路、方式方法等方面的情况
身心健康	生活习惯	学生对健康知识与技能的了解和掌握情况，在生活与卫生习惯、参加课外文娱体育活动等方面的情况
	艺术修养	学生在审美情趣和艺术修养等方面的发展情况
	自我意识	学生对自己情绪的觉察与排解、对行为的自我约束情况，以及应对和克服学习、生活中遇到的困难的态度和表现情况
	社会交往	学生在师生关系、同伴关系、亲子关系等方面的情况
兴趣特长	兴趣领域	学生对某些知识、事物和现象的专注、思考和探求的情况
	爱好特长	学生课余生活的丰富性，在文学、科学、体育、艺术等领域表现出的喜好、付出努力和表现的结果
	潜能发展	学生在某些方面表现出的突出素质和进一步发展的能力

续表

评价内容	关键指标	指标考查要点
社会实践	管理岗位	学生在学校担任管理岗位的公平机遇、民主机制和竞争氛围，学生参与民主选举的积极性和责任意识
	社会参与	学生参与社会活动的态度，以及将知识运用于实践的意识和资源需求
	公益活动	学生参与公益活动的意愿和积极性
	国际视野	学生对信息有一定的敏感度，能够关注周围与国际热点，并注重获取各类信息，在认识世界多元性的前提下，对不同文化背景下的各种差异予以尊重和理解

我们根据表 4-1 的五个维度，进行了问卷调查，对收到的 905 份问卷进行了优化，共得到 836 份有效问卷，有效问卷概况如表 4-2 所示。

表 4-2　有效问卷概况

	男	女	总计
高一	164 份	201 份	365 份
高二	221 份	250 份	471 份
总计	385 份	451 份	836 份

由于高三年级的学生正面临着高考的压力，有着繁重的学业负担，无论在学习还是在生活上都会受到高考的影响，不利于数据的真实体现。为了使数据更自然，更贴合实际，问卷对象只选择了高一、高二年级的学生，问卷的男女比例在正常的男女比例范围之内，可以进行正常的数据分析，其中一级维度整体得分情况如图 4-1 所示。

在五个一级维度中，品德行为得分最高，说明学生比较讲礼貌，遵守学校纪律，同学间团结友爱，这可能与学校开展了主题教育活动、仪式教育和行为通则等德育课程有关；学业发展得分相对较低，主要表现为学生学习负担比较重，学习压力比较大。在五个一级维度中，兴趣特长的标准差最大，说明学生兴趣特长的发展不够均衡，学生之间差异较大，这很可能是学校没有统一的课程来培养学生的兴趣特长，同时兴趣

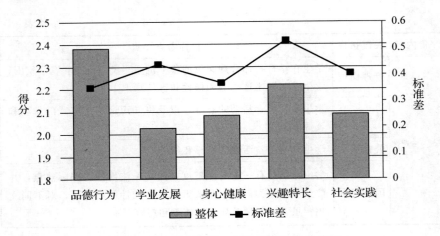

图 4-1　教育质量评估一级维度整体得分情况

特长的发展很可能与家庭教育有关，因此差异较大；品德行为的标准差最小，学生之间的差异较小，说明学生品德行为的发展比较均衡，因为学校实施统一的课程，教育质量呈现高位均衡的优势。从这个图表中还可以看出，学校目前的学业成绩不占优势，需要在学生全面发展的基础上提高学生的学业成绩。要想提高学生的学业成绩，必须要先确定影响学生学业成绩的因素有哪些？如何能提高学生的学习成绩？同时学校可以在不增加学生学业负担的情况下，开设培养学生个性拓展、兴趣特长发展的课程，帮助学生学会自我定位，发展自信心，支持鼓励学生发展多元的兴趣爱好，促进学业成绩的提高。

二、 学生学业成绩的影响因素分析

学生学业成绩是教育质量的重要组成部分，也一直是教育者们关注的热点，因为学业成绩在一定程度上代表了学生学习的能力，而提高学生的学习能力又是当代教育事业的主要目标之一。只有确定学生学业成绩的影响因素，教育者才能有针对性地采取措施，有效教学，提高教学质量。学业成绩的影响因素，长期以来一直是教育家研究的对象。各国学者基本是从社会因素和个体因素两个方面进行研究。

墨尔本大学的哈蒂(Hattie)教授对学业成绩的影响效应量进行了大范

围的研究分析。实验得出，直接教学的效应量是 0.59，掌握学习是 0.58，以学生为中心的教学是 0.54，合作学习是 0.42，探究式教学是 0.31。在这里可以看出，信息技术方便了信息传递，只是在直接教学中发生了作用，仍无法跟踪学生学习的全过程，没有发生根本性的教育变革。很多教师认为探究学习是在浪费学生时间，不如直接告诉结果。但是，探究性的学习方式锻炼了学生其他方面的能力素养，如交流合作能力、批评创新思维等，使他们更能适应社会的需求。

有的学者认为，学业成绩与学生的创造力息息相关，创造力得不到激发，学业成绩提升有限。在学习中，要鼓励学生摆脱对学术权威的膜拜，倡导学生探究真知，挖掘自身的创造力，提高自信心。英国学者安娜·克拉夫特(Anna Craft)认为，未来的教育与现实的教育有一点是一致的，就是强调学业成绩，推崇成功的学生，突出经济贡献和有责任心的公民，注重对全国各地文化的接触和识别，注重健康以及对创造性思维和批判性思维的培养。

吴碧宇从学生的学习方式、教师的期望和家庭因素三个方面分析了影响学业成就的归因。[①] 其中，学习方式受个体的成就动机、认知风格、性别差异等的影响；教师对学生学业表现的归因倾向对其教学活动和学生的学业成绩也都有明显的影响；家长的期望不同，也会使孩子的学业成绩差异明显。

司继伟与张庆林根据对学业成绩影响的直接性，将影响因素分为个体因素与环境因素。[②] 个体因素是指个体自身影响学业成就的各种心理过程或状态，如情绪、能力、自我效能感、成就动机、学习策略、知识结构和人格等；环境因素是需要借助个体自身心理特点对学业成就施加间接影响的各种学习环境元素，如教学方式、教师期望、家庭背景、课程安排、同伴关系和父母教养方式等因素。其中，个体因素的影响力远大于环境因素的影响力。

赵彤璐与钟君认为，在学业成绩的诸多影响因素中，教师和学生始

---

① 吴碧宇：《影响学生学业成就归因分析》，载《成都教育学院学报》，2004(10)。
② 司继伟、张庆林：《试论学生学业成就的个体因素》，载《教育理论与实践》，1999(9)。

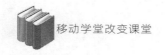

终是最关键的因素。① 在他们对所在市的 150 名教研人员和教育管理人员的调查中发现，学生学习投入、教师队伍教学技能、学校领导班子领导力是当前影响普通高中学业质量的主要因素。学生学习投入主要包括学习兴趣、学习方法、学习态度和学习习惯等；教师队伍教学技能包括教师胜任教学工作的知识和能力、合适的教学方法、有效的教学手段、扎实的教学基本功、合理利用课程资源、关注学生学习态度与方法、情感态度价值观的养成、引导自主探究思考等；学校领导班子领导力包括领导班子的结构、实干精神、理论修养、服务意识和创新能力以及学校教学管理能力等。

王振宏与刘萍以 119 名高中学生为测试对象，研究发现：内在动机、自我效能感、学习策略、掌握目标、智商分数与学业成绩呈显著的正相关；业绩目标、外在动机与学业成就呈显著的负相关。②

综上所述，学业成绩的影响因素不仅包含个体的智力水平、学习兴趣、学习动机、学习策略、自我效能感、认知风格等内在因素，还包含教师的教学技能与家庭的教育环境等外在因素，且个体因素的影响力远大于外在因素的影响力。相关研究理论指出，在智力水平一定时，非智力因素才是决定学习成绩的重要因素，更是决定人一生成败的极为重要的决定性因素。

三、 移动自主学堂下的影响因素分析

移动自主学堂下的教学对学生的学业成绩到底产生了什么影响呢？下面从学生学业成绩的变化及影响因素两个方面来展开分析。

（一）学生学业成绩的变化

移动自主学堂自投入使用以来，到 2017 年 1 月已经送走三届毕业生，

---

① 赵彤珞、钟君：《普通高中学业质量影响因素初探》，载《教育测量与评价（理论版）》，2013(2)。

② 王振宏、刘萍：《动机因素、学习策略、智力水平对学生学业成就的影响》，载《心理学报》，2000(1)。

第一届是初探阶段，在不断实施与完善中，第二届渐进成熟，第三届开始走向正轨。根据移动自主学堂使用的成熟度，我们对现届（第三届）高三年级两个创新班的学生从高二年级开始进行两年的学习跟踪，着力研究移动自主学堂对学业成绩的影响。目前的研究对象高三年级学生在高一年级结束时，根据其文理科选择及在移动自主学堂的适用度上进行了重新分班。为提高数据的有效性与可信度，我们选择了 2 个实验班作为参照对象。创新班与实验班相同的是，在高一年级结束重新分班时，以期末全市统考分数为依据，创新班与实验班的成绩相当，部分教师也相同，区别在于有无使用睿迅课堂教学平台。以实验班为参照对象，研究移动自主学堂下的创新班学业成绩的变化。在高二年级上学期的期末统考中，创新班的优秀率稍微比实验班的优秀率高一些，但不是很明显；在高二年级下学期到高三年级时，创新班的优秀率越来越高，实验班优秀率也在提升，但是实验班与创新班相比，差距在慢慢拉大。

通过两年的创新班与实验班的成绩跟踪发现，移动自主学堂下的教学实践使得学生的学业成绩提升较快。

（二）学生学业成绩的影响因素

为了解创新班学生学业成绩提升的原因，考虑到创新教学环境的技术性，在已有分析的基础上，我们从学习兴趣、学习动机、学习策略、认知风格、自我效能感五个维度编制了调查问卷，对高二、高三年级创新班的学生进行了调查。因为创新班高一年级的学生使用睿迅课堂教学平台时间不长，所以未被作为问卷调查对象。高二、高三年级创新班的学生共 248 人，男生 124 人，女生 124 人，其中高二年级 173 人，男生 79 人，女生 94 人；高三年级 75 人，男生 45 人，女生 30 人。表 4-3 对问卷的五个维度进行了说明。

表 4-3 学业成绩的影响因素调查问卷维度说明

维度	维度说明
学习兴趣	学习兴趣是学生对学习活动的一种爱好或者追求的心理倾向，是内部学习动机的助推器

续表

维度	维度说明
学习动机	学习动机是一种心理需要，反映了人们的学习目的与学习愿望，分为内部学习动机和外部学习动机；内部学习动机来自强烈的求知欲望、浓厚的学习兴趣和自我报偿因素，外部学习动机依赖于表扬、奖励等外在报偿的因素
学习策略	学习策略的本质属性主要表现在对学习的控制与自我调节上，具体体现在自我管理、自我激励、基础学习、成功考试、高效记忆、深度学习等方面
认知风格	认知风格体现在对课业量、课业难度、考试排名、教学方式等的认知上
自我效能感	自我效能感主要是指个体在应对新事物与挑战时表现出来的信心；一般来说，个体的成功经验、他人提供的成功经验、社会劝导、良好的身心状态都能提高自我效能感；自我效能感会影响到学生的努力程度、认知投入、坚持性、学习策略的使用等

我们利用睿迅课堂教学平台的问卷功能，将此调查问卷发送到学生的平板电脑上，学生即时完成，即时提交。后台数据显示共发送问卷 248 份，成功接收 248 份，均有效。睿迅课堂教学平台的问卷功能有效提高了回收问卷数据的有效性。我们使用 SPSS 22.0 对数据进行了信、效度分析。

1. 信度分析

在分析影响学业成绩的因素之前，必须对问卷数据的信度进行分析。信度是检查测验结果的一致性、可靠性及稳定性，信度系数越高表明该测验结果越可靠。本问卷的信度分析将 Cronbach 的 Alpha 值作为指标，一般认为 Cronbach 的 Alpha 值达到 0.7 以上为高信度；本问卷的 Cronbach 的 Alpha 值达到了 0.9 以上，具有较高的可靠性。问卷数据的信度检验如表 4-4 所示。

表 4-4　问卷数据的信度检验

Cronbach 的 Alpha 值	基于标准化项目的 Cronbach 的 Alpha 值	项目个数
0.915	0.921	33

2. 效度分析

要检验一组数据是否真实有用，主要从数据的效度上来体现。效度体现所检测的内容能够反映测验目标的程度。若效度越高，则说明检测的内容能够与测验目标保持一致，反之亦然。那么本次调查问卷回收的数据是否能真实有效地反映影响学生学业成绩的因素呢？我们在效度方面利用 SPSS 软件进行 KMO 与 Bartlett 球形检验，KMO 统计量越接近 1，变量间的偏相关性越强，因子分析的效果越好。一般来说，只要变量的 KMO 值大于 0.5，$Sig.$ 小于 0.05，就适合做因子分析。如表 4-5 所示，各变量的 KMO 与 Bartlett 球形检验值，都符合要求，因此适合做因子分析。

表 4-5　KMO 与 Bartlett 球形检验

KMO 测量取样适当性		0.785
Bartlett 球形检验	大约卡方	4 659.236
	df	351

3. 因素分析

由上述信、效度分析结果可以看出，此次调查问卷适合做因子分析。我们利用"解释总方差"法提取公因子，以探究调查问卷中反映出的影响因素。从"初始特征值"的"合计"数值中可以看出，共有 5 个数据大于 1，这表明可以提取 5 个公因子。在调查问卷的设计中，总共设计了五个维度，因此在因子分析的结果中也正好提取了 5 个公因子。从"循环平方和载入"的"累计％"中可以看出，所选取的 5 个公因子对样本方差的累计解释率为 85.358％，已经达到了累计贡献率大于 80％的要求，那么提取的 5 个公因子能够较好地解释自变量所要说明的问题。自变量解释的总方差如表 4-6 所示。

表 4-6　自变量解释的总方差

元件	初始特征值			提取平方和载入			循环平方和载入		
	合计	方差的％	累计％	合计	方差的％	累计％	合计	方差的％	累计％
1	8.519	31.552	31.552	8.519	31.552	31.552	5.116	18.947	34.216
2	1.971	7.299	38.851	1.971	7.299	38.851	3.000	11.113	44.300

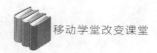

元件	初始特征值			提取平方和载入			循环平方和载入		
	合计	方差的%	累计%	合计	方差的%	累计%	合计	方差的%	累计%
3	1.765	6.535	45.386	1.765	6.535	45.386	2.218	8.216	62.404
4	1.462	5.414	50.800	1.462	5.414	50.800	2.117	7.840	70.340
5	1.231	4.558	55.358	1.231	4.558	55.358	2.051	7.595	85.358
6	0.871	3.336	59.695						
7	0.910	3.112	63.806						
8	0.997	3.691	67.497						
9	0.987	3.654	71.151						
10	0.905	3.352	74.504						
11	0.893	3.307	77.811						
12	0.794	2.942	80.753						
13	0.740	2.739	83.492						
14	0.696	2.576	86.068						
15	0.693	2.568	88.636						
16	0.645	2.390	91.025						
17	0.466	1.725	92.750						
18	0.392	1.452	94.202						
19	0.342	1.268	95.471						
20	0.336	1.245	96.715						
21	0.298	1.102	97.818						
22	0.285	1.056	98.873						
23	0.137	0.508	99.381						
24	0.084	0.309	99.690						
25	0.048	0.178	99.868						
26	0.022	0.082	99.950						
27	0.013	0.050	100.000						

注：提取方法为主体元件分析。

那么移动自主学堂下影响学生学业成绩的五个因素是什么呢？我们

根据旋转元件矩阵进行因子提取，如表 4-7 所示。根据数值，我们把数值大于 0.5 的归为一类，提取这些因子，合并成 1 个公因子。根据调查问卷的学习兴趣、学习动机、学习策略、认知风格、自我效能感五个维度，以及旋转元件矩阵的分析结果和问卷调查内容，我们把第一列的"字体加粗"的数据归类成学习兴趣。

依此类推，后几列的"字体加粗"的数据分别归类为学习动机、学习策略、认知风格、自我效能感。通过以上数据的分析，我们可以初步认为学习兴趣、学习动机、学习策略、认知风格、自我效能感都是移动自主学堂环境下影响学生学业成绩的关键因素。

表 4-7　旋转元件矩阵

	元件				
	1	2	3	4	5
3	**0.721**	0.087	0.120	−0.044	0.427
4	**0.753**	0.468	0.068	−0.050	0.035
5	**0.789**	0.252	0.056	0.121	−0.399
6	**0.532**	0.063	−0.168	0.194	0.077
7	**0.654**	0.014	0.069	−0.011	−0.571
8	**0.597**	0.101	0.059	0.197	−0.085
9	−0.041	**0.804**	0.163	−0.044	−0.198
10	0.336	**0.793**	0.120	−0.117	−0.199
11	0.254	**0.639**	0.077	0.039	−0.077
12	0.362	**0.649**	0.012	0.320	0.159
13	0.281	**0.523**	0.109	0.080	−0.121
14	0.411	0.352	**0.941**	0.048	0.326
15	0.435	0.274	**0.650**	0.224	0.287
16	0.465	0.358	**0.762**	0.157	0.413
17	0.245	0.462	**0.951**	0.260	0.120
18	0.154	0.114	**0.539**	0.116	0.053

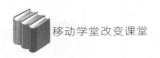

续表

	元件				
	1	2	3	4	5
19	0.202	0.353	**0.773**	0.251	0.084
20	0.136	0.101	0.025	**0.781**	0.028
21	0.131	0.465	−0.053	**0.768**	0.195
22	0.353	0.214	0.044	**0.515**	0.020
23	0.106	−0.183	0.148	**0.567**	0.133
24	−0.006	0.235	−0.084	**0.537**	−0.146
25	0.176	−0.013	0.207	0.001	**0.637**
26	0.314	0.031	0.137	−0.106	**0.599**
27	0.492	0.149	0.070	0.021	**0.706**
28	0.431	0.145	−0.010	0.293	**0.691**
29	0.208	0.043	0.013	0.167	**0.892**

注：提取方法为主体元件分析。转轴方法为具有 Kaiser 正规化的最大变异法。

在上述的因子分析中，探究的是自变量(影响因素)的因子，还需要对因变量(学业成绩)做因子分析。在对条目 30～33 的因子分析中，我们提取了 1 个公因子，根据问卷内容，认为该因子是学业成绩。

4. 相关性分析

虽然已经确定了学业成绩的影响因素，但是这些因素对学生的学业成绩产生了什么影响呢？是促进学业成绩的提升，还是阻碍学业成绩的提升？我们利用上述自变量的 5 个公因子与因变量(学业成绩)的 1 个公因子进行了相关性分析，以探究各因素与学业成绩之间的相关性。相关性分析结果如表 4-8 至表 4-12 所示。

表 4-8　学习兴趣与学业成绩的相关性分析

	相关系数	$Sig.$(双侧)	N
学习兴趣与学业成绩	0.775*	0.016	248

注：* 表示在 0.05 水平(双侧)上显著相关。

表 4-9　学习动机与学业成绩的相关性分析

	相关系数	$Sig.$（双侧）	N
学习动机与学业成绩	0.846*	0.015	248

注：* 表示在 0.05 水平（双侧）上显著相关。

表 4-10　学习策略与学业成绩的相关性分析

	相关系数	$Sig.$（双侧）	N
学习策略与学业成绩	0.462	0.033	248

注：* 表示在 0.05 水平（双侧）上显著相关。

表 4-11　认知风格与学业成绩的相关性分析

	相关系数	$Sig.$（双侧）	N
认知风格与学业成绩	0.420	0.048	248

注：* 表示在 0.05 水平（双侧）上显著相关。

表 4-12　自我效能感与学业成绩的相关性分析

	相关系数	$Sig.$（双侧）	N
自我效能感与学业成绩	0.443	0.037	248

注：* 表示在 0.05 水平（双侧）上显著相关。

当相关系数大于 0 时，两变量正相关；当相关系数小于 0 时，两变量负相关。在通常情况下，相关系数在 0.8～1.0 时，极度相关；0.6～0.8 属于强相关；0.4～0.6 属于中等程度相关；0.2～0.4 属于弱相关；0.0～0.2 属于极弱相关或无相关。从以上相关性分析中可以看出，学习兴趣、学习动机与学业成绩相关的显著性较明显，学习策略、认知风格、自我效能感与学业成绩的相关也有显著性，但不是很明显。

5. 回归分析

回归分析是确定不同变量间相互依赖的定量关系的一种统计分析方法，是相关性分析的拓展与延伸。在确定自变量与因变量的相关性基础上建立相关变量间的数学模型，进而确定不同变量对某种现象的贡献程度。回归分析结果如表 4-13 至表 4-15 所示。

表 4-13　回归模型的总体效果参数

模型	R	R^2	调整后 R^2	标准偏斜度错误
1	0.718[a]	0.714	0.706	0.60324427

注：a 指自变量。

表 4-14　回归问题中的方差分析

模型		平方和	df	平均值平方	F	显著性
	回归	3.427	1	0.685	0.681	0.000[b]
1	残差	243.573	242	1.006		
	总计	247.000	247			

注：b 指自变量。

表 4-15　影响因素与学业成绩的回归系数

模型		非标准化系数		标准化系数	T	显著性
		B	标准错误	Beta		
1	（常数）	5.183	0.072		0.000	1.000
	学习兴趣	0.775	0.064	0.075	1.183	0.008
	学习动机	0.846	0.063	0.046	0.714	0.000
	学习策略	0.462	0.084	0.062	0.966	0.005
	认知风格	0.020	0.029	0.020	0.321	0.002
	自我效能感	0.043	0.057	0.043	0.678	0.004

　　调整后的 R^2 越接近 1，说明模型拟合度越强，解释能力越强。一般来说，显著性水平在 0.05 以上，均有意义。由上述 3 个表可以看出，该模型的拟合度良好，方程及系数的回归效果是显著的。由表 4-15 可以看出，学习兴趣、学习动机、学习策略、认知风格和自我效能感的显著性概率均小于 0.05，说明这五项有显著性差异。根据表 4-15 可以得到如下回归方程：学业成绩＝0.775×学习兴趣＋0.846×学习动机＋0.462×学

习策略＋0.020×认知风格＋0.043×自我效能感。从这个回归方程可以看出，学习兴趣与学习动机对学生的学业成绩影响较大，学习策略次之，认知风格与自我效能感影响较小。

第二节　学生自主学习能力的变化

移动自主学堂的教学实践使学生的学习方式发生了根本性的变化。学生的自主学习习惯在逐渐养成，学生的主观能动性发生了可喜的转变，学生的自主学习能力越来越强。

一、学生学习主动性的分析

目前，在美国，语言、数学和写作都是思维性工具，这三项是美国一些名校最重视的训练。其中，一种是自然语言工具，即数学，另一种是社会语言工具，即语言与写作。综观中外教育的差距，教育应该培养的是积极主动的能力。应试教育下的死记硬背正在一步一步地剥夺学生的思维能力，特别是批判性思维，使他们处于一种被动的应付状态，兴趣索然，冷漠生活，习惯安排，不会主动地提出问题、分析问题，答案的唯一性让他们摆脱了实际的生活。著名教育家杜威曾说："教育即生活，学校即社会。"真正好的教育，应该是让学生积极主动地实践，选择自己想要的东西；应该是让学生根据自己的潜能和真实的体验，像科学家一样积极思考，动手实验，明确自己努力的方向，全身心地投入，而不是被动地接受。可见，学生的学习主动性在他们将来的学习与生活中起着非常重要的作用。

在移动自主学堂中，移动学习终端的使用效果很大程度上取决于学生的学习主动性。能充分利用移动学习终端来学习的学生，学习主动性就比较强。相反，如果受网络游戏、空间小说等的影响，学生的学习主动性就有待增强。

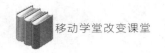

为增强学生的学习主动性，教师经常利用移动自主学堂下的四种学习方式来培养他们，即自主学习、合作学习、探究学习、个性化学习。通过以上四种学习方式来培养学生，学生的学习主动性发生了很大的转变，具体表现如下。

在教师提前推送的资源包的指导下，学生的自主性发生了较大的转变。学生的课前先学已经成为学习过程的一部分，并且成为学习习惯。

在深度学习和拓展性学习方面，部分学生已经不满足于课堂所学，他们会主动上网进行深度学习和拓展性学习。

学习的内容和深度实现了学生的自主选择，他们的学习方式也呈现出个性特色。通过学习平台的通信功能，学生愿意并乐于随时把学习问题发送给教师或同学，请求帮助和交流，实现了师生、生生之间的随时交流，他们的学习积极性得到了提高。

学习平台上设置了错题本。学生在测试中出现的错题会自动进入错题本，系统会及时提示学生纠错，教师也引导学生自觉进行纠错，学生的纠错习惯逐渐养成。在课余时间，学生会自主地拿出移动学习终端，复习巩固已学知识。

在大课间、在操场上、在校园的每个角落里，我们都会发现学生利用零碎时间用平板电脑进行阅读。碎片时间的利用大大提高了学生的思想与时间自由度。

网络技术的使用使学生的视觉、听觉等受到了很大的冲击，使他们的大脑里会时不时地出现一些创意想法。以前，学生可能只是想想，但是现在他们想用平板技术创造各种东西，如利用平板电脑进行不同班级间活动的现场直播、实现全息投影、设计制作 3D 打印作品等。

移动自主学堂在提高学生时间自由度的同时，为他们的兴趣特长的发展提供了机会，学生愿意抽时间利用平板电脑完成学业任务。技术让他们在有限的时间内学会了做各种有意义的事情。

因此，移动自主学堂改变了学生的学习主动性，化被动学习为主动学习。学生的主动学习过程如图 4-2 所示。

学生通过思维导图构建知识体系

教师指导学生自主学习

互助交流，分享收获

小组合作，教师点拨

图 4-2　学生的主动学习过程

移动自主学堂激发了学生自主学习的热情和兴趣，使学生借助现代媒体和学习工具畅游在网络知识的海洋中，不仅拓宽了他们的视野，启迪了他们的人生，使他们获得了足够的知识营养，而且使他们养成了独立学习、独立思考、自我总结的学习习惯。另外，移动自主学堂也培养了学生自主钻研的精神。在教学实践中不难发现，很多学生善于利用平板电脑寻找解决问题的途径和答案，自主钻研的精神为他们的自主学习与快乐成长打开了大门。

二、 学生自主学习的应对措施

学生学习的主观能动性是影响学业成绩最直接的因素。学生是学习的主体，培养学生的自主意识，激活学生的求知欲，是现在教育的关键。在大数据时代的技术环境下，如何提高学生的主动性呢？面对学生学习行为的变化，我们能够发现学生的学习主动性的变化。睿迅课堂教学平台的后台收集了大量的有关学生学习行为的数据。对这些数据进行了构

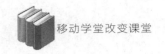

思和设计，在现有数据的基础上，我们规划了 4 个数据反馈模块来促进学生的学习，具体如下。

实时预警：便于教师对学生特殊状态的了解与及早干预。

实时排行榜：激励与促进学生的学习。

实时全校错题本：全校学生的经验汇聚，自动形成重要题库。

资源的自动推荐：更及时地帮助与干预分析。

这 4 个模块都是利用现有数据，首先从中找出可供参考、研究与分析的数据，然后形成可自动判断的模型与算法，进行快速的数据反馈，再提供给教师和学生参考，营造一种良性竞争氛围，促进学生自主学习。

（一）实时预警

每次的测试可以通过对学生做题时间与正确率的对比分析，利用实时预警模块，对学生的学习行为和态度进行全面的了解。下面以某次考试为例来分析预警过程，具体如下。

在某次考试中，后台数据显示全体学生的平均做题时间为 179.7 秒，平均正确率为 78%。但是有几位学生的正确率和完成时间出现了一些异常，在做作业的过程中，完成时间明显低于平均值，但正确率或高或低。具体数据如表 4-16 所示。

表 4-16　个别学生测试完成时间与正确率

姓名	完成时间	正确率
王同学	37 秒	39%
叶同学	39 秒	23%
申同学	39 秒	48%
陈同学	33 秒	93%
李同学	36 秒	84%
张同学	38 秒	89%

从这个角度出发，可以猜测：用时过短的学生，正确率较低，可能是乱做；正确率较高的话，可能是抄袭。那么如何定位这两种学生呢？

我们利用数据挖掘技术进行定位。为提高数据的科学性与准确性，我们利用数据挖掘的三种算法找到了这两种学生，算法如图 4-3 所示。

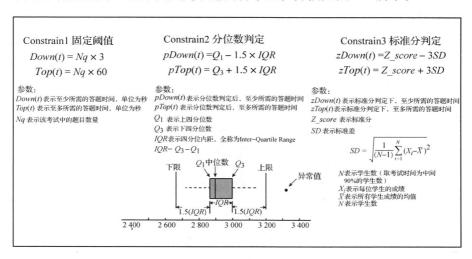

图 4-3　数据挖掘的三种算法

我们利用数据挖掘的三种算法找出了乱做与抄袭的学生名单，预警结果如表 4-17、表 4-18 所示。

表 4-17　用时过短，正确率较低——乱做

姓名	正确率	完成时间
王同学	39％	37 秒
叶同学	23％	39 秒
申同学	48％	36 秒

表 4-18　用时过短，正确率较高——抄袭

姓名	正确率	完成时间
陈同学	93％	33 秒
李同学	84％	36 秒
张同学	89％	38 秒

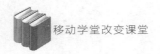

　　找出态度不端正的学生之后，在日常教学过程中，我们可以多加关注，分析学生出现这种现象的原因，及时采取措施，加以引导。班级测试结果如图 4-4 所示。

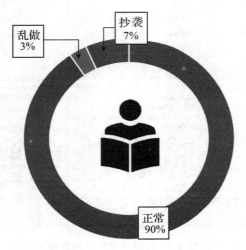

图 4-4　班级测试结果

　　综上分析，在教师的平板电脑界面中，我们可以再开发出预警功能模块，根据现有数据，对学生作业行为中乱做与抄袭的现象进行预警。预警界面示意图如图 4-5 所示。

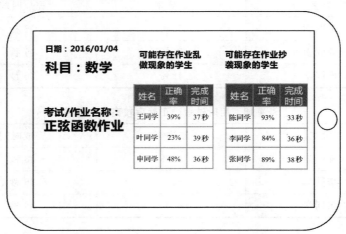

图 4-5　预警界面示意图

（二）实时排行榜

利用学生求胜及爱表现的心理，我们将排行榜引入睿迅课堂教学平台，实时变化名次，通过排名呈现学生每天的学习成效，建立良性的竞争环境，促进学生的自主学习。我们尝试通过"学霸榜"与"黑马榜"两种方式来激发学生的学习热情。

学霸榜：通过 30 天内每次考试的成绩（正确率）平均值，按高低判定前 100 名学生。其数据挖掘方法如图 4-6 所示。

公式 1：
定义每场考试得分率

$Rs_{ij}=S_{ij}/ST_j$

Rs_{ij} 表示学生 i 在考试 j 中的得分率
S_{ij} 表示学生 i 在考试 j 中的得分
ST_j 表示考试 j 的总分

公式 2：
定义时间以 30 天为周期

$\bar{X}_m=\sum_{i=1}^{N_m} Rs_{ij}/N_m$

$\bar{X}_m$ 表示在月份 m 中所有考试得分率的均值
Rs_{ij} 表示在月份 m 中学生 i 在考试 j 中的得分率
N_m 表示在月份 m 中的考试次数

公式 3：
递归更新保留30%基础值

Stu_Index_m
$=(1-p)Stu\_Index_{m-1}+p\bar{X}_m$
Stu_Index_m 表示月份 m 的学霸指数
Stu_Index_{m-1} 表示月份 $m-1$ 的学霸指数
p 表示学霸系数，取值范围为 $[0，1]$，建议取0.7
$\bar{X}_m$ 表示在月份 m 中所有考试得分率的均值

图 4-6　"学霸榜"数据挖掘方法

我们按照睿迅课堂教学平台后台的真实数据，生成了 2016 年 3 个月的学霸榜名单。从这个学霸榜名单中可以看到，每个月的名单都发生了很大的变化，学生潜在的竞争很激烈；当学生看到自己的名次时，他们的求胜心理会引导他们前进的方向，在同学之间的交流、合作与竞争中，不断前进。

黑马榜：从最近 7 次成绩中，挑选提升幅度最快的 100 名学生。其数据挖掘方法如图 4-7 所示。

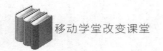

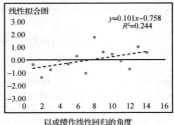

$$Y=bX+a+\varepsilon$$

Y表示因变量，成绩标准分
X表示自变量
b表示回归系数
a表示截距
ε表示残差

截距 $a=\bar{y}-b\bar{x}$ 　　　回归系数 $b=\dfrac{\sum_{i=1}^{N}x_iy_i-N\bar{x}\bar{y}}{\sum_{i=1}^{N}x_i^2-N(\bar{x})^2}$

a表示截距
$\bar{y}$表示考试成绩标准分均值
b表示回归系数
$\bar{x}$表示考试次数均值

b表示回归系数
x_i表示第i次考试
y_i表示第i次考试的成绩标准分
N表示考试次数
$\bar{x}$表示考试次数均值
$\bar{y}$表示考试成绩标准分均值

线性拟合图　　　$y=0.101x-0.758$
　　　$R^2=0.244$

以成绩作线性回归的角度
定义学生成绩提升幅度

图 4-7　"黑马榜"数据挖掘方法

我们根据睿迅课堂教学平台后台的真实数据，生成了近期 3 个月的黑马榜名单。学生从黑马榜的名单上，能看到自己的进步，从中找到自信，找到鼓励，进而能更加自主努力地学习。

（三）实时全校错题本

错题本是学校最大的资源库，可以对每位学生的错题进行跟踪，为教师实施个性化教学提供指导。但是每个班级做题不同，每个学生做题量也有限，个人错题本就具有一定的局限性。如果把全校作为一个单位，归纳所有学生的错题，并实时更新，对于每位学生和教师来说都是一笔宝贵的财富。具体来说，有两种方法：一种方法是按知识点分类，对后台错题本题库进行整理，共 9 门课程、316 个单元知识点、1 580 道难题汇总。在知识点分类中，每个学科的每个单元挑选出难度系数最高的前 5 题，每月更新，呈现给学生。这种做法可以帮助教师了解学生知识点掌握的程度，帮助学生攻克知识点难关。另一种方法是按科目分类，挑选出每科难度系数最高的前 100 题。每星期更新，这样可以促进学生做题的积极性，增强他们的挑战精神。

（四）资源的自动推荐

在学生每次进行作业、练习、考试后，教师能根据学生的答题情况了解学生对知识的掌握程度，并给学生推荐匹配的资源，这样的方式更能帮助学生了解自己，提出后续解决方案。学生在平板电脑上可以增加的资源推荐界面示意图，如图 4-8 所示。

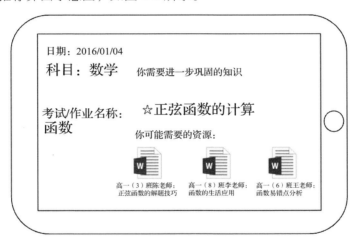

图 4-8　资源推荐界面示意图

除了基于后台数据的应对举措以外，在制度上，我们也采取了一些措施。因为在后期实施过程中，我们会发现来自社会、家长的一些顾虑，集中表现为：学生的学业成绩是否会受到影响；学生是否会过度、频繁玩游戏；学生的视力是否会受到影响；学生的书写能力是否会下降；学生是否会过度关注移动学习终端而疏于相互交流等问题。为防止这些问题的出现，我们采取了如下措施。

第一，通过学生学习支持服务系统，时刻监控学生的学习状态，了解他们正式学习和非正式学习的效果，及时调整教学策略和教学进度。

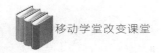

第二，为保证学生更加高效、健康地利用移动学习终端，采取教育与管理相结合的方法。首先是开展由班级发起的关于在移动学习终端上玩游戏、迷网络的利与弊的内部辩论会，营造良好氛围，传递正能量；其次，通过班会等活动，由全体学生制定并遵守班级公约；再次，学校在律师的建议和指导下，与学生签订协议，对于使用过程中出现的问题，在条款上加以规范，让家长放心、明白和支持；最后，学校多方筹措资金，与软件公司合作，购买了有效的监控软件，对于学生安装使用的软件予以监控。凡是违反规定的学生，学校会对其做出相应的处理，直至建议调出创新班。

第三节　学生阅读与创新能力的变化

高中阶段教育作为基础教育的终结，为高中学生的终身发展奠定了基础，承担着培养高中学生适应社会变迁所需的终身学习能力、生存能力、实践能力和创造能力的重任。学生阅读能力的培养，不仅可以增长他们的知识，还有利于他们的个性发展、智力开发、素养提高，为终身发展提供了条件。创新是一个民族的灵魂，学生创新能力的培养是教育改革的宗旨。为实现高中阶段的目标，必须要提高学生的阅读与创新的能力。移动自主学堂将学生的碎片化时间充分利用起来，加大了学习机会，延长了阅读时间；各种技术设备也为学生的创新思维发展提供了平台。

一、　阅读与创新能力的阶段性评价

学生综合素养评价包括学生的阅读素养、科学素养和数学素养的评价。这三大素养的评价既可以评价学生的综合素养发展情况，也在一定程度上可以反映学校课程建设的效果。学生综合素养评价采用在线 Web 端评价的形式开展。

从对学生综合素养评价的情况来看，普通班的数学与科学素养得分呈现下降趋势，数学素养得分下降的趋势尤为明显，只有阅读素养得分上升。但是创新班的数学素养、科学素养与阅读素养得分都呈现明显的上升趋势。学生的数学与科学素养在一定程度上反映着学生的创新能力。所以后期的教学需要加强培养学生的理科思维。

从学生日常的行为规范与目前取得的成就中可以看出，创新班学生的阅读能力与创新能力在显著提升。无论课间 10 分钟，还是在中午与下午的休息时间，校园里都随处可见创新班的学生利用平板电脑钻研某个学科或进行阅读，同时他们也利用平板电脑在创新大赛中取得较好的成绩。例如，2013 年 5 月，在全国中学生创新大赛活动中，三位高二年级学生设计制作的 3D 打印作品获奖；同年 12 月，高二年级学生研发出波音 737NG 的自动驾驶仪模式控制面板，并且获得了将近 400 个来自海内外的订单。2014 年 4 月，高二年级学生在河南青少年科技大赛中获得一等奖；同年 9 月，高一年级学生获得全国中小学电脑活动一等奖。2015 年 3 月，创新班学生项目"矿泉水在高中化学实验中的应用"获得河南省第二十九届青少年科技创新大赛一等奖、全国高校自主招生推荐奖和河南省青少年科技"创新·智慧"奖。

二、 学生阅读能力的培养

在数字环境中成长的一代，已经适应互联网移动阅读。移动阅读使得碎片时间得到较好的利用，而信息技术以及平板电脑、iPhone 等智能终端设备的使用，彻底改变了人们交流和沟通的方式。所以，充分利用碎片化阅读中的速度快、信息量大的优势，可以培养学生的文化判断力、信息分析与处理的能力。

根据现在阅读方式发生的转变及移动学习时代的到来，在观察学生日常学习行为的基础上，我们确定了以下几种方法来培养学生的阅读能力。

首先，每周三下午的第一、第二节课，开展阅读课，让每位学生利用平板电脑在"必读名著六十部"或者"二中移动图书馆"中穿越时空。

其次，每天晚自习前，创新班开展基于平板电脑的特色品牌栏目，即交流分享活动。不同形式的读书交流活动，激发了学生阅读的兴趣。

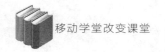

最后，创办电子学刊《新一刊》。电子学刊的封面设计、内部排版、内页设计、审稿校对等所有内容及细节都由学生完成。在这里，学生发表自己撰写的文章、日常感悟、旅行趣闻，抑或发表对当今政治事件的个人看法、对某项吸引人眼球的科技发明进行推广……学生不受版面的限制，把多种多样的自己认为好的读物分享到《新一刊》平台上，供多人欣赏、感受。有的班级创办了班级电子刊物《杂志》，分为七个板块：喧泫文学、视角、师说、乐评、采的就是你、show time、速读。其中，"喧泫文学"集中了班内学生的"原创"优秀文章，还有一些"功底深厚"学生的连载长篇小说，增强了学生的写作热情，也营造了班级的文化氛围。利用平板电脑创办的电子期刊不仅容量大，浏览方便，而且节能环保，增强了学习与交流的效果。同时期刊内容源于学生，回归学生，激发了学生强烈的阅读与写作兴趣。

三、 学生创新能力的培养

（一）现阶段高中教育出现的问题

教育深化改革所要达到的目标是使教育系统能够有效地培养出大批适应 21 世纪需要的创新人才，但是现阶段的高中教育出现了一些问题，影响了教育目标的实现。

1. 学业问题：负担过重

从所研究的学校来看，大部分的高中学生学习目标很明确，为追求顶尖大学，他们的学习与生活很单一，每天在题海里遨游，不敢有其他的活动实践，就连自己的兴趣爱好，在高中阶段可能也要暂放一边。在他们看来，考上好的大学，就代表着将来工作与生活的高质量。创新班的学生在移动自主学堂的影响下，在教师的带领下，逐步走向个性化发展，但是对于其他班的学生，每天仍然有做不完的作业，学业负担过重，过着面向分数的生活。

2. 教学模式：以教为主

我国的教育思想历来倾向以教师为中心，"为人师表""传道、授业、解惑"是以教师为中心的传统教育思想的真实写照。这种教育思想，对于知识、技能的学习掌握，对于全面打好学生的各学科知识基础是有利的；但由于长期"重教轻学"，忽视学生的自主学习、自主探究，容易造成学生对教师、对书本、对权威的迷信，且缺乏发散思维、批判思维和想象力。这样培养出来的大多是知识应用型人才，而非创新人才。这正是我国当前教育的致命弱点，也是症结所在。而在美国，他们的教育思想历来倾向"以学生为中心"。从 20 世纪初开始，杜威就大力提倡"以儿童为中心""以活动为中心"。到了 20 世纪五六十年代，布鲁纳大力推行"发现式学习"，其核心思想也是鼓励学生的自主学习、自主探究。美国的这种教育思想与教学环境为学生提供了良好的自由发展空间，无疑对学生的创新精神与创新能力的培养是大有好处的。

信息化社会，特别是互联网的快速发展，移动技术的重大突破，信息化工具的大量普及，移动学习终端的广泛使用，一个前所未有的教育发展机遇呈现在我们的面前。大数据的产生、分析和挖掘，社交性工具即时即刻、无处不在的沟通无限，都将改变教育。教育与技术的深度融合将会成为未来教育的主流。

（二）学生创新能力的培养和提升

基于现阶段高中教育出现的一些问题和现实社会的各种便利信息手段，根据我国普通高中教育所确定的"具备初步的科学与人文素养、环境意识、创新精神与实践能力"的要求，我们大胆尝试，使用混合式学习方式，利用便利的移动互联技术、信息化工具，构建了创新人才培养模型。

目前我们的研究与实践探索已经完成了第一阶段，主要解决了学生自主学习的习惯、资源的配置、效率的提高、数据的积累、教师的专业成长等问题，而减轻学生学业负担和提高学生学习效率是首要解决的问题，也是验证整个创新人才培养模型是否有生命力的前提，是整个模型的根基所在。

伴随着数据的形成，资源的进一步丰富，教师教和学生学的行为的转变，现在逐步进入第二、第三、第四阶段。学校全面开设了生涯教育

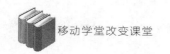

课程，编写了生涯教育教材，并且开发了丰富的校本课程，组建了许多学生社团，开展了创客教育，建设了开放的创客空间，为学生搭建了许多创新、发展的平台。学生由被动学习到主动学习，由浅层学习到深度学习，由基于任务的学习到基于项目的学习，从基于学习力到培养创造力，学生的创新精神和实践能力得到了显著提升。

第四节　教师自主能力的变化

近年来，教师的自主能力也越来越受关注，因为学生自主发展的前提就是教师的自主发展。也就是说，教师具有自我发展的意愿、能力和自由，能在教学过程中通过不断的学习、实践探索和反思，提高自身的教学专业水平和能力，促进学生和自身的共同发展。2015年7—11月的问卷调查与现场调研表明，教师的自主能力得到了提升。在信息化教学中，教师不断尝试新的教学方法，通过对课堂的控制评价、对学生自主学习的引导及个人的不断反思探究，不仅提高了课堂教学效率，而且使自身的教改意识得到增强，信息素养得到提高，技术与教学融合的创新能力也得到了提升。

一、 教师专业发展分析

教师专业发展主要是指教师的专业成长或教师内在专业结构不断更新、演化和丰富的过程。教师承载着教书育人的职责，在终身学习的理念下，应不断提升自身的专业技能。新手教师向研究型、专家型教师转变的过程，要注重教师个体的专业素养和能力的提升与发展。教师的专业发展在当前的教育改革中占有重要地位，它强调教师的终身成长与终身学习。教师专业发展的内容不仅包括教师所教学科的专业知识、技能的活动与情感的发展，还包括学校与社会等广阔情境的政治与道德因素。

在移动自主学堂中，教师的教学理念发生了转变，教学技能得到了提升，教学角色发生了转换，这些都反映了教师的专业成长。除了通过教师在线填写问卷的方式开展调研之外，我们也于 2015 年 11 月 18—19 日进行了现场课堂的调研，组织学校骨干教师直接进班听课，对抽样的两个班级(创新班与实验班各 1 个)进行整天的课堂观察，涉及各个学科各种课型共计 24 个课时，现场完成了课堂实施情况打分。调研主要通过教学准备、知识传达、促进理解、强化应用、课堂组织和课堂氛围六个维度来实地考察教师的专业成长，如表 4-19 所示。

通过抽样的实验班与创新班的对比可以看出，两个班级的教师在授课过程中都能围绕着教学目标进行，目标很明确。但是，在课前辅助材料准备上，创新班的教师得分较高，他们能利用睿迅课堂教学平台提前将学习材料发送到学生的终端上，使学生课下已学习且做好了充足的准备。可见创新班的教师有着充足的专业知识与课前导入技能。在教学方法、提问、反馈与练习上，创新班的教师得分较高，整体上有较高的素养，有着专业的文化知识，利用多种方式很好地驾驭课堂，注重学生的个性、自主与合作探究能力的培养。在整个教学过程中，创新班的教师利用睿迅课堂教学平台创设不同的教学情境、组织不同的方式交流与反馈、布置不同类型的作业等，充分体现出了创新班的教师不断学习与创新的思维。他们有着丰富的导入技能、提问技能、教学语言技能、情境创设技能、强化技能、现代化信息技术技能、板书技能、演示技能、备课技能、评价与反馈技能、课堂组织教学技能等。教师能做到这些，靠的是不断学习与研究的能力。教师保持自主学习的习惯才能适应信息的发展，才能应对学生在个性化发展过程中出现的各种问题。创新班的整个课堂教学效率较高，学生参与度高，注重教学分层，关注不同层次学生的发展；在课堂氛围的营造上，教师有着较为突出的表现，能促进学生的学习。教师只有不断地获得专业发展，才能在教学中引导学生自主、合作、探究学习，才能在实践中不断培养学生的创新精神，才能发挥教育评价的诊断、激励和发展的功能，才能提高自己的科研水平，走向研究型教师之路。

表 4-19 教师专业发展课堂观察统计表

一级维度	二级维度	1分	3分	5分	平均得分	
					实验班	创新班
教学准备	教学目标	教师的教学目标不清晰；教学过程中的提问、情境创设、练习等很多环节经常偏离教学目标	教师的教学目标比较清晰；课堂的大多数环节基本上围绕教学目标展开，贯穿整个课堂，但忽略了部分重点、难点	教师的教学目标非常清晰；课堂的所有环节都紧紧围绕教学目标展开；教学目标具有层次性，重点、难点把握准确	4.12	4.26
	课前辅助材料准备	教师没有做好充分准备，如课上发作业本，中途调试投影仪、板书时发现没有粉笔	教师做了一些准备，如作业本提前发，教具提前备好，但并不充分，偶尔有课上临时准备材料的现象	教师已经完全做好充足的准备，教学辅助材料均在课前已经准备好	3.85	4.22
	教学方法	教师仅仅采用单一的教学方法与材料向学生传达信息	教师采用四种不同的教学方法与材料，如作业法、演示法、实验法、讨论法等	教师采用多于四种的教学方法，每种方法使用的时间合适有效	1.29	3.98
知识传达	理解深度	教师传授知识的方式单一，如照着书本读知识点或采用板书，如照着书本读知识点	教师传授知识的方式时较注意方法，偶尔能够通过举例、归纳、迁移等方法来帮助学生理解	教师传授知识的方式生动多样化，经常采用举例、迁移、反例，与现实结合，应用等不同方式，能帮助学生有效理解知识点；使用时恰当且流畅	3.13	3.41

续表

一级维度	二级维度	1分	3分	5分	平均得分	
					实验班	创新班
促进理解	提问	教师向学生询问的问题基本上是封闭式问题	教师问题数量适中，提问方式包括封闭式和开放式	教师经常使用开放式问题，通过问题可以有效了解学生的想法和思考的过程；问题与学生正在学的知识点直接相关	1.57	3.57
	反馈	教师从不关注学生的知识掌握情况和理解程度，很少针对某位学生的回答进行教学反馈	教师偶尔关注个别学生的知识掌握情况和理解程度，会针对某位学生的回答进行教学反馈，但大多数反馈没有拓展学生的想法	教师关注大部分学生的知识掌握情况，会根据学生的回答情况搭建知识框架，梳理一遍学习内容，帮助学生理解知识点	1.86	4.36
强化应用	同伴互动	课堂上完全没有提供同伴互动的机会	有时存在与同伴互动的机会，但互动的活动并不能有效地帮助学生学习	给予学生合适的时间和机会与同伴进行互动；互动的形式经过详细的设计，能够强化学生对于知识的理解或应用	2.17	3.43
	练习	很少甚至没有提供练习的机会	有较多的练习机会，但是形式比较为单一	练习的机会非常充足，且有多种练习形式，如口头的、合作的、习题的、操作性的；练习的内容具有针对性，能有效地体现知识梯度、典型、易错知识点	3.00	4.20

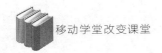

续表

一级维度	二级维度	1分	3分	5分	平均得分	
					实验班	创新班
课堂组织	课堂效率	课堂效率较差，存在较长无意义的课堂时间，如整顿纪律、过长的板书时间等	课堂进行较为顺畅，但在某些环节转换中比预定花了更多时间或组织出现些许混乱	课堂十分高效，教师准备十分充足，不同教学环节衔接紧凑，学生已形成一定的课堂惯例	5.00	5.00
	课堂覆盖	教师授课或与学生互动的区域集中在较小的范围内或个别学生身上，没有关注到大部分的学生	教师能够有意识地带动教室不同区域或不同程度的学生	教师的教授与课堂对话呈现分散式，教师能与大多数学生都有互动，充分调动不同程度的学生	2.43	3.93
课堂氛围	教师消极行为	教师存在惩罚性控制、冷漠的讽刺或严重的无礼等行为	教师有时存在较为消极的情绪、出现埋怨、挖苦、时间沉默等行为	教师没有任何的消极行为，始终保持平和且耐心且专业的状态	4.63	4.71
	学生参与	大部分学生没有积极参与课堂活动，课堂上经常出现走神和开小差的现象	少于一半的学生积极参与课堂活动并保持较长的注意力，课堂上偶尔出现走神和开小差的现象	大部分学生积极参与课堂活动并保持较长的注意力，课堂上较少出现走神和开小差的现象	3.17	4.43

二、 学习型组织的构建

学习型组织是 20 世纪 90 年代由美国最具影响力的管理大师彼得·圣吉提出来的，一直受到西方学术界和企业界的广泛重视。学习型组织是指一个能够有意识、系统和持续地进行不断创造、积累和利用知识资源，努力改变或重新设计自身以适应不断变化的内外环境，从而保持可持续竞争优势的组织。在当前的专业发展领域中，教师学习社群的理念同时也备受关注。很多研究表明，强有力的专业发展社群有助于改进教学和促进教育改革。按照学习型组织的理论，只有拥有众多学习能力强的人的团队，才可能成为善于学习的组织。教师团队是开展学习的组织载体，是学习型学校的基本组织形态；教师学习型组织或学习社区的构建是构建学习型学校的主要途径，也是促进教师专业发展的重要途径。诸多教育改革的研究者们都注重构建教师学习群和网络，以此为教师的发展提供支持性的环境。在学习社群中，教师拥有学习和言说的机会，共同探讨学生与教学、学科知识，在对话与交流中重新认识和理解实践，不断学习并改善实践。教师专业学习社群的构建也能让学校的同事之间产生归属感和信任感，有助于学校协作文化的建立。

从课堂观察到的教师专业发展结果来看，郑州二中教师的专业水平参差不齐。为提高学校的文化力、竞争力与创新力，教师仍需要不断学习与自我教育，提高自身的专业发展水平。学习型组织的构建能为教师的专业发展搭建环境平台。学习型组织是一个开放的和多元回馈的学习群体体系，它强调工作学习化以及不断学习、全员学习、全过程学习、终身学习，而学习的目的是提升团体与个人的价值和能力，使其不断发展与创新。根据教师的需求及学校发展的需要，我们从以下六项行动来创建移动自主学堂下的教师学习型组织。

（一）创造继续学习的机会

学习是每天工作的一部分，在工作中学习成长。每位教师都有自己的学习领域专长，有着自己独特的教学方法、教学技能、教学科研、教

学组织管理等经验知识，要将隐性知识转化成显性知识，使自己可以成为其他教师学习借鉴的对象。每星期以教研组为单位进行校本教研，让每位教师轮流去讲课、听课、评课，将自己的隐性知识显性化，彼此共同学习，在实践交流中不断提升；定期开展各种专题讲座，进行校本培训、优秀教师经验分享、参模骨干教师上课等，利用学校各种优质资源，给教师提供不断学习的机会。

（二）促进探究与对话

学校用主题来引领教研活动的进行，围绕教学过程中的实际问题来展开探究对话，从而让教师获得解决教育教学问题的综合经验。每期的教研活动，就是探究与对话的机会，让教师之间互相学习，共同围绕一个话题进行沟通交流，加强彼此间的对话，围绕不同的观点辨析，在对话中探讨复杂的议题。采用基于案例或者教学问题的协作方式，给每位教师提供分享经验的机会，让他们共享成功的经验，在共享、合作、交流中学习成长。学习型组织帮助教师学会与同伴、专家进行互动，在频繁的互动中实现意见、观点的相互交流，从互动交流中学习。

（三）促进合作与团队学习

以教研组为单位进行科研、校本教参的编写、个性化试卷的定制等活动，让教师之间紧密合作、共同学习以促进问题的解决。以课题为研究小组，主抓校本建设，促进团队的合作，让教师在行动中合作研究，在研究中反思，在反思中成长。

（四）建立共享学习系统

移动自主学堂的构建，为教师提供了合适的技术手段来搭建活动平台，提供了有力的资源支持与学习工具。良好易懂的用户界面、涵盖广泛的数字资源库、虚拟社区、消息板、小组间的动态链接等各类工具为组织中的教师提供了技术支持；各种学习软件的使用方便了教师管理个人项目以及实施与完成目标。在资源平台与学习社区群中，教师可以充分利用平台上的优质资源来设计自己的教学过程，同时也可以将自己的优秀案例传到平台上共享，共同交流改进。

（五）促进共同愿景的实现

共同愿景是学习型组织建立的基本出发点之一，也是基本的归宿。教师共同围绕一个目标而努力，展开一定的学习任务，最终达成目标。为达成提高学生学业成绩的目标，教师尝试各种教学策略、使用各种教学工具来激发学生的学习兴趣，提高学生学习的积极性。为此，他们互相学习、互相借鉴，努力提高自己的专业技能。学习型组织的目标就在于发展教师独立学习、学会学习和终身学习的能力，促进教师专业发展。

（六）促进组织与环境相结合

在虚拟社区中，教师可以就某一问题畅所欲言，提出自己的看法与见解。教师密切联系环境，将信息化资源与实际教学资源进行整合，运用优势的环境来突出个人独特的教学风格。

在上述六项行动中，建立共享学习系统是教师学习型组织的关键因素。学习系统为组织的构建提供环境平台与技术支持，睿迅课堂教学平台的实现让学习型组织更有效地促进教师专业成长。

三、 研究型教师成长之路

研究型教师是教师专业发展的高级阶段，是指具有较强研究能力和研究意识的教师。研究型教师不同于专业发展中的教师，因为具有丰富的教学经验，会系统地、批判地考察自己的教学实践，将自己的教学问题作为研究对象，更好地去理解自己的课堂教学行为，改善自己的教育实践。

新课程改革鼓励教师做科研、搞创新，强调教学过程是师生共同开发课程、丰富课程的过程。同时，国家把课程开发的部分权利交给学校与教师，使得课程开发不再是课程专家的专利，教师也成为课程开发的主体之一。为了顺应教育改革的需求，教师不仅是一个实施者，同时也要是一个研发者。所以，教师除了具有娴熟的教学技能与多元化的知识

结构以外，还要具有一定的科研意识和能力，并乐于在教学实践中不断探索教育方法和规律，自觉运用先进的教学理念指导实践，提高教学效果，提升自我水平。只有成为研究型教师，教师才能使自己的工作充满生命力，实现自我人生价值。同样，学校也能通过培养研究型教师，促进学校的发展。

本文中的研究型教师是强调在信息化教育环境中，除了具有多元化的知识、个性化的实践智慧、创造性的反思能力、教学监控与教学探究等能力以外，还要具有能够引领教育改革与教育信息化创新的能力，能够自觉地运用系统思想，结合本学科的教育改革，自主探究信息技术与课程整合的教育教学规律，并能够在信息技术环境下开展教育教学研究，不断学习新技术、新理论与新知识，实现自身的可持续性发展。为实现学校的育人目标，培养学生的主体性、探究性与创新性，学校的领导与教师也要不断更新教育理念，与时俱进。只有培养出一批科研能力强、创新能力强的研究型教师，才能迎接不断深化的教育改革，保证学校的可持续性发展。为此，我们从以下几个方面来培养研究型教师团队。

（一）开展校园微课比赛， 鼓励制作微课

微课是教师在教学过程中围绕着某个知识点制作的一个短小视频，时长 5～8 分钟，教学内容少，目标明确，主体突出，主要以学生自主学习为主。现在网络技术的发展，越来越强调发展学生的自主学习能力，而微课能有效地支持学生的自主学习。微课的制作对教师来说是一个挑战，但是微课制作的过程就是一个研究与反思的过程，通过不断地观看微课，发现教学中的问题，并分析与解决问题。同时，微课通过互联网和移动设备的存储与传播，便于教师进行知识管理与资源的积累分享，便于教师之间的经验交流，有效地提高了教师信息技术与课程整合的能力。学校利用竞争的方式，鼓励教师制作微课，促进教师不断反思，有助于他们自身的成长。

（二）建立校园教育博客， 倡导教育叙事

学校教育信息化平台的搭建为校园教育博客的分享提供了技术支持，

促进了教师之间的交流、互相学习和共同进步。教育叙事是每位教师记录自己教学过程中的真实事件的过程，是一个完整的教学案例。撰写故事的过程也是一个积极反思的过程。校园教育博客上的分享，能够促进教师注重协作、提高反思，积极进入"研究型"教学的境界。

（三）组织信息化技能培训，提高信息素养

21 世纪是知识爆炸性的时代，专业知识的不断更新对教师搜集信息、处理信息的能力提出了更高的要求，传统的教学方式已不能适应现代信息化教学。多媒体网络技术与课程教学的有机结合，是一种个性化、自主化、合作化的教学方式，是现代化教学的主要方式。教师需要掌握一定的计算机知识，利用网上的优质资源为自己的教学服务，打破传统的教学方式，让信息技术成为有力的教学工具，不断更新教育理念，提高信息素养，做一个信息化研究型教师。

（四）信息化优秀教学案例评选活动

信息化教学案例是提高教师教育信息化与课程改革创新能力的手段之一，它融合了教师先进的教学理念、信息化的教学方式等要素。进行信息化教学设计能提高教师在教学过程中正确运用网络技术、高效利用学校优质教育资源的能力，能推动学校教学管理、教学观念、教学模式的现代化。为此，学校定期举行信息化优秀教学案例评选活动，并将优秀信息化教学案例汇编成册，供教师们分享、交流、学习，同时还可以现场观摩和学习优秀教师的信息化教学活动。教师之间的沟通与学习，可以产生思想的碰撞，进而产生新的教学思想，提高研究型教师的教学能力。

（五）加大教育教学科研力度

校本教研旨在提高学校的教育教学质量，引导教师积极发现教学问题，并全面分析，找出对策。校本教研的主力军是教师，只有教师能够用一种科研的态度来对待教学工作，并积极地参与其中，才能营造一种

研究的文化和共同的职业生活方式，才能在研究过程中交流经验、互相探讨。这些都是研究型教师成长的沃土。

技术与教学的深度融合改变了教与学的方式，教师必须与时俱进，努力成为具备较高信息素养的研究型教师。

第五节　学校的整体变化

应教育信息化改革的需要，郑州二中在已研究成熟的未来课堂概念的指引下，创建了移动自主学堂，并不断尝试信息化教学实践。随着创新班的开设，移动自主学堂下的四课型渐进式教学模式的持续使用，从刚推入到成熟应用，在学生与教师方面都产生了深刻的影响，提高了学生的学习力，促进了教师的专业发展，教学质量也得到不断提升。在促进教师、学生的发展与提高教学质量的同时，学校也发生了巨大的变化。

一、 教师的教育信息化能力得到提升

信息化教学促进了教师专业素养的提升，促进了教师专业知识的更新和知识结构的优化。教师主动对检索工具的应用、远程协助、交流社区、电子期刊、教育网站、网络课程、教育资源库、教师博客等进行网络化学习与利用。

在信息化教学中，教师作为教学活动的主导者、组织者和促进者，主动进行教学方式的重建。在学科教学中，教师广泛应用信息技术来创设教学环境、改变教学行为，使学生的学习能力得到更好的发展。信息技术已经成为教学准备、教学互动、展示反馈、练习评价的重要工具，推动了教学手段和教学方式的变革，促进了教学效率和教育质量的提升。

制作、发送教学微视频成为教师进行信息化教学的一个关键环节，也成为教师和学科组进行教学资源建设的一个重要组成部分。

教师打破时间和空间的限制，通过区域性跨学科、跨年级、跨学校

互动活动形式，全方位、多层次、立体化地开展校际教研活动，共享优质教学资源。

二、 学生的创新能力显著提升

学生的学习方式在教师的指导下发生了可喜的转变。课前先学已成为学习流程的一部分，并且成为学习习惯。部分学生已经不满足于课堂所学，他们会主动上网进行深度学习和拓展性学习。学生学习的内容和深度实现了由学生自主选择，学习的方式呈现出个性特色。

学生在学习的过程中由以教师的教为主转变为以学生的学为主，由被动接受转变为主动学习，由单一的学习方式转变为混合式学习方式，由单向思维转变为批判性思维，由预设生成转变为动态生成。课堂氛围的民主化、生本化，增进了师生交互、生生交互，特别是引入了信息化教学方式，开阔了学生视野，增加了学习资源，促进了学生的个性化学习；提高了学习效率，提升了学习质量，发展了学生的创造性思维。

移动学习和创客教育相结合提升了学生创新、创造的能力。学校于2016年年初在高中部开展创客教育。创客教育项目是以创新人才培养为最终目标，旨在"以学带用、以用促学"，即以应用创造激发学生的学习兴趣，用所学知识解决创造过程中的难题。学校开发实施了创客教育课程，供全体学生选修。创客教育课程一改传统的基于学科的讲授式学习，转变为综合性、项目式学习的方式。

学校为每位学生提供了丰富的学习机会以及校内外的科技活动。校内活动有"年度创客成果展示分享会""年度微电影节""智慧创客节""智慧创客论坛""机器人运动会"。校外的活动有全国青少年科技创新大赛、河南省中小学知识产权创意大赛、FIRST 机器人竞赛、CM3 国际青少年创客挑战赛等。

因在科技创新人才培养方面成绩突出，经河南省教育厅批准，郑州二中自 2016 年起开始招收初、高中科技特长生。

在郑州二中，PRCC 科技社、TAI 科技社、NAO 机器人社、钢板机器人社、微电影社、无人机社、3D 打印社等创客社团、创客俱乐部已经

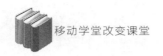

在郑州教育领域具有一定的知名度。每一个社团从起步到步入正轨，直至取得成绩，都凝聚了同学们的智慧和汗水。

如果仅仅看到他们在各种科技创新大赛中取得的成绩，利用手中的工具制造了精美的作品，那么认识稍显狭隘。战胜一个个困难形成的强大意志，攻克一个个难题形成的创新品质，协同作战过程中形成的团队合作意识，基于项目的学习形成的科学素养等才是学校想要通过创客教育带给学生的，这些素养和品质才会让他们走得更远，受益终生。

三、 学校教育信息化建设成果

（一）在全校范围内全面开展信息化教学

移动自主学堂作为信息化教学的探索和尝试取得了显著效果，现在已在全校得到推广，四课型渐进式自主学堂的课堂形态得到郑州市教育局的两次认定，移动自主学堂案例收入教育部即将出版的全国中小学教育信息化优秀案例一书。

（二）建立基于信息化的教育质量评价体系

以教育部、省教育厅、市教育局关于中小学生综合素质评价和教育质量评价的有关文件为指导，结合学校实际，针对存在的突出问题和薄弱环节，建立健全了包括学生评价、班级评价、教师评价等内容的以校为本的评价体系，确立了"评价即育人"的理念，发挥评价导向功能，促进学生健康成长、教师专业发展、学校内涵提升。其创新点是利用教育信息化手段进行过程性评价。

（三）建立基于信息化的校园安全系统

学校构建了遍布校园和教室的监控系统、学生智能一卡通系统、连接学生和家长的校讯通系统、学校基于手机的数字化安全管理系统等信息化平台，为动态管理、即时管理、高效管理提供了强大的技术保障。

（四）建设基于信息化的校园办公系统

学校开发的校园综合办公系统(校园OA)，是适应教育信息化发展趋势，支持服务数字化校园建设，提高学校教育教学管理水平和管理效率的一款应用软件，不仅具备学校网上办公功能，还为教师、学生、家长提供了沟通交流平台。该系统以简洁、高效为原则，具有出勤管理、公文管理、行政管理、教学管理、安全管理、财务管理等功能模块，建成一个完整统一、技术先进、高效稳定、安全可靠的中小学OA系统。

（五）建设基于信息化的书香校园

我们构建了三级推进体系，即学校层面做好环境营造，提供必要支撑，建设开放式图书馆、遍及校园的书吧，建立云端图书馆开展在线阅读；学科层面立足课堂，为学生推荐优秀书目，培养阅读技巧，养成阅读习惯；年级层面根据学生的年龄、认知特点，在班级建立图书角、推荐经典图书、开展读书分享、开设妈妈学堂，将书香校园和校园文化融为一体，使其成为环境育人、文化育人的重要内容。

参考文献

[1][美]巴巴拉·明托. 金字塔原理[M]. 王德忠，张珣，译. 北京：民族与建设出版社，2002.

[2]陈国平，魏为燊. 如何在新课程中提高课堂教学的有效性[N]. 中国教师报，2006-05-31.

[3]陈国权. 学习型组织的过程模型、本质特征和设计原则[J]. 中国管理科学，2002(4).

[4]崔允漷，王少非，夏雪梅. 基于标准的学生学业成就评价[M]. 上海：华东师范大学出版社，2008.

[5]高向如. 生态教育理念下构建"五生课堂"不容忽视的几个问题[J]. 科教导刊，2015(10).

[6]管月飞. 论生态课堂及其构建[D]. 芜湖：安徽师范大学，2007.

[7]胡凡刚. 教育虚拟社区交往理论模型与层级塔[J]. 中国电化教育，2006(5).

[8]胡凡刚. 教育虚拟社区与学习交往设计[J]. 中国电化教育，2006(2).

[9]胡林丽. 高中语文教师课堂教学语言有效性研究[D]. 上海：华东师范大学，2009.

[10]胡淑珍. 教学技能[M]. 长沙：湖南师范大学出版社，1996.

[11]蒋芸，边玉芳. 试论研究型教师的特征及其培养模式[J]. 辽宁教育研究，2004(8).

[12]刘永和. 提升学习力：当前推进素质教育的解决方案[J]. 上海教育科研，2009(5).

[13]刘濯源. 思维可视化：减负增效的新支点[J]. 中小学管理，2014(6).

[14]卢乃桂，钟亚妮. 国际视野中的教师专业发展[J]. 比较教育研究，2006(2).

[15]罗祖兵. 生成性教学及其基本理念[J]. 课程·教材·教法，2006(10).

[16]马金凤. 罗杰斯的人本主义学习理论对教育教学的启示[J]. 大众科技，2010(3).

[17]马宗振. 互动反馈系统的教学功能和应用设计[J]. 中小学信息技术教育，2007(2).

[18]任苒. 有效教学研究——理念、实践与展望[D]. 上海：华东师范大学，2009.

[19]邵怀领. 三种课堂范式及其特征[J]. 课程·教材·教法，2010(6).

[20]沈田. 信息生态背景下拔尖创新人才信息素养培养研究[D]. 武汉：中国地质大学，2012.

[21]沈之菲. 激活内在的潜能[M]. 上海：华东师范大学出版社，2013.

［22］宋秋前. 有效教学的理念与实施策略［M］. 杭州：浙江大学出版社，2007.

［23］孙亚玲，范蔚. 课堂教学的变革和创新［M］. 广州：广东教育出版社，2006.

［24］王鉴，徐立波. 教师专业发展的内涵与途径——以实践性知识为核心［J］. 华中师范大学学报（人文社会科学版），2008(3).

［25］王晓玉. 习得性无力感对高中生化学学习能动性的影响［D］. 哈尔滨：哈尔滨师范大学，2014.

［26］王佑镁，王晓静，包雪. 创客教育连续统：激活众创时代的创新基因［J］. 现代远程教育研究，2015(5).

［27］辛继湘. 生成性思维：当代教学论研究的思维走向［J］. 教育评论，2003(5).

［28］徐苑苑. 思维可视化的教学研究［J］. 中国信息技术教育，2013(5).

［29］杨宗凯，杨浩，吴砥. 论信息技术与当代教育的深度融合［J］. 教育研究，2014(3).

［30］叶澜，白益民，王枬，等. 教师角色与教师发展新探［M］. 北京：教育科学出版社，2001.

［31］贠丽萍. 基于建构主义学习理论的多媒体网络教学［J］. 电化教育研究，2008(7).

［32］赵雪聿. 教育认知下的教学模式演变［J］. 四川教育，2014(4).

［33］钟志贤. 知识建构、学习共同体与互动概念的理解［J］. 电化教育研究，2005(11).

［34］邹广文，崔唯航. 从现成到生成——论哲学思维方式的现代转换［J］. 清华大学学报（哲学社会科学版），2003(2).